CONTROCORRENTE

107

Traduzione dal polacco di Lorenzo Pompeo
Seconda edizione: novembre 2013

Roma, Casella postale 6214

ISBN 978-88-541-6139-9

www.newtoncompton.com

Realizzazione a cura di Corpotre, Roma
Stampato nel novembre 2013 da Puntoweb s.r.l., Ariccia (Roma)
su carta prodotta con cellulose senza cloro gas provenienti da foreste controllate, nel rispetto delle normative ambientali vigenti

Agnieszka Zakrzewicz

I labirinti oscuri del Vaticano

Da Emanuela Orlandi ai segreti della banca vaticana. Cosa si nasconde dietro lo stato più potente del mondo?

Newton Compton editori

Alle vittime del silenzio

RINGRAZIAMENTI

Vorrei ringraziare per aver accettato di essere intervistati in questo libro: Sandro Provvisionato, Francesco Bruno, Ferdinando Imposimato, Ilario Martella, Rosario Priore, Arturo Mari, Marco Ansaldo, Yasemin Taşkın, Christo Petrov, Philip Willan, Maurizio Turco, Carlo Calvi, Raffaella Notariale, Mister X, Gianluigi Nuzzi, Pietro Orlandi, Piotr Litka.

Sono grata anche a tutti coloro, grazie ai quali l'edizione italiana di questo libro ha potuto realizzarsi, e in particolare la mia editor Clara Serretta e gli altri collaboratori della Newton Compton. Un grazie sentito va a Sergio Rispoli che mi ha incoraggiata e sostenuta durante il mio lavoro e a tutti gli amici che mi hanno appoggiata.

Premessa

L'attentato a Giovanni Paolo II, l'omicidio di Roberto Calvi e la scomparsa di Emanuela Orlandi rappresentano alcuni tra i fatti più misteriosi e, fino ad oggi, meno chiari, della storia contemporanea. Queste tre tragedie – che si sono svolte una di seguito all'altra nei primi anni del pontificato di Karol Wojtyła – sono come un labirinto nel quale si entra in cerca della verità e dal quale non si riesce più a uscire. È un giallo e un rompicapo storico legato al contesto della guerra fredda del quale, in questi trent'anni, non sono riusciti a venire a capo né gli inquirenti, né la Procura né i giornalisti. La verità è così complicata che non è dato sapere se un giorno potrà essere completamente chiarita.

Lo scopo di questo libro è quindi quello di raccogliere le testimonianze delle persone che ebbero a che fare con l'attentato a Giovanni Paolo II, l'omicidio di Roberto Calvi e la scomparsa di Emanuela Orlandi, o che si occuparono di questi fatti per motivi professionali, spesso per anni, e che pertanto risultano le più competenti per parlare degli eventi, dei documenti, delle prove, delle piste vere o presunte.

Ilario Martella e Rosario Priore sono i due giudici istruttori che hanno condotto la seconda e la terza indagine sull'attentato al papa e senza dubbio sono coloro che si ritrovano in possesso del maggior numero di informazioni interessanti e di rilievo sull'argomento. Carlo Calvi è il figlio del banchiere ucciso, Pietro Orlandi da anni ricerca la sorella scomparsa, e le loro testimonianze sono molto significative. Ferdinando Imposimato – un ex giudice istruttore nonché avvocato della madre di Emanuela – ha dedicato parecchi anni a trovare il bandolo della matassa. Secondo quest'ultimo, il rapimento della giovane cittadina del Vaticano sarebbe una conseguenza ovvero un seguito all'attentato al papa: in tutti e due i casi il mandante sarebbe Mosca e gli esecutori i servizi segreti bulgari e i Lupi grigi. La ragazza rapita sarebbe ancora viva e vittima della sindrome di Stoccolma. Imposimato, insieme al giornalista Sandro Provvisionato, ha scritto il libro *Attentato al papa*, pubblicato nel 2011 anche in Polonia. Il professore Francesco Bruno, noto criminologo, è stato interrogato dal giudice Priore nell'ambito dell'indagine *Papa-ter*. Arturo Mari, fotografo ufficiale del papa, il 13 maggio 1981 si trovava a piazza San Pietro a pochi passi da Giovanni Paolo II quando Mehmet Ali Ağca gli sparò. Marco Ansaldo, vaticanista de «la Repubblica» e Yasemin Taşkın, corrispondente del quotidiano turco «Sabah», sono gli autori del libro *Uccidete il papa*. Hanno incontrato diverse volte l'attentatore turco. Secondo loro, il tentativo di uccidere il capo della Chiesa cattolica fu organizzato e finanziato dai Lupi grigi, il cui scopo era mettersi in luce per motivi politici; la pista bulgara sarebbe stata solo un'operazione di depistaggio condotta dalla CIA. Christo Petrov, a lungo corrispondente della Bulgarian News Agency a Roma, fin dall'inizio seguì l'indagine e il processo relativo all'attentato, del quale vennero accusati anche i suoi compatrioti, e ritiene che la CIA non avrebbe niente a che fare con la *Bulgarian connection*, frutto di un eccesso di zelo ideologico di alcuni esponenti del mondo mediatico. Il giornalista britannico Philip Willan invece seguì il processo relativo all'omicidio di Roberto Calvi e sulla misteriosa morte del "banchiere di Dio" ha scritto il libro *L'Italia dei poteri occulti*, pubblicato da Newton Compton editori. Su iniziativa di Maurizio Turco – deputato del Partito radicale – si è giunti a una interrogazione parlamentare relativa alle rogatorie internazionali, alle quali il Vaticano non ha mai risposto. Raffaella Notariale, una giornalista italiana, ha scoperto nella basilica di Sant'Apollinare a Roma la tomba di Enrico De Pedis, il leggendario capo della banda della Magliana, e, insieme a Sabrina Minardi, ex amante del boss romano, ha scritto il libro *Segreto criminale*. Le rivelazioni della Minardi hanno indirizzato la Procura che conduce le indagini relative alla scomparsa di Emanuela Orlandi sulle tracce della banda della Magliana. Mister X – un polacco che da anni vive a Roma – nel 1983 è stato fermato dalla polizia in quanto sospettato di essere l'Americano, colui che condusse le trattative a nome dei rapitori, ricattando il Vaticano e pretendendo la liberazione di Ali Ağca. Gianluigi Nuzzi, autore di due bestseller, *Vaticano S.p.A.* e *Sua Santità. Le carte segrete di Benedetto* XVI, ha seguito la pista, imboccata poi anche dagli inquirenti, secondo cui alla base del rapimento di Emanuela Orlandi ci sarebbe un movente a sfondo sessuale e che forse la vittima non avrebbe mai lasciato la basilica di Sant'Apollinare, dove sarebbe morta.

Piotr Litka – noto giornalista polacco, reporter della trasmissione della TVN (la televisione privata polacca) *Superwizjer* – ha scritto insieme a Grzegorz Głuszak il libro *Skompromitować papieża. Nieznane fakty i dokumenty dotyczące Jana Pawła II* ("Screditare il papa. Fatti e documenti sconosciuti su Giovanni Paolo II"). Perché ho chiesto proprio a lui un'intervista? Potrebbe sembrare che l'operazione *Triangolo*, un'azione avente lo scopo di screditare

Karol Wojtyła di cui lui si è ampiamente occupato, non abbia assolutamente nulla a che vedere con l'attentato al papa e la scomparsa di Emanuela Orlandi. Ma se si studiano con attenzione i fatti, i documenti e le date, questi possono far pensare che tale iniziativa fosse parte di una più ampia operazione internazionale *Papa*, condotta su vasta scala dalla metà del 1982 e avente lo scopo di sviare l'attenzione dalla pista bulgara.

In *I labirinti oscuri del Vaticano* sono presentate ipotesi e opinioni a volte in contrasto tra loro e spesso controverse. L'obiettivo del libro non è convincere qualcuno che una delle piste su menzionate sia vera o meno. Sarà il lettore a giungere alle proprie conclusioni.

Alcuni fatti riportati in questo libro sono oggetto di indagini giudiziarie. Di conseguenza per le persone citate nelle interviste implicate in queste indagini, vale la presunzione d'innocenza fino all'ultimo grado di giudizio. In relazione alle persone che sono state assolte per mancanza di prove e che vengono menzionate per chiarire la storia, fa fede la sentenza.

L'autrice non è responsabile per le opinioni espresse dagli intervistati né per le accuse sollevate da questi nei confronti di terzi. Le dichiarazioni sono state riportate e tradotte nella loro interezza, con eventuali correzioni redazionali.

I labirinti oscuri del Vaticano è il secondo volume delle interviste raccolte dall'autrice ed è stato pubblicato in Polonia a giugno 2013 dalla casa editrice Czarna Owca. Il primo volume dal titolo *Głosy spoza chóru* ("Voci fuori dal coro") è uscito ad aprile del 2013.

Prologo

L'attentato a Giovanni Paolo II

Dall'attentato al papa sono trascorsi più di trent'anni. E ancora non si sa chi c'era veramente a piazza San Pietro insieme a Mehmet Ali Ağca, quante pistole hanno sparato, quanti fossero gli spari e che fine hanno fatto tutte le pallottole. Non sappiamo ancora i nomi dei mandanti dell'attentato né le circostanze in cui fu pianificato.

Esistono alcune ipotesi a riguardo, alcune cosiddette "piste". La più popolare e accreditata è quella che indica in Cremlino il mandante e nei servizi di sicurezza bulgari KDS gli esecutori, con la partecipazione dell'organizzazione terroristica turca dei Lupi grigi e il tramite della mafia turca. Non è stata mai trovata tuttavia la "pistola fumante", che confermerebbe la responsabilità dei paesi comunisti e la pista bulgara, e non ci sono prove certe e inconfutabili dell'ordine o del piano operativo dai quali risulterebbe che l'attentato è stato commissionato dall'URSS.

Questa ipotesi tuttavia non può essere esclusa per via di alcuni fatti, avvenimenti e tracce. Lo stesso Markus Wolf, vicedirettore della Stasi, il ministero per la Sicurezza di stato della Repubblica democratica tedesca, in un'intervista del 2005 con il giornalista di «la Repubblica» Marco Ansaldo disse di non essere a conoscenza se i bulgari, a loro insaputa, erano stati coinvolti nel colpo[1].

Mi hanno sempre interessato i fatti, le fotografie e i documenti legati all'attentato a Giovanni Paolo II. Quando per la prima volta ho letto le dichiarazioni di Antonino Arconte, agente dell'organizzazione Gladio noto sotto lo pseudonimo "G-71", che racconta del suo incontro con "Werder" e di come, dalle fotografie sui giornali, capì che si trattava di Alois Estermann – il comandante della Guardia svizzera misteriosamente assassinato nel 1998 – rimasi perplessa. Successivamente guardai le fotografie scattate un attimo dopo l'attentato nelle quali, accanto al ferito Giovanni Paolo II nella jeep bianca c'era proprio il giovane Estermann, tra i primi a correre in soccorso al papa. Come è possibile che l'uomo che doveva vigilare sulla sicurezza del capo della Chiesa cattolica fosse una spia della Stasi, il servizio segreto della Germania comunista? Me lo chiesi e continuo a chiedermelo ancora oggi: com'è possibile?

Secondo il giornalista italiano Sandro Provvisionato, che insieme all'ex giudice istruttore Ferdinando Imposimato ha scritto il libro *Attentato al papa*, pubblicato nel 2011 in Italia dalla casa editrice Chiarelettere e in Polonia dalla casa editrice Czerwone i Czarne: «Estermann – come è stato assodato – fino al crollo del Muro di Berlino era un agente della Stasi. In Vaticano del resto c'erano tantissime spie». Provvisionato inoltre ipotizza che la versione ufficiale fornita dal Vaticano – ovvero che il 4 maggio del 1998 oltre le porte di bronzo si sarebbe svolta una tripla tragedia (doppio omicidio e suicidio), le cui vittime sarebbero state il comandante della

[1] Marco Ansaldo, *Wolf: «Nell'attentato al Papa Ali Ağca non era da solo»*, «la Repubblica», 11 aprile 2005.

Guardia svizzera appena nominato, sua moglie Gladys Meza Romero e la giovane guardia papale Cédric Tornay – non è vera. Nel corso dell'intervista che mi ha rilasciato per il libro *I labirinti oscuri del Vaticano* gli ho chiesto di chiarire tutta la vicenda. Questa versione dei fatti – naturalmente – è solo un'ipotesi giornalistica. Secondo gli autori di *Attentato al papa*, Alois Estermann venne ucciso perché voleva fuggire negli Stati Uniti con la documentazione su un complotto ai danni del capo della Chiesa cattolica e sul rapimento della cittadina vaticana che confermerebbe il fatto che l'ordine di uccidere il papa veniva da Mosca. Lo hanno ammazzato «quelli che in Vaticano avevano a che fare con queste vicende. Non sarebbe stato possibile giungere all'attentato né al rapimento di Emanuela senza l'appoggio e il consenso di qualcuno all'interno delle Mura», mi ha detto Provvisionato.

Perché sono andata dal professor Francesco Bruno, noto criminologo italiano, per domandargli ancora una volta dei fatti sui quali aveva risposto nel 1994 in un'intervista per il mensile «30Giorni» e che già allora avevano suscitato grande interesse, tanto che Bruno fu interrogato dal giudice Priore? Il criminologo italiano formulò l'ipotesi che Ağca avesse sparato al papa non per ucciderlo, ma solo per ferirlo. L'attentatore turco, chiamato "l'uomo delle cento verità", dopo essere stato rilasciato dichiarò anche questo. Sappiamo tuttavia sia dalla documentazione medica che dalla testimonianza del dottor Alfredo Wiel Marin, che per primo aprì il corpo del santo padre sul tavolo operatorio, che la pallottola casualmente sfiorò i più importanti organi vitali senza danneggiarli. Per i credenti si tratta di un miracolo della Madonna di Fatima: «Una mano ha premuto il grilletto, un'altra mano materna ha deviato la traiettoria del proiettile», disse lo stesso papa. Dunque non ci sono dubbi sulle intenzioni con cui Ağca sparò. Del resto quando Giovanni Paolo II andò a trovare l'attentatore in carcere, questi si mostrò sorpreso del fatto che il papa fosse rimasto in vita.

L'ipotesi di Bruno mi interessava per un altro motivo: Antonino Arconte sostiene nel suo libro *L'ultima missione*, pubblicato nel 2001, che Ali Ağca doveva essere ucciso a piazza San Pietro secondo il "modulo Kennedy" preparato dal KGB, schema che prevedeva l'eliminazione dell'attentatore dopo l'esecuzione dell'attentato – per questo, quando comprese quello che stava per succedere, Ağca si limitò a ferire il papa e si fece arrestare. Secondo G-71, questa tesi venne confermata proprio da Werder (Estermann) nel corso del loro incontro. Il motivo della paura per la propria incolumità ritorna anche nell'interrogatorio a ottobre del 1982, quando il terrorista chiarì il contenuto degli appunti scritti sul foglio trovatogli addosso dopo l'arresto. Disse allora che l'espressione «fare molta attenzione al cibo» indicava che dopo l'esecuzione dell'attentato sarebbe potuto morire avvelenato.

Il professor Bruno nella nostra intervista ha ricordato una cosa importante: i primi anni del pontificato del papa polacco hanno coinciso con il periodo più febbrile della corsa agli armamenti, quando in Europa le superpotenze nemiche schierarono i missili nucleari Pioneer e Pershing. Wojtyła invece proclamava la pace e, oltre al comunismo, non sopportava nemmeno la politica unilaterale degli Stati Uniti. Limitare la sua attività non era dunque solo interesse del Cremlino. A diciotto anni dall'interrogatorio condotto dal giudice Priore, il criminologo italiano, nel corso della nostra intervista, ha confermato che il giorno successivo all'attentato aveva visto sulla scrivania del professor Franco Ferracuti, "un cervello che lavorava per la CIA", alcune foto fatte a piazza San Pietro, che successivamente sarebbero scomparse. Ciò significa che il 13 maggio del 1981 davanti alla basilica potevano esserci molti agenti mescolati alla folla dei fedeli, dal momento che il papa polacco era tenuto d'occhio da diversi servizi segreti. Francesco Bruno mi ha detto: «Non è stato appurato nemmeno quanti colpi sparò Ağca. Dopo l'attentato il quotidiano "The Times" pubblicò la foto di uno dei proiettili che non è mai arrivato nelle mani degli organi inquirenti italiani. Non si sa cosa ne è stato. La pallottola che trapassò il corpo del papa è stata incastonata nella corona della Madonna di Fatima. Il terzo proiettile è stato trovato dalla polizia italiana».

Le ipotesi presentate da Ferdinando Imposimato sono ben note e risultano le più universalmente accreditate. Secondo lui, il rapimento della giovane cittadina vaticana Emanuela Orlandi sarebbe un seguito dell'attentato al papa, dietro il quale si cela Mosca, organizzato ed eseguito dai servizi segreti comunisti e dai Lupi grigi. Imposimato ha dedicato molti anni e molto impegno a scoprire cosa successe a Emanuela Orlandi. Ha girato il mondo in qualità di avvocato della madre della ragazza, ha incontrato persone importanti, ha raccolto documenti e cercato prove. La storia che ha raccontato nei suoi due libri, *Vaticano. Un affare di stato. Le infiltrazioni, l'attentato. Emanuela Orlandi* e il menzionato *Attentato al papa*, ha un unico filo logico. Secondo lui Emanuela è viva, ma è vittima della sindrome di Stoccolma e abita con il suo rapitore, dal quale ha avuto dei figli, oltre le frontiere dell'Italia. Chi ha incontrato Ferdinando Imposimato sa che le sue tesi non si discutono. Leggendo con molta attenzione il libro *Attentato al papa*, ci si imbatte in ipotesi che suscitano meraviglia, come quella secondo la quale i più stretti collaboratori di Karol Wojtyła non avrebbero goduto della sua completa fiducia e avrebbero potuto agire a suo danno.

Imposimato e Provvisionato ipotizzano anche che nell'attentato al papa avrebbe giocato un ruolo un "cardinale rosso", anche se sembra incredibile che qualche cardinale o persona di Chiesa possa aver pianificato o semplicemente permesso che si attentasse alla vita del vicario di Cristo.

A settembre del 1997 Ali Ağca scrisse al giudice istruttore Ilario Martella una lettera che consegnò all'avvocato Imposimato, quando questi andò a trovarlo in carcere (allegata in appendice al volume). Ağca vi spiega che aveva dovuto "distruggere" il processo a carico dei bulgari, perché nel corso dell'interrogatorio nel penitenziario romano di Rebibbia, quando il giudice Martella si sarebbe allontanato insieme al giudice bulgaro Jordan Ormankov per un caffè, il secondo giudice bulgaro, Stefan Markov Petkov lo avrebbe minacciato in turco: «Il KGB ti comunica che ci saranno altri tentativi per la tua liberazione come il caso Orlandi, devi tacere altrimenti prima il cadavere di Emanuela verrà gettato a piazza San Pietro poi tu Ali Ağca, verrai ammazzato». Senza dubbio si tratta di una terribile minaccia, che può spiegare il comportamento di Ağca nel corso del secondo processo, quando, invece di collaborare, cominciò a gridare di essere Gesù Cristo.

Si è giunti veramente a tanto? L'opinione dei miei interlocutori a riguardo non è univoca. Il giudice Martella ha dichiarato: «Non posso dire se questo colloquio abbia avuto luogo o meno. Non lo confermo e non lo smentisco. Posso solo confermare che Petkov conosceva il turco. Quando uscii con Ormankov per un caffè, rimase il mio segretario. Se avessero parlato in turco, il segretario non avrebbe potuto capire». Stefan Markov Petkov è stato sentito come testimone su richiesta dell'IPN, l'Istituto di memoria nazionale polacco che conduce la propria inchiesta sull'attentato a Giovanni Paolo II, nel gennaio del 2008 a Sofia, e ha negato di avere mai minacciato Ağca, ma non ha confermato né smentito di essere rimasto solo con lui.

Imposimato sostiene che Ormankov e Petkov fossero agenti segreti. Ma è vero? La Commissione Mitrokhin ha scoperto nel 2005 che i giudici bulgari, che assistettero ad alcuni interrogatori di Ali Ağca insieme al giudice Ilario Martella, in realtà agivano per danneggiarlo. Il generale del SISMI Ninetto Lugaresi informò Orazio Sparano, segretario del CESIS, il Comitato esecutivo per i servizi di informazione e sicurezza, già nel 1983 che i presunti giudici bulgari inviati in Italia erano in realtà alti ufficiali dei servizi segreti; tuttavia, la segnalazione non giunse mai al giudice istruttore delle indagini Ilario Martella[2]. Jordan Ormankov, che aveva il grado di colonnello o forse persino di generale, prese parte a un incontro segreto tra i rappresentanti dei servizi segreti bulgari e quelli della Germania orientale, che si svolse a Berlino nel 1983. Anche il giudice Rosario Priore, nell'intervista concessami, raccontando della rogatoria con la quale fu sottoposto a interrogatorio il colonnello Günter Bohnsack, ha detto: «Bohnsack riferiva di ricordare che dopo la loro richiesta di aiuto c'era stato un incontro a Berlino[3]. La delegazione bulgara venne ricevuta prima da Wolf, cosa ritenuta inusuale, e poi alla X sezione. L'incontro avveniva – teneva a sottolineare Bohnsack – in un luogo da complotto, una villa». Allora era già in corso l'operazione *Papa* (*Operation Papst*). Il ministro della DDR Erich Mielke fu incaricato di organizzare una comune difesa della Bulgaria dall'accusa di aver collaborato all'attentato a Giovanni Paolo II. Il 31 agosto 1982 Markus Wolf ricevette dal generale maggiore Damm le seguenti informazioni:

[2] *La Commissione Mitrokhin sull'attentato Wojtyla*, «Il Tempo», 5 maggio 2005.
[3] Rosario Priore, *L'attentato al Papa*, Kaos Edizioni, Milano 2002, p. 254.

> In questi ultimi tempi, nei mass media di alcuni stati capitalisti sono apparsi articoli menzogneri e tendenziosi, secondo i quali il tentato omicidio di Giovanni Paolo II, commesso nel 1981 sarebbe stato opera degli organi del KGB e dei servizi di sicurezza bulgari, che avrebbero prestato appoggio diretto al terrorista Mehmet Ali Ağca, fornendogli armi e soldi. Si tratta evidentemente di una campagna diretta da servizi segreti dell'avversario, con l'obiettivo di screditare la Bulgaria imputandole collegamenti con organizzazioni terroristiche. A fronte della situazione che si sta generando, i servizi segreti bulgari chiedono di accelerare la preparazione di documenti ai fini della comune Operazione papa.[4]

La corrispondenza tra la Bulgaria e la DDR, che si era svolta ai vertici del Politburo e che aveva lo scopo di avviare attività di disinformazione contro le accuse rivolte alla prima, si è in parte conservata negli archivi della Stasi a Berlino. La storia di questi documenti è piuttosto strana. Gli incartamenti – rinvenuti dalle autorità tedesche nell'ambito di un accordo – sono stati messi dal governo postcomunista della Bulgaria a disposizione della Commissione parlamentare d'inchiesta concernente il «dossier Mitrokhin» e l'attività d'*intelligence* italiana (detta "Commissione Mitrokhin"), ma con molte omissioni. Quegli stessi documenti – tratti dall'archivio pubblico della BStU – sono stati pubblicati da Marco Ansaldo nelle pagine del quotidiano «la Repubblica», per una fortuita coincidenza, lo stesso giorno in cui morì Giovanni Paolo II (il 2 aprile 2005). Alla fine risultò che la documentazione relativa al carteggio tra Stojanov e Mielke si trovava già da anni tra gli atti del *Papa-ter*, dal momento che il giudice Priore l'aveva ottenuta dall'organizzazione di Gauck[5]. La

[4] Protocollo Stasi 000004 citato in Marco Ansaldo, Yasemin Taşkın, *Uccidete il papa*, Rizzoli, Milano 2011, p. 282.

[5] La cosiddetta "organizzazione di Gauck" è l'autorità diretta da Joachim Gauck che aprì ed esaminò gli atti contenuti negli archivi della Stasi.

portata della comune operazione *Papa*, condotta da Markus Wolf, è comunque ancora poco nota. Alcuni suppongono che possa esserne parte anche il rapimento di Emanuela Orlandi o almeno il ricatto nei confronti della famiglia e del Vaticano oppure il relativo depistaggio.

Un secondo punto per me importante della lettera di Ali Ağca è legato al maggiore del KGB, Vladimir Kuzichkin, di stanza al consolato sovietico in Iran, poi transfuga in Inghilterra, che scrisse un famoso libro sullo spionaggio russo, *Inside the KGB: Myth and Reality*. Nella sua lettera al giudice Martella, Ağca confermava a distanza di anni che si incontrò nel 1980 con Kuzichkin a Teheran e che venne da questi incaricato di compiere un attentato contro l'ayatollah Khomeini. In Polonia questo punto è considerato centrale, perché la storia di Kuzichkin riscuote ancora molto interesse e si ritiene che gli italiani per motivi politici abbiano preferito non approfondire i presunti contatti del terrorista turco con l'agente del KGB, che fu il perno del complotto ordito contro il papa[6]. Proprio per questo mi sono rivolta a Ilario Martella e Rosario Priore affinché chiarissero il caso Kuzichkin. Martella e Priore sono rimasti sorpresi quando ho tirato fuori questo personaggio quasi fosse un coniglio dal cilindro. Priore ha dichiarato: «Di Kuzichkin in effetti non si è più parlato. Le risposte di Ağca sono state inattendibili a tal punto che questo personaggio non appare più nemmeno nella motivazione del provvedimento di chiusura della seconda istruttoria sull'attentato».

[6] Andrzej Grajewski, membro del comitato scientifico dell'IPN, nell'introduzione al libro *Papież musiał zginąć. Wyjaśnienia Ali Agcy* ("Il papa doveva morire. Spiegazioni di Ali Ağca"), che raccoglie, tradotti in polacco, gli interrogatori di Mehmet Ali Ağca svoltisi tra dicembre del 1981 e maggio del 1985, e che uscì in Polonia nel 2011 su iniziativa della casa editrice della Curia di Katowice Gość Niedzielny, ha dedicato molta attenzione al maggiore Vladimir Kuzichkin. Grajewski ritiene che non ci siano prove che il tribunale italiano abbia condotto fino in fondo le indagini riguardanti il ruolo dell'agente del KGB nella vicenda.

Anche il giudice istruttore Ilario Martella ha pubblicato un libro molto interessante e importante, dal titolo *13 maggio '81: tre spari contro il Papa*. Negli anni 1982-84 ha condotto la seconda indagine sull'attentato a Giovanni Paolo II, culminata nel cosiddetto "processo contro i bulgari", nel quale furono accusate otto persone: Mehmet Ali Ağca, Ömer Bağcı, Bekir Çelenk, Musa Serdar Çelebi, Oral Çelik, Sergej Ivanov Antonov, Todor Stoyanov Ayvazov, Jelio Kolev Vassilev. Il processo cominciò il 27 maggio 1985 nell'aula bunker del Foro Italico e fu condotto dal giudice Severino Santiapichi. In aula sedevano dietro alle sbarre soltanto Antonov, Ağca, Çelebi e Bağcı. Il verdetto fu pronunciato il 29 marzo 1986. Solo Ağca e Bağcı furono condannati per possesso illegale di armi. Il resto degli imputati fu assolto per insufficienza di prove. Questa sentenza è stata confermata nei due successivi gradi di giudizio.

Oggi, a distanza di trent'anni, il giudice istruttore, sul quale era concentrata l'attenzione di tutto il mondo – come dimostrano le lettere piene di minacce che ricevettero lui e la sua famiglia – sostiene che in piazza San Pietro ci furono tre spari. Quando Martella conduceva le indagini, i periti affermavano che erano stati esplosi almeno due colpi, perché non sapevano che una delle pallottole era caduta sul pianale della jeep papale e successivamente era stata consegnata dal papa nelle mani del vescovo di Fatima, in Portogallo, per cui non è mai stata a disposizione della Procura italiana. L'opinione del giudice è condivisa anche da altri interlocutori.

Nella nostra intervista Martella ha parlato anche di una ipotetica "imbeccata", cioè della possibilità che gli agenti dei servizi segreti italiani o persino americani, visitando Ağca in carcere, gli abbiano suggerito di accusare i bulgari, fornendogli tutte le informazioni necessarie al caso. Ho chiesto al giudice anche della presunta porta scorrevole che Ağca avrebbe disegnato sulla piantina, descrivendo l'appartamento di Antonov, porta che però in realtà si trovava nell'appartamento di Felix Morlion, un frate legato alla CIA che abitava sotto Antonov. L'importanza di questo punto, che negli anni è stato considerato una vera e propria prova del fatto che la pista bulgara sia stata suggerita dai servizi segreti occidentali, è molto più decisiva delle false dichiarazioni del pentito camorrista Giovanni Pandico, il quale nel 1985 rivelò che in cambio dell'aiuto offerto al boss Raffaele Cutolo il generale del SISMI Pietro Musumeci e Francesco Pazienza avrebbero incontrato Ali Ağca nel marzo del 1982 nel carcere di Ascoli Piceno e lo avrebbero convinto a "dire certe cose". Nelle mie interviste non ho dato seguito a questa voce, dal momento che l'incontro di Ağca con Pazienza (o persino con l'agente della CIA Aldrich Ames) è leggendario tanto quanto l'incontro con il colonnello Kuzichkin a Teheran.

Secondo il giudice Martella, la pista bulgara cominciò a prospettarsi dall'interrogatorio del 2 maggio 1982, quando Ali Ağca raccontò dell'architettura dell'attentato e del fatto che per l'omicidio del papa il governo bulgaro avrebbe dovuto pagare l'organizzazione terroristica dei Lupi grigi con armi per un valore di tre milioni di marchi. Il giudice mi ha anche detto che ottenne il passaporto di Ömer Mersan con il timbro della frontiera bulgara apposto il 4 luglio 1983[7], elemento che, secondo l'opinione di Martella e di Imposimato, sarebbe una prova documentale a conferma della pista bulgara. Abbiamo parlato anche del TIR che il 13 maggio sarebbe partito dall'ambasciata bulgara. Anche questo punto

[7] Ilario Martella, *13 maggio '81: tre spari contro il Papa*, Ponte alle Grazie, Milano 2011, p. 83.

ha suscitato molto scalpore. Indipendentemente dal fatto che il camion fosse "diplomatico" o normale, ci si chiede come facesse Ali Ağca a sapere della sua esistenza.

Il giudice Rosario Priore ha condotto la terza, e più lunga, indagine sull'attentato, chiamata *Papa-ter*, durata dal 1985 al 1998. Sul registro degli indagati sono stati iscritti tredici turchi e tre italiani. Dieci persone furono accusate di associazione a delinquere dedita allo spaccio di stupefacenti. Tre persone, Arslan Samet, Ömer Ay, Sedat Sırrı Kadem, insieme ad almeno altre cinque non meglio identificate, furono accusate di aver partecipato alla realizzazione dell'attentato al papa. L'indagine è stata interrotta il 21 marzo 1998 poiché la procedura giudiziaria vigente non ha permesso il suo ulteriore prolungamento oltre certi limiti.

Il libro del giudice Priore, *L'attentato al Papa*, porta lo stesso titolo di quello di Imposimato e Provvisionato, ma è stato pubblicato da Kaos Edizioni nel 2002, e costituisce un importante riferimento bibliografico. Mi hanno fatto molta impressione le dichiarazioni, contenute nel volume (e riportate in appendice di questo libro), di Oral Çelik, il compagno di Ağca e molto probabilmente secondo attentatore, il quale si vede di spalle mentre fugge nella fotografia di Lowell Newton. Le forze dell'ordine italiane per lungo tempo non sono riuscite a trovarlo e interrogarlo, perché – come afferma Priore – dopo l'attentato è stato protetto dalle istituzioni francesi: gli venne data una nuova identità, quella di Ates Bedri, venne cambiata la sua nazionalità da turca in curda e gli fu riconosciuto lo status di rifugiato. Solo il giudice Priore riuscì a ottenerne l'estradizione. Nel corso dell'interrogatorio del 23 giugno e del 5 luglio 1994, Oral Çelik dichiarò tra le altre cose che, quando erano ancora a Vienna e abitavano nell'appartamento di Jheringgasse, Ağca lo informò dell'esistenza di materiale fotografico e filmato che documentava i suoi incontri con il papa, incontri ai quali era stato introdotto dagli stessi cardinali che lo avrebbero istigato all'attentato.

Domenica 10 maggio 1981 Giovanni Paolo II svolse una visita pastorale nella parrocchia romana di San Tommaso d'Aquino. Furono scattate delle fotografie – sia dal fotografo del Vaticano Arturo Mari, che dai parrocchiani. In alcuni scatti si vedeva un uomo che ricordava molto Ali Ağca. Comparve nel settore riservato alle persone autorizzate dalla Prefettura della Casa pontificia, presso la quale lavorava Ercole Orlandi, il padre della scomparsa Emanuela. Ho chiesto al giudice Priore di chiarire questa vicenda.

C'è anche un altro fatto importante del quale abbiamo parlato, un fatto decisivo per l'apertura della terza indagine: il 14 maggio 1985 alla stazione di Venlo, in Olanda, alla frontiera con la Germania, venne fermato il cittadino turco Arslan Samet, trovato in possesso di una pistola Browning calibro 9, matricola 77C54476, proveniente dallo stesso lotto, acquistato presso il mercante d'armi austriaco Otto Tintner, del quale faceva parte anche quella con cui il 13 maggio 1981 Ağca sparò al papa. In quello stesso giorno era in corso il pellegrinaggio di Giovanni Paolo II nei Paesi Bassi. Ağca riconobbe nel 1985 che Samet era con lui durante l'attentato e che è costui a comparire nella foto di Newton. Purtroppo quella Browning è stata distrutta, quindi gli inquirenti italiani non hanno potuto analizzarla, Arslan invece si è suicidato in un carcere turco. Era forse quella la seconda pistola che sparò a piazza San Pietro? Oppure i Lupi grigi provarono nuovamente a uccidere il papa?

La mia curiosità venne attratta anche da un'altra storia, contenuta nelle dichiarazioni del pentito Vincenzo Calcara (riportate in appendice di questo libro). Fu lui che avvertì Paolo Borsellino che la sua vita era in pericolo, che rivelò il nome del nuovo padrino di Cosa Nostra e che raccontò per primo che la mafia riciclava i soldi sporchi a Roma, investendo nel Banco Ambrosiano di Roberto Calvi e nello IOR. Calcara già nel 1993 sostenne che il 13 maggio 1981 si trovava nelle vicinanze di piazza San Pietro perché insieme ad altri mafiosi doveva prelevare da Antonov due turchi. Dal momento che Ağca venne arrestato, ne presero solo uno, che venne ucciso e sepolto nelle brughiere lombarde. Il giudice Priore cercò quel cadavere ma le confessioni di Calcara non trovarono alcuna conferma nei fatti. Un altro esempio lampante delle mille difficoltà con cui hanno dovuto fare i conti i giudici istruttori italiani che hanno cercato di risolvere il mistero dell'attentato al papa: a ogni passo comparivano false piste, menzogne, accuse infondate, autoaccuse.

Come risulta dall'intervista con Rosario Priore, la CIA con l'attentato in sé non aveva niente a che fare. Le tracce che portavano al servizio segreto americano le aveva preparate la stessa Stasi nell'ambito di un'operazione di depistaggio condotta su vasta scala.

L'intervista con il giudice istruttore, che per tanti anni ha condotto il *Papa-ter* seguendo tutte le possibili tracce, è stata rilasciata ancora prima della comparsa del libro di Ali Ağca *Mi avevano promesso il paradiso: la mia vita e la verità sull'attentato al papa*. Da tempo il giudice Priore sosteneva che bisognava seguire più da vicino le tracce del fondamentalismo. Le nuove rivelazioni dell'attentatore turco relative al suo incontro con Khomeini a Teheran sono tuttavia poco verosimili.

Arturo Mari si trovava a pochi passi dal papa quando, il 13 maggio 1981, riecheggiarono gli spari. Mi ha fornito la relazione dell'attentato con una precisione fotografica, inoltre condividendo la sua esperienza diretta, visto che è tra l'altro istruttore militare. Udì due spari, ma anche lui pensa che a sparare non fu solo Ağca.

Il fotografo papale confermò che l'uomo nella fotografia che aveva scattato il 10 maggio 1981, durante la visita apostolica alla parrocchia di San Tommaso d'Aquino, probabilmente era Ağca. «Per me al 99,9 per cento era lui», ha dichiarato.

Mari racconta anche di un'altra fotografia scattata dalla cupola della basilica che ritraeva il papa sul terrazzo, circondato dai medici, durante la convalescenza. Questa foto suscitò diverse domande sulla vulnerabilità del pontefice, visto che già gli appunti sul foglio ritrovato addosso ad Ağca dopo l'arresto avevano fatto sorgere il sospetto che si sarebbe potuto pianificare anche un omicidio con un fucile.

È vero che il Vaticano ricevette delle informazioni su un possibile attentato dal capo del servizio segreto francese SDECE, Alexandre de Marenches? Anche questo è uno degli argomenti di *I labirinti oscuri del Vaticano*. «Mi chiedo, se è vero che c'era stato un preavviso, com'è possibile che nessuno ha fatto niente? Nessuno ha fatto lo sforzo di rivelare qualche altra cosa? Tutte le informazioni sono arrivate solo dopo i fatti», ha sottolineato Arturo Mari con dispiacere.

Giovanni Paolo II ha compiuto centoquattro viaggi all'estero. «Le minacce e gli avvertimenti secondo cui la vita del papa era in pericolo nemmeno si contano. Anche io sono stato minacciato di essere ucciso, eppure vivo ancora», mi ha detto il fotografo del Vaticano, ricordando il fallito attentato al papa del 1997 a Sarajevo, quando sotto il ponte sul quale passò il corteo papale furono ritrovati centoventisette chili di esplosivo. Poteva essere un attentato analogo a quello in cui morì il giudice Falcone, o uno di quelli a cui ci hanno abituato le guerre in Iraq e Afghanistan. Ricordò anche l'attacco con la baionetta del 13 maggio 1982 a Fatima da parte del sacerdote Juan Fernández y Krohn. Episodio che riporta alla mente la pista interna e l'integralismo cattolico dei lefebvriani, i quali ritengono che dal Concilio Vaticano II in poi ogni papa sia un usurpatore e che per questo dovrebbe essere allontanato dal soglio pontificio con tutti i mezzi, compreso l'omicidio, teoria di cui mi ha informato il giudice Priore.

«In fondo non è poi così complicato», queste sono le parole che Mehmet Ali Ağca rivolse a Marco Ansaldo, vaticanista di «la Repubblica» e a Yasemin Taşkın, corrispondente del quotidiano turco «Sabah», autori del libro *Uccidete il papa*. Secondo loro, l'attentato a Giovanni Paolo II è stato organizzato e finanziato dai Lupi grigi, che lo hanno messo in atto per ottenere fama mondiale e per poter fare un ritorno trionfale in Turchia. I Lupi grigi aiutarono Ağca a fuggire dal carcere di Kartal Maltepe, perché potesse uccidere «il comandante dei crociati» già a Istanbul, nel corso della sua visita, che il papa effettuò dal 28 al 30 novembre 1979.

Mi ha detto Marco Ansaldo:

> A nostro parere, la tesi sulla pista bulgara viene costruita ben un anno dopo l'attentato, nel 1982, ed esce rafforzata dopo il viaggio del giudice Ilario Martella a Washington. In quell'estate alcuni giornalisti americani avevano cominciato a diffondere le informazioni che gli elementi provenienti dalla Bulgaria avrebbero potuto aver aiutato nell'attentato. Lo fece la rete televisiva NBC attraverso alcuni programmi e anche la giornalista Claire Sterling, autrice di un famoso articolo sul «Reader's Digest». Erano giornalisti legati a Paul Henze, il capo della sezione della CIA ad Ankara.

Con il vaticanista di «la Repubblica» ho parlato anche dei documenti dell'operazione *Papa* e del cosiddetto "piano in sei punti". Secondo Ansaldo, si tratta di quello stesso documento redatto dopo la riunione del Comitato centrale del PCUS del 13 novembre 1979 che ha scoperto John O. Koehler, autore di *Il libro che il Vaticano non ti farebbe mai leggere*, edito da Newton Compton. Delle informazioni sull'esistenza di questo piano erano state rivelate pubblicamente nel corso della conferenza stampa nel 1990 dall'ex agente del KGB Victor Sheimov che dieci anni prima era passato dalla parte degli americani. Questo documento era stato già pubblicato da Tad Szulc nella biografia *Pope John Paul II* e lo avevano menzionato anche Marco Politi e Carl Bernstein nel libro *Sua Santità*, edito da Rizzoli. Nessuno tuttavia lo ha considerato come una sorta di condanna a morte per Karol Wojtyła.

In *Uccidete il papa* gli autori hanno pubblicato invece dei documenti segreti molto interessanti provenienti dal Dossier Havel, riguardanti le operazioni *Infezione* e *Pagoda*, condotte dal servizio segreto cecoslovacco. La natura di tali azioni non è stata ancora accertata.

Con i giornalisti di «la Repubblica» e di «Sabah» abbiamo anche toccato il tema della pista polacca. Ansaldo e Taşkın hanno scritto nel loro libro, tra l'altro, di un'operazione dei servizi segreti polacchi denominata *Triangolo* quasi sconosciuta al di fuori della Polonia; del caso di un ufficiale dei servizi segreti polacchi, un certo Bąk, il quale riferì al generale Giuseppe Cucchi di aver visto un documento sospetto in cui si menzionava l'attentato al papa; della notizia che il 13 maggio 1981 erano presenti a piazza San Pietro tre agenti segreti polacchi: Zenon Chmielewski, Jan Zacherowski e Adam Pietruszka.

Era doveroso dare voce anche a coloro dei quali spesso abbiamo parlato, ovvero ai bulgari. Christo Petrov – giornalista, corrispondente estero dall'Italia e dalla Santa Sede da almeno trentasei anni – cominciò la sua attività al ministero degli

Affari esteri a Sofia nel 1974 come analista strategico e dal 1976 lavora per l'agenzia di stampa bulgara BTA: il sistema comunista quindi lo conosce bene. Seguì le indagini e i processi fin dall'inizio. Secondo lui la *Bulgarian connection*, che in Italia venne chiamata "pista bulgara", prese piede a partire dal 18 giugno 1982 quando l'emittente tedesca Deutsche Welle trasmise le anticipazioni dell'articolo della giornalista americana Claire Sterling (che lavorava allora a Roma). Quell'articolo successivamente venne pubblicato nel numero di settembre del mensile americano «Reader's Digest».

Petrov ricorda inoltre che oltre alla verità storica, che alcuni cercano dopo trent'anni, c'è soprattutto la verità processuale: «Non ci sono "attentatori bulgari". Un cittadino turco, Mehmet Ali Ağca, è stato condannato per l'attentato al sommo pontefice, mentre un altro suo connazionale, Ömer Bağcı, è stato riconosciuto colpevole per aver introdotto illegalmente in Italia l'arma del delitto». Questa è la verità processuale riconosciuta fino a oggi.

A gennaio del 2013 è comparso il terzo libro di Mehmet Ali Ağca *Mi avevano promesso il paradiso*. Il mancato omicida lo ha scritto da uomo libero, dopo l'uscita dal carcere turco. Dichiara di aver ricevuto l'ordine di uccidere Giovanni Paolo II dall'ayatollah Ruhollah Khomeini e di averlo detto al santo padre quando questi andò a visitarlo in carcere nel 1983 e che il Vaticano già in passato prese in considerazione la pista islamica. Il portavoce della Santa Sede padre Federico Lombardi ha smentito questa rivelazione. Nel suo libro Ağca scrive anche: «Io dico che la pista bulgara non esiste. Se qualcuno vuole dire che la pista bulgara esiste, deve presentare delle prove, non chiacchiere, altrimenti su quali basi si fonda un'accusa?».

Ho scritto una lettera a Mehmet Ali Ağca e mi sono messa in

contatto con il suo agente per porgli alcuni quesiti. Purtroppo non ho ricevuto alcuna risposta. Forse le mie domande erano imbarazzanti...

L'omicidio di Roberto Calvi

Il 17 giugno 1982 moriva tragicamente il banchiere italiano Roberto Calvi. Il giornalista britannico Philip Willan, che ha collaborato con David Yallop al bestseller *In nome di Dio* sul presunto omicidio di papa Giovanni Paolo I, e con Charles Raw, per conto del quale ha analizzato i rapporti tra il Banco Ambrosiano e lo IOR, nel 2009 ha pubblicato con Newton Compton un libro molto interessante sulla misteriosa morte del "banchiere di Dio": *L'Italia dei poteri occulti*. Willan seguì con attenzione il processo romano, che cominciò nel 2005. Nella nostra intervista commenta il verdetto e le tappe della vicenda processuale.

Dopo ventotto anni dalla sua morte, il tribunale sentenziò che Calvi non si è suicidato, piuttosto venne ucciso. La morte sarebbe avvenuta per strangolamento, successivamente il banchiere sarebbe stato impiccato dai suoi assassini con la stessa corda con la quale era stato strozzato, ai ponteggi di metallo sotto il Ponte dei Frati Neri sul Tamigi. Fino a oggi non sono stati identificati né i sicari né i mandanti dell'omicidio. I tre imputati del processo, e cioè Flavio Carboni, Pippo Calò ed Ernesto Diotallevi furono assolti per mancanza di prove. Decisione confermata dalla Corte di Cassazione nel 2011. Nelle motivazioni del verdetto, pronunciato il 7 maggio 2010, i giudici della Corte d'assise d'appello di Roma hanno sottolineato che troppi sono i moventi alternativi ipotizzabili, e troppi i soggetti e le organizzazioni che avrebbero avuto interesse all'eliminazione di Calvi: «dalla mafia, alla camorra, alla P2, allo IOR e ai politici italiani beneficiari delle tangenti o interessati a cambiare l'assetto del Banco Ambrosiano o a mutare gli equilibri di potere all'interno del Vaticano».

Anche con Maurizio Turco – deputato del Partito radicale ed ex parlamentare europeo – ho parlato di alcuni aspetti del processo riguardante l'omicidio di Calvi. Commentando la fondatezza del verdetto di appello, nel quale è scritto: «Cosa Nostra, nelle sue varie articolazioni, impiegava il Banco Ambrosiano e lo IOR come tramite per massicce operazioni di riciclaggio»[8], Turco fa riferimento anche alle confessioni di alcuni pentiti. Vincenzo Calcara ha raccontato la storia dei dieci miliardi di lire appartenenti al boss della mafia Francesco Messina Denaro (padre del latitante Matteo, attuale capo di Cosa Nostra) e consegnati all'arcivescovo Marcinkus. Nel corso di questa operazione il pentito avrebbe visto Roberto Calvi. Francesco Marino Mannoia ha detto di aver saputo dal suo clan mafioso che «parte dei soldi è stata investita nel banco vaticano». Turco ricorda anche l'interrogazione parlamentare che rivolse al governo italiano in relazione alle tre richieste di rogatoria internazionale rivolte alla Santa Sede, alle quali non è mai stata data alcuna risposta.

Carlo Calvi, figlio del "banchiere di Dio", da oltre trent'anni lotta per portare finalmente alla luce la verità sull'omicidio di suo padre. L'intervista che ha rilasciato per *I labirinti oscuri del Vaticano* è ampia e minuziosa. Abbiamo toccato molti punti: dai contatti di suo padre con diversi attori di questa tragica storia al sistema di conti nello IOR, nel Banco Ambrosiano e in altre banche, attraverso i quali i capitali passavano senza controlli, offrendo la possibilità di nascondere i soldi

[8] Giacomo Galeazzi, Ferruccio Pinotti, *Wojtyla segreto*, Chiarelettere, Milano 2011, p. 112.

sporchi (un sistema che Charles Raw ha chiamato «*lira back to back*»). Carlo Calvi racconta anche cosa si sarebbe potuto trovare nella famosa borsa Valextra, che suo padre portava sempre con sé, la cui storia, dalla misteriosa scomparsa al successivo ritrovamento, è terminata con il processo.

Il figlio di Roberto Calvi ha formulato diverse ipotesi a proposito del movente e dei mandanti della morte del padre. Dice anche: «Ho motivo di ritenere che il rapimento di Emanuela Orlandi sia stato organizzato da questo ambiente criminoso in quanto rappresentava un mezzo facile per ricattare coloro che avrebbero potuto assicurare la continuità di questo uso improprio dei conti *lira back to back*. Un sequestro che si inquadra sempre nelle lotte interne al Vaticano».

Gli ho chiesto anche cosa pensasse della presunta lettera che Roberto Calvi avrebbe inviato prima di morire al papa e nella quale si legge:

> Molti sono coloro che mi fanno allettanti promesse di aiuto a condizione che io parli delle attività da me svolte nell'interesse della Chiesa; sono proprio molti coloro che vorrebbero sapere da me se ho fornito armi o altri mezzi ad alcuni regimi di paesi del Sudamerica per aiutarli a combattere i nostri comuni nemici, e se ho fornito mezzi economici a Solidarność o anche armi e finanziamenti ad altre organizzazioni di paesi dell'Est; ma io non mi faccio e non voglio ricattare; io ho sempre scelto la strada della coerenza e della lealtà anche a costo di gravi rischi!

Lavorando su questo libro, più volte ho sentito parlare di "soldi sporchi destinati a Solidarność". L'idea che una parte del denaro della mafia, che passò dal Banco Ambrosiano e dallo IOR, fu destinata alla lotta al comunismo, e in questo ambito al finanziamento dei sindacati polacchi, è popolare in Italia. A rivelare tante preziose informazioni su questo argomento sono stati Giacomo Galeazzi e Ferruccio Pinotti, nel loro libro, *Wojtyla segreto,* per il quale hanno intervistato, tra gli altri il procuratore Luca Tescaroli e Lech Wałęsa. Tuttavia su questo presunto passaggio di denaro non sappiamo niente di certo. In un'intervista concessami per il mio precedente libro, *Voci fuori dal coro*, uscito in Polonia, Gianluigi Nuzzi mi ha detto: «Purtroppo fino a oggi manca la documentazione che riveli finalmente in che modo fu finanziata Solidarność. In merito a questa vicenda tutti tacciono. Non sappiamo ancora come, quando e da quali fonti venne finanziato il sindacato polacco. Possiamo solo ipotizzare. Questo rappresenta uno dei più interessanti segreti del passato recente, un nodo gordiano il cui scioglimento permetterebbe di rispondere a molte domande». Di certo anche in Polonia nessuno sapeva né chiese da dove venivano i soldi, la maggioranza dei quali arrivò sotto forma di cibo, vestiti o materiale poligrafico.

Ho telefonato al procuratore Luca Tescaroli per chiedergli un'intervista per *I labirinti oscuri del Vaticano*, nella quale avrebbe dovuto dire se esistono prove a testimonianza dell'invio di denaro "sporco" in Polonia. Ha declinato l'invito, spiegando che è ancora legato da segreto professionale, perché conduce altre, nuove indagini sull'omicidio di Roberto Calvi, per il quale sono sospettate quattro persone. Qualche giorno dopo, il 26 novembre 2012, Gianluigi Nuzzi divulgò queste informazioni nella sua inchiesta televisiva per l'*Infedele*, nella quale si parlò di presunti legami di Roberto Calvi con il re boliviano della cocaina Roberto Suárez Goméz. Secondo la vedova Ayda Suárez Goméz, che Nuzzi intervistò, Calvi era un socio di suo marito e aveva paura perché Pablo Escobar voleva recuperare i soldi investiti nella sua banca a Nassau. Carlo Calvi, il figlio del banchiere, ha commentato dicendo che si tratta solo di speculazioni.

La scomparsa di Emanuela Orlandi

Il 22 giugno 1983 la quindicenne Emanuela Orlandi era uscita dalla sua casa in via Sant'Egidio nella Città del Vaticano, per recarsi alla scuola di musica Ludovico da Victoria presso piazza Sant'Apollinare, poco lontano dall'omonima basilica, nei pressi di piazza Navona. Aveva con sé un flauto. Non fece mai più ritorno. La famiglia la cerca da anni.

Per la Polonia fu un giorno particolarmente importante. Giovanni Paolo II stava svolgendo il suo secondo pellegrinaggio in patria (dal 16 al 23 giugno) mentre era ancora in vigore la legge marziale. Quel giorno, un mercoledì, si trovava a Cracovia. Nella tarda serata al Castello Wawel si era svolto il secondo incontro del papa con il generale Wojciech Jaruzelski, un incontro durato un'ora e trentasette minuti, non programmato in precedenza, ma fortemente voluto dal regime polacco. A quanto pare, durante il colloquio, il generale "rimproverò" al papa di aver utilizzato qualche espressione nei suoi discorsi che avrebbe potuto creargli problemi con il Cremlino; probabilmente i due parlarono pure della fine della legge marziale. Tuttavia la registrazione di questo incontro non si trova, né negli archivi dell'IPN né in quelli della televisione polacca.

Nel corso del primo incontro, avvenuto al Belweder di Varsavia, il 17 giugno, e a cui presero parte anche il primate di Polonia, il cardinale Józef Glemp, e il segretario di stato vaticano, il cardinale Agostino Casaroli, il papa aveva detto al generale: «Sono venuto per stare con i miei compatrioti in un momento particolarmente difficile della storia della Polonia dopo la seconda guerra mondiale». Grande significato simbolico ebbe l'incontro con Lech Wałęsa, il leader di Solidarność, che si svolse sui monti Tatra, nella valle Chochołowska il 23 giugno. Il «Corriere della Sera» ne diede notizia in prima pagina: *Wałęsa incontra il papa*. Un mese dopo, il 22 luglio 1983, nel giorno della festa nazionale della Repubblica popolare di Polonia, venne revocato lo stato di guerra, che vigeva da cinquecentottantasei giorni.

Il 3 luglio 1983 Giovanni Paolo II durante l'Angelus rivolse un appello per la liberazione della concittadina vaticana. Fu proprio il papa polacco il primo ad avvalorare la tesi del rapimento, rivolgendosi a chi aveva la «responsabilità di questo caso»: infatti la polizia italiana allora riteneva ancora che la ragazza si fosse allontanata da casa volontariamente. Un mese prima della scomparsa di Emanuela, il 7 maggio 1983, era sparita un'altra minorenne, la cittadina italiana Mirella Gregori. Entrambe le ragazze sono state ritratte insieme al santo padre, e i presunti rapitori affermarono che erano tutte e due nelle loro mani. Le trattative con questi sconosciuti durarono per un anno, perché più persone e organizzazioni rivendicarono i sequestri. Le negoziazioni, che ufficialmente vertevano sulla liberazione di Ali Ağca, cominciarono il 5 luglio 1983 con la telefonata dell'Americano alla sala stampa vaticana e a casa degli Orlandi. Il giorno successivo un giovane uomo telefonò all'agenzia ANSA: «Noi abbiamo Emanuela Orlandi la studentessa di musica. La libereremo soltanto quando sarà scarcerato Ali Ağca, l'attentatore del papa». I presunti rapitori pretesero una linea telefonica speciale con il codice 158, per telefonare direttamente alla Segreteria di stato del Vaticano, al cardinale Agostino Casaroli. L'Americano fu preceduto da altri due telefonisti: "Mario" e "Pierluigi".

La storia della trattativa con i rapitori, che correva parallela con le indagini del giudice Martella relative alla pista bulgara, è lunga e complicata. L'ha descritta Ferdinando Imposimato nei suoi due libri summenzionati. Le telefonate e le lettere con le richieste e le minacce terminarono improvvisamente il 20 novembre 1984, un mese dopo la chiusura della seconda indagine sull'attentato a Giovanni Paolo II, nella quale Ali Ağca aveva tirato in ballo i turchi e i bulgari.

Nel Natale del 1983 Giovanni Paolo II andò a salutare la famiglia Orlandi e durante la visita, alla presenza del suo segretario personale, l'arcivescovo Stanisław Dziwisz, disse: «C'è il terrorismo interno e il terrorismo internazionale. Quello di Emanuela è un caso di terrorismo internazionale».

Il 14 novembre 1983 il vicedirettore del SISDE Vincenzo Parisi redasse il *Rapporto Emanuela Orlandi*, nel quale venivano analizzate le lettere e le telefonate minatorie del periodo che va dal 5 luglio al 24 ottobre 1983 e il profilo psicologico del famoso "Americano" (si vedano gli *Allegati*). Successivamente la polizia italiana fermò un polacco nato in Canada che abitava in Italia. Era sospettato di essere il telefonista. Dopo diversi anni sono riuscita a trovare questo personaggio. In *I labirinti oscuri del Vaticano* Mister X, che ha voluto conservare l'anonimato, per la prima volta racconta la sua storia.

Raffaella Notariale è una giornalista televisiva italiana che scoprì la tomba di Enrico De Pedis, ritenuto il boss della banda della Magliana, nella cripta della basilica vaticana di Sant'Apollinare a Roma. Nel 2005 uno spettatore anonimo telefonò alla trasmissione *Chi l'ha visto?* dichiarando: «Riguardo al fatto di Emanuela Orlandi, per trovare la soluzione del caso andate a vedere chi è sepolto nella cripta della basilica di Sant'Apollinare, e del favore che "Renatino" fece al cardinale Poletti all'epoca. E chiedete al barista di via Montebello, che pure la figlia stava con lei, con l'altra Emanuela».

Fu proprio lei a intervistare nel 2006 Sabrina Minardi, amante del personaggio di spicco della holding criminale romana, ucciso in un regolamento di conti il 2 febbraio 1990 in un vicolo del centro storico. Due anni dopo, i media italiani cominciarono a rendere pubbliche le dichiarazioni rilasciate dalla Minardi nel corso degli interrogatori in Procura, la quale immediatamente avviò le indagini. La donna affermò che il corpo di Emanuela Orlandi, chiuso in un sacco di plastica, fu gettato in una betoniera a Torvajanica e che il mandante del rapimento fu l'arcivescovo Paul Marcinkus. L'amante del boss della Magliana rivelò molti scandalosi dettagli riguardanti l'ex capo dello IOR, cosa che suscitò lo sdegno e le proteste del Vaticano.

Con Raffaella Notariale ho parlato di quegli aspetti che indicano un nesso tra la scomparsa della cittadina vaticana e il gruppo di banditi romani, e degli interessi che legavano Enrico De Pedis al Vaticano, dei quali Renatino aveva parlato con Sabrina Minardi. La giornalista italiana ha scritto il libro *Segreto criminale*, del quale la Minardi è coautrice, edito da Newton Compton.

Anche se l'indagine della Procura romana sul rapimento di Emanuela Orlandi, condotta dal procuratore aggiunto di Roma Giancarlo Capaldo e dal sostituto procuratore Simona Maisto, è protetta dal segreto istruttorio e avvolta da grande riserbo, dalle informazioni che nel corso degli ultimi anni sono trapelate dai media si poteva arguire che alcuni ex membri della banda della Magliana, che oggi collaborano con la giustizia, hanno confermato parte delle confessioni rilasciate dall'amante di De Pedis. Uno di loro, Antonio Mancini, in un'intervista con Angela Camuso comparsa su «l'Unità» a febbraio del 2010, ha detto:

> Sono sicuro che la scomparsa di Emanuela Orlandi è opera sua. Io l'ho saputo, perché dovevo saperlo, perché a me non si potevano nascondere certe notizie. Il motivo è una questione di denaro. Prima ci fu l'attentato a Roberto Rosone, il vicepresidente dell'Ambrosiano, che si doveva "addolcire" perché metteva i bastoni tra le ruote a Calvi. Poi furono fatte avere delle fotografie al papa: lo ritraevano in una piscina attorniato da suore. Gliele avrebbe portate Licio Gelli, ma non ebbero effetto. Infine l'impiccagione di Calvi. Visto che il denaro non rientrava, De Pedis decise di portar via la ragazzina.[9]

Quando Ali Ağca uscì dal carcere, nel 2010, incontrò a Istanbul il fratello della scomparsa Emanuela, Pietro Orlandi. Nel corso del colloquio privato ma registrato, l'attentatore turco ha detto che il mandante del rapimento di Emanuela è stato il Vaticano e che dell'esecuzione si occuparono il SISMI e la CIA. Assicurò anche che la ragazza è ancora viva da qualche parte oltre le frontiere dell'Italia.

Solo il 14 maggio 2012, su ordine della magistratura, è stato riaperto il sarcofago di marmo nella basilica di Sant'Apollinare contenente la bara di Enrico De Pedis: è stata eseguita l'esumazione e la salma è stata sottoposta a una perizia. Il discusso feretro del boss ha lasciato definitivamente la basilica vaticana, la sua salma è stata cremata e le ceneri disperse in mare. La Procura ha disposto anche l'analisi delle duecento cassette contenenti ossa che si trovavano nella cripta, resti di persone sepolte lì nel corso dei secoli. Si è voluto in questo modo fugare ogni dubbio circa la presenza di tracce di Emanuela.

Al termine della stesura di *I labirinti oscuri del Vaticano* le analisi non sono ancora state concluse. Nel registro degli indagati sono state iscritte cinque persone, tra loro anche il

[9] Angela Camuso, «*Questa è la prova che la Banda della Magliana fa ancora affari*», «l'Unità», 26 febbraio 2010.

rettore della basilica di Sant'Apollinare, padre Vergari. A quanto pare l'indagine è finita in un vicolo cieco.

Gianluigi Nuzzi – autore dei due bestseller *Vaticano S.p.A.* e *Sua Santità. Le carte segrete di Benedetto* XVI, quest'ultimo causa dello scandalo Vatileaks – ha deciso di indagare su cosa successe nella scuola Ludovico da Victoria, frequentata da Emanuela, e di approfondire l'ipotesi del movente sessuale, suggerito dall'esorcista papale, padre Gabriele Amorth. Nella puntata del suo programma televisivo su La7, *Le inchieste di Gianluigi Nuzzi*, a febbraio del 2013, il giornalista presentò due scenari: il primo prevedeva che Emanuela fosse stata condotta a un incontro a sfondo sessuale durante il quale morì, il secondo che la ragazza non abbia mai abbandonato la basilica di Sant'Apollinare, dove è scomparsa.

Padre Amorth, in una intervista rilasciata a Giacomo Galeazzi nel maggio del 2012, ha detto: «Come dichiarato anche da monsignor Simeone Duca, archivista vaticano, venivano organizzati festini nei quali era coinvolto come "reclutatore di ragazze" anche un gendarme della Santa Sede. Ritengo che Emanuela sia finita vittima di quel giro. Non ho mai creduto alla pista internazionale, ho motivo di credere che si sia trattato di un caso di sfruttamento sessuale con conseguente omicidio poco dopo la scomparsa e occultamento del cadavere».

Di questi due scenari drammatici, che nonostante il dolore e un certo imbarazzo devono essere comunque affrontati, si parla nell'intervista che Gianluigi Nuzzi ha rilasciato in esclusiva per *I labirinti oscuri del Vaticano*.

In quali circostanze è scomparsa Emanuela? Come si sono svolte le trattative con i presunti rapitori? Il suo rapimento e l'omicidio Calvi sono legati a ciò che Giovanni Paolo II fece per la Polonia? Su questo e su tutti gli aspetti connessi alla storia di Emanuela risponde in questo libro suo fratello maggiore, Pietro Orlandi. «Penso che sia tutto più complicato e che in gioco entrarono molti interessi. La verità giace da qualche parte lì in mezzo. C'entravano il denaro e la politica», mi ha detto durante l'intervista.

Il fatto che la ragazza sia scomparsa in concomitanza con la seconda visita apostolica del papa in Polonia desta molti sospetti. Il fratello di Emanuela spera che proprio dalla Polonia, e in particolare da colui che per anni collaborò con Giovanni Paolo II, il cardinale Stanisław Dziwisz, otterrà qualche indicazione utile per la soluzione di un mistero che da anni rappresenta un inferno per la sua famiglia.

L'operazione *Triangolo*

Essendomi occupata del caso di Emanuela Orlandi, ho preso in seria considerazione le ipotesi formulate da Ferdinando Imposimato, che sostiene che la ragazza è stata sequestrata su ordine dei servizi segreti dell'Est e che il suo rapimento fu in realtà un seguito dell'attentato a Giovanni Paolo II. Mi hanno spinto a riflettere alcuni avvenimenti accaduti in Polonia tra 1982 e 1984. Sono stata anche colpita dalla coincidenza temporale della scomparsa della quindicenne cittadina vaticana con la seconda visita di Karol Wojtyła in patria, visita a sua volta preceduta da un'operazione dei servizi segreti polacchi denominata *Triangolo*. Finora questi fatti non sono stati messi in collegamento da nessuno.

Proprio per questo ho deciso di intervistare il giornalista polacco Piotr Litka che mi ha parlato dell'operazione *Triangolo* e dei metodi dei servizi segreti nella Repubblica popolare di Polonia, i cui agenti ricorrevano spesso al sequestro di persona per raggiungere i propri fini.

In Polonia, di tale azione si è parlato sempre con un certo imbarazzo, tuttavia non ne sono state colte tutte le implicazioni. Inoltre il suo vero obiettivo è stato finora sconosciuto all'estero.

All'inizio del gennaio 1983, quando era quasi certo che Giovanni Paolo II avrebbe visitato il suo paese natale nel mese di giugno, a Cracovia arrivò Grzegorz Piotrowski (condannato poi per il rapimento e l'uccisione di padre Jerzy Popiełuszko) con una squadra operativa di agenti segreti. Piotrowski era dal dicembre del 1982 il nuovo capo del Gruppo operativo "D", una cellula segreta dei servizi polacchi facente capo al IV dipartimento del ministero degli Interni, responsabile per gli "affari religiosi", i cui agenti compivano azioni illegali quali perquisizioni, coercizioni fisiche, rapimenti di persone, torture ecc. Il compito di questa cellula era quello di girare un filmato che avrebbe dovuto compromettere Giovanni Paolo II e la cui protagonista doveva essere Irena Kinaszewska, amica di lunga data di Karol Wojtyła e di don Andrzej Bardecki. La donna sembrava molto più vicina al cuore del pontefice polacco che la ben più nota Wanda Półtawska.

All'epoca, la Kinaszewska lavorava come segretaria e dattilografa al settimanale «Tygodnik Powszechny», ma già da prima seguiva Wojtyła e registrava le sue omelie per poi stenografarle in casa, spesso con l'aiuto dello stesso sacerdote. Per questo motivo la donna fu sorvegliata e spiata dai servizi polacchi, che nel suo appartamento avevano messo delle cimici, già alla fine degli anni '50, ancora prima che Wojtyła diventasse arcivescovo. Al fianco della Kinaszewska c'era un "angelo custode", il giornalista Konrad S., collaboratore dei servizi comunisti che fingeva di esserle amico e orbitava intorno all'*inteligencja* cattolica di Cracovia.

Irena Kinaszewska doveva essere condotta da Konrad S. in una camera dell'Hotel Cracovia, dove la squadra operativa aveva preparato uno studio di registrazione con tanto di telecamere nascoste. Per qualche motivo il piano non andò in porto. L'operazione fu ripetuta nella dacia del giornalista-spia, dove la donna fu fatta ubriacare e drogata con una mistura preparata nei laboratori chimici dei servizi segreti a Varsavia. Tuttavia, quando il capitano Piotrowski portò il filmato al IV dipartimento, i suoi superiori giudicarono il materiale non abbastanza compromettente da poterlo mostrare a Mosca.

Allora Piotrowski tornò a Cracovia con il gruppo operativo con un nuovo compito: entrare a casa di don Bardecki per trovare la corrispondenza tra Wojtyła e la Kinaszewska, della cui esistenza i servizi polacchi erano convinti. Ma anche questa missione risultò impossibile, perché a casa del sacerdote c'era sempre qualcuno.

Si cambiò piano per la terza volta e si decise di usare lo stratagemma di nascondere nell'appartamento di Bardecki le presunte "memorie di Irena", cioè un falso diario della donna, preparato da una sezione speciale del IV dipartimento. Il piano era simile a quello usato qualche mese dopo dallo stesso Piotrowski, quando a casa di don Popiełuszko a Varsavia furono nascosti esplosivi e documenti sovversivi, poi trovati durante una regolare perquisizione. A Cracovia, due funzionarie dei servizi segreti, travestite da operatrici dei servizi sociali, portarono un pacco di viveri alla domestica di don Bardecki. Mentre una di loro si informava dei bisognosi del quartiere, l'altra doveva nascondere in casa le false "memorie di Irena", che successivamente sarebbero state trovate a seguito di una finta rapina o di un incendio doloso, fatti che avrebbero giustificato un intervento della polizia e dei servizi.

Qualcosa però andò storto. Il 2 febbraio 1983 il capitano Piotrowski invitò i suoi collaboratori a una cena per festeggiare il già scontato successo dell'operazione, ma quella stessa notte, guidando in stato di ebbrezza, ebbe un incidente con la macchina.

Il suddetto incidente il giorno dopo finì sulla bocca di tutti e tanto bastò per chiudere l'operazione *Triangolo* e richiamare Piotrowski a Varsavia, dove fu incaricato dell'operazione *Popiel*, e del rapimento di Jerzy Popiełuszko, poi compiuto dal gruppo operativo "D", il 19 ottobre 1984.

Ma il 19 gennaio 1983 avvenne un altro fatto grave. Nel centro di Varsavia, in pieno giorno, fu rapito un noto attivista del movimento clandestino di Solidarność, Janusz Krupski. L'uomo fu portato nella foresta Kampinowska, dove venne pestato quasi a morte e deturpato con l'acido. Dovevano farlo annegare, ma per qualche inspiegabile motivo fu lasciato vivo al gelo e si salvò. Avendo visto i suoi aguzzini in faccia, nel corso del processo, li riconobbe negli agenti del gruppo operativo "D". Krupski, dopo la caduta del comunismo, diventò il presidente dell'Ufficio per veterani di guerra e vittime dell'oppressione. È morto il 10 aprile 2010 nella catastrofe dell'aereo presidenziale vicino a Smolensk.

Probabilmente don Bardecki trovò le false memorie di Irena e le bruciò. Non parlò mai con nessuno di questo fatto. Una volta rivelò solo che Piotrowski era andato a trovarlo, uscito di prigione. Pensava che fosse venuto per pentirsi, invece pare che volesse dei soldi. Irena Kinaszewska è morta nel 1990, Andrzej Bardecki nel 2001.

Venni a conoscenza dell'operazione *Triangolo* nel 2010 da una fonte vicina a Piotrowski. Scrissi allora anche un articolo al riguardo, ma non ero molto convinta della storia. M'intrigò però un'informazione che ricevetti proprio da questa fonte: i comunisti volevano organizzare in Polonia un finto arresto di un membro dei Lupi grigi turchi, addosso al quale avrebbe dovuto essere trovato del materiale imbarazzante per ricattare il papa. Poi il generale Jaruzelski avrebbe restituito "le memorie di Irena" a Wojtyła, come gesto di buona volontà, insinuando però che poteva esisterne anche una copia.

Oggi Grzegorz Piotrowski è un uomo libero. L'ho contattato per un'intervista per *I labirinti oscuri del Vaticano*, e ha dichiarato che apprezza il mio lavoro, ma non intende più parlare di questi fatti. Forse un giorno cambierà idea.

Nel 2011 in Polonia è uscito il libro *Skompromitować papieża: nieznane fakty i dokumenty dotyczące Jana Pawła II* ("Screditare il papa. Fatti e documenti sconosciuti su Giovanni Paolo II"), edito dalla casa editrice San Stanislao, appartenente alla diocesi di Cracovia, scritto dai due giornalisti Piotr Litka e Grzegorz Głuszak. Un anno prima Litka e Głuszak avevano realizzato un reportage televisivo riguardante l'operazione *Triangolo*, intervistando la spia comunista Konrad S. e il generale Czesław Kiszczak, ministro degli Interni tra il 1981 e il 1990. Secondo Piotr Litka, le prime tracce documentali riguardanti tale operazione risalgono al 1979, quando il generale Zenon Płatek, capo del IV dipartimento responsabile della lotta alla Chiesa cattolica, nonché capo del gruppo operativo "D", istituito nel 1976, si recò a Vienna per incontrare un agente soprannominato "Tom". In una nota di servizio riguardante questo incontro appare per la prima volta il nome dell'operazione, in italiano "Triangolo".

Nel dicembre del 1990, Grzegorz Piotrowski, all'epoca ancora in prigione, rese un'interessante deposizione al procuratore Witkowski:

> Prima d'intraprendere le mie azioni specifiche a Cracovia, il generale Płatek mi informò che si prevedeva che i materiali compromettenti, rinvenuti presso il sacerdote Bardecki, sarebbero stati restituiti personalmente dal generale Jaruzelski al papa durante la sua visita in Polonia, come segno di buona volontà delle autorità comuniste.

Come mi disse Płatek, la spiegazione riguardo a questi materiali, che Jaruzelski avrebbe dovuto dare al papa, doveva essere la seguente: «I documenti sono stati trovati addosso a dei terroristi turchi che volevano fare pressione sul papa per la liberazione di Ali Ağca. I servizi segreti polacchi li hanno sequestrati e hanno deciso di far tornare tutto al santo padre».

Questa testimonianza fu resa subito dopo la caduta del Muro di Berlino, quando in Polonia cambiava il sistema politico. Il principale responsabile della morte di don Popiełuszko aveva concesso all'epoca anche una lunga intervista al giornalista Tadeusz Fredro-Boniecki. Si può presumere che Piotrowski sia stato sincero parlando delle spiegazioni ricevute dal suo capo nel 1982.

Bisogna anche ricordare che dalla fine dell'agosto dell'82 si svolgeva l'operazione *Papa* condotta dalla Stasi, il cui scopo era quello di distogliere l'attenzione dalla pista bulgara per l'attentato al papa. In questo contesto un ricatto che coinvolgesse la vita privata di Wojtyła poteva costituire un'arma potente.

C'è ancora un altro punto importante. Piotr Litka, nell'intervista concessami per questo libro, ha sostenuto di essere stato informato dal prelato Zdzisław Król, il quale partecipò ai preparativi per il secondo pellegrinaggio in Polonia di Giovanni Paolo II, che nel '83 c'era stato un tentativo di compiere un attentato al papa durante la messa allo Stadio di Varsavia (17 giugno 1983), e che si era sentito parlare del possibile fermo di un presunto attentatore turco. Purtroppo anche don Zdzisław Król è una delle novantasei vittime della catastrofe aerea di Smolensk.

In Polonia si è fatto di tutto per non indagare adeguatamente sull'operazione *Triangolo*. I superiori del capitano Grzegorz Piotrowski volevano far passare l'azione in casa di don Bardecki a Cracovia come un atto solitario di un agente insubordinato o come una storia di sua invenzione. È tuttavia molto difficile credere che un'operazione contro il papa potesse essere organizzata solo da Grzegorz Piotrowski.

Nelle sue deposizioni nel 1990 al procuratore Witkowski, Piotrowski sostenne che riceveva le istruzioni dai suoi diretti superiori, il generale Zenon Płatek e il colonnello Adam Pietruszka (vicecapo del IV dipartimento, poi condannato come ispiratore del rapimento di padre Popiełuszko e presente a piazza San Pietro alla messa dell'intronizzazione del pontefice polacco), e che costoro sembravano sotto pressione, come se dovessero riferire molto in alto.

Adam Pietruszka, anche lui già uscito di prigione, ritiene questa accusa completamente inventata. Il generale Zenon Płatek è morto nel 2009.

In Polonia si presume che nel 1989 degli agenti del KGB, venuti a Varsavia, abbiano prelevato dal ministero degli Interni tutti i documenti relativi all'operazione *Triangolo*. In genere tutti i materiali provenienti dagli archivi dei servizi polacchi vennero fotografati su microfilm e inviati a Mosca. Forse un giorno troveremo tutta la documentazione negli archivi del KGB, nei quali potrebbe trovarsi anche una copia delle memorie della Kinaszewska.

Non è noto, tuttavia, che fine abbia fatto il filmato registrato nella dacia con la donna drogata, che ancora negli anni Ottanta si trovava negli uffici del IV dipartimento, a Varsavia. Non c'è traccia del protocollo della distruzione del materiale. Forse è stato rubato ed è, come dicono gli storici, sepolto nella "banca della terra". Qualcuno forse lo ha nascosto, augurandosi che possa essere utile negli anni a venire.

Secondo il procuratore Andrzej Witkowski, l'operazione contro Giovanni Paolo II doveva servire per "ammorbidirlo", cioè per piegare la forza del suo spirito. Ma visto il riferimento a un presunto attentatore turco e le pressioni per liberare Ali Ağca, non si può non pensare al contesto internazionale e non ricordare i fatti che si svolsero contemporaneamente all'operazione *Triangolo*: l'indagine riguardante la pista bulgara condotta a Roma, l'operazione *Papa* guidata dalla Stasi, la successiva scomparsa di Emanuela Orlandi e i ricatti dei suoi presunti rapitori. Si tratta di una traccia che richiede più attenzione e che meriterebbe nuove indagini.

Un labirinto senza uscita

Non sappiamo se effettivamente la quindicenne cittadina vaticana sia stata rapita su incarico dei servizi di sicurezza comunisti, per costringere Ali Ağca a smettere di collaborare e deviare le indagini, che si stavano indirizzando verso la pista bulgara. Sappiamo invece che i servizi segreti polacchi ricorrevano spesso al sequestro, alla violenza fisica e, purtroppo, anche all'omicidio, e che in Polonia questi metodi vennero praticati soprattutto tra il 1982 e il 1984, come testimoniano i casi di Janusz Krupski, Piotr Bartoszcze e padre Popiełuszko o i cosiddetti "rapimenti di Toruń" riguardanti altri attivisti politici. Tutti costoro sono vittime del silenzio...

Si tratta di un labirinto senza uscita. Un circolo vizioso. Chi c'è veramente dietro l'attentato a Giovanni Paolo II? Chi ha ucciso Roberto Calvi? Come e perché è scomparsa Emanuela Orlandi? Non ci sono risposte certe a queste domande. Sono segreti che continuano a essere avvolti dal silenzio. Forse perché manca ancora la volontà di fare finalmente luce.

Roma, aprile 2013

Agnieszka Zakrzewicz

I segreti del comandante Estermann

Intervista con Sandro Provvisionato

Sandro Provvisionato è giornalista e scrittore. Direttore di Radio Città Futura, ha lavorato all'agenzia ANSA e successivamente è stato inviato speciale e vicedirettore del settimanale «L'Europeo» e capo della cronaca al TG5. È stato corrispondente di guerra in Kosovo, Libano e Iraq. Dal 2000 al 2012 insieme a Toni Capuozzo ha condotto il programma *Terra!*. È direttore del portale www.misteriditalia.it. Autore di molti libri, tra cui *Attentato al papa*, scritto insieme all'ex giudice istruttore Ferdinando Imposimato.

Il 4 maggio 1998 i media di tutto il mondo diedero la notizia di un crimine avvenuto nel Vaticano. Secondo la versione ufficiale diramata dalla Santa Sede, Cédric Tornay, un giovane soldato della Guardia svizzera, avrebbe ucciso il suo comandante appena nominato, Alois Estermann, e sua moglie Gladys Meza Romero, e successivamente si era tolto la vita. La ragione di questa tragedia sarebbe stata un raptus di follia, in seguito alla mancata assegnazione di una medaglia. Secondo lei le cose sono andate veramente così?

Questa storia è caratterizzata da una anomalia. Quando nel territorio del Vaticano ci sono fatti di sangue, normalmente si affida il caso agli organi inquirenti italiani, poiché la Santa Sede non ha adeguate strutture investigative. Così è stato nel caso dell'attentato al papa. Anche quando un turista si suicidò, il Vaticano affidò l'inchiesta alla polizia italiana.

Invece, nel caso di questo crimine, nel quale sono morte tre persone, il Vaticano decise di fare tutto da solo. L'inchiesta praticamente venne chiusa ancora prima di essere aperta, perché già a mezzanotte il portavoce Joaquín Navarro-Valls era in grado di dare la soluzione della vicenda. La versione ufficiale dei fatti la offrì il giorno successivo alla conferenza stampa[1]. Il verdetto, di un centinaio di pagine in tutto, venne emesso solo dopo nove giorni, ma ne furono rese pubbliche solo nove pagine, dalle quali risulterebbe la stessa cosa che Navarro-Valls aveva dichiarato dall'inizio, e cioè che il vice-caporale Tornay, in preda a un raptus, avrebbe ucciso il suo comandante e la moglie e poi si sarebbe tolto la vita.

L'unica novità non menzionata precedentemente dal direttore dell'ufficio stampa fu il ritrovamento di una lettera di Cédric alla madre, senza firma autografa, nella quale Tornay scrisse di aver deciso di uccidere Estermann poiché quello, per umiliarlo, non gli avrebbe assegnato una medaglia. Non era dunque un delitto impulsivo perché se qualcuno scrive che vuole uccidere una persona, significa che è un omicidio

[1] Il giorno successivo alla tragedia, in una conferenza nella Sala stampa vaticana, il portavoce Joaquín Navarro-Valls ha detto: «È vero che mancano i risultati delle autopsie e delle perizie, ma ciò non toglie che sia possibile ricostruire la dinamica del delitto: verso le 9 di sera il vicecaporale è andato nell'appartamento del comandante, ha suonato il campanello, è stato ricevuto in un salottino situato accanto all'ingresso e subito dopo ha cominciato a sparare. Dopo aver sparato a Estermann e alla moglie, Tornay ha rivolto l'arma contro se stesso e si è sparato in bocca. La pistola è stata trovata sotto il suo corpo, e il numero di matricola conferma che si tratta dell'arma del vicecaporale. Ha sparato cinque colpi, uno è rimasto in canna, due proiettili sono stati recuperati nel corpo di Estermann, un altro è stato ritrovato nel soffitto insieme a sostanze organiche umane». Navarro-Valls aggiunse anche che: «Non c'è spazio per altre ipotesi». Fonte: Ferdinando Imposimato, Sandro Provvisionato, *Attentato al papa*, Chiarelettere, Milano 2011, p. 301.

premeditato. In tutta la vicenda ci sono molte contraddizioni, sta di fatto che l'inchiesta non è mai stata resa pubblica, e quindi tutti i dubbi sono possibili.

Il giornalista franco-britannico John Follain per primo capì che in questa storia non tutto era chiaro. Formulò l'ipotesi che l'omicidio avesse un movente sessuale, o meglio, omosessuale. Su questo argomento ha scritto anche il noto libro City of Secrets[2]. *Aveva ragione Follain?*

Secondo me no. Lo scandalo omosessuale fu lasciato intravedere anche da ambienti del Vaticano. Indubbiamente avrebbe chiuso il caso e accontentato la curiosità dell'opinione pubblica. Tuttavia non c'è alcun fondamento per ritenere che Tornay e tantomeno Estermann fossero omosessuali.

La madre di Cédric Tornay, Muguette Baudat, portò via il corpo del figlio dal Vaticano. Venne sottoposto a una seconda autopsia, che si svolse il 14 maggio del 1998 a Losanna. Cosa rivelò questa autopsia?

Rivelò che era improbabile che Tornay si fosse tolto la vita[3]. Se di suicidio si trattava, sarebbe stato compiuto con una dinamica stranissima. Tornay si sarebbe dovuto inginocchiare e avrebbe dovuto infilarsi la pistola in bocca in un modo molto scomodo, perché il mirino, che si trova sulla punta della canna, sarebbe stato rivolto verso l'arcata superiore dei

[2] John Follain, *City of Secrets. The Truth Behind the Murders at the Vatican*, W. Morrow, New York 2003.

[3] Secondo quanto stabilito dal Vaticano, Cédric Tornay si sarebbe suicidato con la sua pistola di servizio SIG 75, che spara proiettili calibro 9 e che è stata ritrovata sotto il suo corpo. Ma entrambe le autopsie (quella vaticana e quella di Losanna) confermano che il foro da cui è uscita la pallottola mortale era invece di 7 millimetri. Il Vaticano ha attribuito la frattura dei denti al rinculo dell'arma. I medici di Losanna hanno ipotizzato che questo tipo di ferita protrebbe essere stata procurata infilando a forza la canna della pistola in bocca alla vittima semicosciente, la quale per difendersi ha stretto le mascelle. Fonte: Imposimato, Provvisionato, *op. cit.*, pp. 308-309.

denti. Aveva due incisivi rotti, una frattura regolare “a taglio di pino”. Questo fa pensare piuttosto che la canna della pistola sia stata introdotta a forza in bocca alla vittima. L’autopsia può fornire informazioni sulla morte, ma non sull’assassino. I medici di Losanna hanno riscontrato anche la frattura di un osso cranico che avrebbe provocato un’emorragia; inoltre, il dorso del polso destro presentava un piccolo segno, come se i polsi del vicecaporale fossero stati tenuti legati.

Qual è la tesi sostenuta dagli avvocati della madre del vicecaporale della Guardia svizzera?

Secondo loro in Vaticano si sarebbe svolto un triplice omicidio. Estermann e sua moglie sarebbero stati uccisi. Cédric Tornay sarebbe stato stordito, legato e ucciso, e il suo corpo portato all’appartamento del capitano per simulare il suicidio e doppio omicidio.

Chi era dunque Alois Estermann e perché venne ucciso?

Estermann – come è stato assodato – fino al crollo del Muro di Berlino era un agente della Stasi. In Vaticano del resto c’erano tantissime spie. Nel libro *Attentato al papa*, che ho scritto insieme all’ex giudice istruttore Ferdinando Imposimato, ne citiamo alcuni. L’ipotesi che avanziamo è basata sulle dichiarazioni dell’ex agente dell’organizzazione Gladio Antonino Arconte, che abbiamo intervistato in Sardegna. Lui afferma che Estermann – sotto lo pseudonimo “Werder” – lo aveva contattato due mesi prima di morire, poiché un gruppo di “gladiatori” perseguitato in Italia voleva chiedere asilo politico negli Stati Uniti. Werder avrebbe voluto unirsi a loro, poiché, a causa dei segreti di cui era a conoscenza, a Roma non si sentiva più sicuro. Non rivelò chi era. L’appuntamento era fissato in Corsica per il 5 maggio 1998 e proprio quel giorno, leggendo il giornale, Arconte apprese dell'omicidio in Vaticano e, vedendo le foto di Estermann, lo riconobbe[4].

Ma Antonino Arconte è attendibile?

Secondo gli ex "gladiatori" no. Tuttavia secondo Falco Accame – ex parlamentare, ammiraglio e presidente dell'associazione Ana-Vafaf, che si occupa dell'assistenza alle famiglie dei soldati morti nelle missioni di pace – è molto attendibile poiché tutti i documenti da lui forniti sono risultati autentici. Penso che quanto ci ha raccontato si debba ritenere credibile poiché non aveva nessun interesse a inventare una storia che gli avrebbe portato più danni che vantaggi.

Il primo sospetto che il comandante della Guardia svizzera di fresca nomina fosse una spia della Stasi si presentò il giorno dopo il suo omicidio. Il quotidiano tedesco «Berliner Kurier» pubblicò un articolo nel quale si rivelava che i servizi di sicurezza della DDR *avevano una propria spia in Vaticano nota con lo pseudonimo "Werder" e che costui era Alois*

[4] Secondo il giudice Imposimato, a provare che Estermann sia "Werder" sono le dichiarazioni dell'ex agente Gladio Antonino Arconte, che agiva sotto lo pseudonimo G-71. Arconte incontrò Werder poche settimane prima della sua morte. I dettagli di questo incontro sono stati rivelati nel suo libro *L'ultima missione*, nel quale l'autore racconta delle sue attività operative, e successivamente ha confermato questa versione in un'intervista rilasciata a Ferdinando Imposimato e a Sandro Provvisionato per il libro *Attentato al Papa*. Arconte ritiene che Ağca dovesse morire secondo il "modulo Kennedy", una tecnica usata da sempre dal KGB che prese il nome proprio dal modo in cui uccisero il presidente americano. È un sistema perfezionato da Beria, il capo dei servizi segreti sovietici ai tempi di Stalin: «Funziona in questo modo: la prima regola è che i morti non parlano, ora, se devo ammazzare qualcuno prima devo cercare un colpevole, me lo costruisco, lo preparo e poi lo ammazzo insieme a chi volevo morto», spiega Arconte. Secondo l'ex agente Gladio, anche Estermann è stato ucciso seguendo questo modulo operativo. Fonti: Imposimato, Provvisionato, *op. cit.*; Piero Mannironi, *Uno 007 sardo di Gladio rivela: Estermann era "Werder" la spia della Stasi in Vaticano*, «La Nuova Sardegna», 20 novembre 2011; Antonino Arconte, *L'ultima missione*.

Estermann. Il Vaticano tuttavia aveva smentito categoricamente queste voci[5].

Il Vaticano smentisce sempre. Il colonnello Günter Bohnsack nelle sue conversazioni con Ferdinando Imposimato ha confermato che Estermann era il loro uomo al Vaticano. Non ci sono dubbi, quindi, sul fatto che il comandante assassinato fosse un informatore.

Cos'è Gladio?

È una storia molto complicata. L'organizzazione venne ufficialmente fondata nel 1956 come struttura internazionale che collegava la CIA e altri servizi dei paesi del Patto Atlantico e aveva come obiettivo la lotta contro il comunismo. In tutti i paesi della NATO erano attivi gruppi formati da civili e militari che si occupavano di spionaggio antisovietico. Nel corso degli anni la Gladio italiana si è trasformata in qualcosa di più complesso: il suo compito non era solo difendere l'Italia in caso di una possibile invasione sovietica dalla Jugoslavia, ma prima di tutto impedire al Partito comunista italiano di arrivare al potere, anche attraverso la via elettorale. Questo genere di operazioni erano chiamate *Stay-behind*. Gladio terminò la sua attività nel 1990, quando il

[5] Secondo il quotidiano tedesco «Berliner Kurier» nel periodo 1980-1984 Werder avrebbe passato «almeno sette volte informazioni riservatissime» dal Vaticano all'allora Berlino Est. Le inviò attraverso una cassetta postale non più utilizzata del treno notturno che correva sulla linea Roma-Innsbruck. I documenti venivano ritirati in Austria dai collaboratori della Stasi. Come sostenne il giornale, tra le spie che lavoravano per il blocco comunista, Werder era quello più vicino a papa Giovanni Paolo II. Collaborò con il servizio segreto straniero "presumibilmente" per soldi, poiché lo stipendio di guardia non soddisfaceva le sue ambizioni. Johann Legner, portavoce dell'organizzazione di Gauck, responsabile per gli atti dei servizi segreti della DDR, ha confermato che nel 1979 la Stasi aveva «una pratica operativa intestata al nome di copertura di "Werder"». Il Vaticano già nel 1998 negò le informazioni pubblicate dal quotidiano tedesco, definendole assurde e inverosimili. Anche la famiglia di Estermann le ha ritenute offensive per il buon nome del comandante della Guardia svizzera. Fonte: *Estermann spia della Stasi? Il Vaticano: «Tutte bugie»*, «la Repubblica», 8 maggio 1998.

premier Giulio Andreotti rivelò di essere a conoscenza della sua attività[6].

In Italia la Gladio era legata alla P2?

In qualche misura sì, dal momento che i vertici di tutti i servizi italiani appartenevano alla loggia massonica creata da Licio Gelli. Non vi erano contatti diretti tra i comuni "gladiatori". I contatti avevano luogo al vertice. Come per la P2, anche per Gladio è stata rivelata solo una lista di aderenti, ma certamente i nominativi sono molti di più.

Nel libro Attentato al papa *avete provato a dimostrare che l'ordine di uccidere Giovanni Paolo II il 13 maggio 1981 sarebbe partito da Mosca. Perché Karol Wojtyła doveva morire?*

Il papa doveva essere eliminato, poiché costituiva una minaccia per il comunismo. Subito dopo la sua elezione aveva manifestato l'intenzione di compiere una visita pastorale in Polonia, il ventre molle del blocco comunista. Era per questo un uomo molto pericoloso. L'ordine partì da Mosca, gli esecutori furono i servizi bulgari DS [Dăržavna Sigurnost, conosciuti anche come KDS, Comitato per la sicurezza dello stato, *n.d.a.*], che affidò il lavoro sporco ai Lupi grigi. Mehmet Ali Ağca è solo colui che ha premuto il grilletto.

Tuttavia il processo è finito con l'assoluzione degli imputati e in effetti non c'erano prove inconfutabili che i bulgari avessero preso parte al complotto e che l'ordine fosse partito

[6] Gladio era anche parte della struttura *Stay-behind* attiva in molti paesi della NATO nell'Europa occidentale, Grecia e Turchia. In Italia aveva legami con la loggia P2. Aldo Moro, nel suo memoriale scritto durante la prigionia, indicò per primo l'esistenza di strutture segrete paramilitari.

da Mosca. Lei da dove trae la certezza che le cose andarono diversamente[7]*?*

Ali Ağca "distrusse" il processo, ma prima di farlo, rivelò molte cose. Basta seguire con attenzione gli atti giudiziari, la successione dei fatti, i viaggi di Ağca, i suoi contatti, e la pista bulgara diventa molto evidente.

Mosca non appare mai direttamente in questa vicenda, la sua *longa manus* erano i servizi segreti bulgari, che avevano contatti con la mafia turca, e questa con i Lupi grigi. Il fatto che Turchia e Bulgaria trafficassero in stupefacenti e armi era incontrovertibile, e negli stati comunisti questi traffici non potevano avere luogo senza autorizzazione. I servizi bulgari erano il braccio di Mosca e avevano armato Ağca, mentre i servizi della DDR avevano la funzione di disinformare.

Emanuela Orlandi è stata rapita per essere scambiata con Ağca?

La scomparsa di Emanuela Orlandi è strettamente legata all'attentato al papa. Secondo la nostra ipotesi, Emanuela era la terza candidata per il rapimento e il sequestro riuscì perché era l'unica cittadina vaticana a non essere protetta. Divenne un ostaggio che doveva essere scambiato con Ali Ağca. In realtà, tuttavia, a chi usava Emanuela non interessava molto questo scambio, sarebbe bastato far arrivare ad Ağca un messaggio preciso, ovvero che si era tentato di ottenere la sua liberazione, per mettere fine alla sua collaborazione. Molte coincidenze indicano che tutte queste azioni erano state attentamente

[7] «Tutto sta a indicare che il servizio segreto sovietico non fu coinvolto nell'attentato al papa nel 1981 e che fu la CIA a preparare quattro anni dopo un rapporto volutamente tendenzioso che collegava l'attentatore Ali Ağca con il KGB. Su incarico dell'allora capo della CIA, William Casey, il rapporto venne redatto dall'allora vicedirettore del servizio di controspionaggio Robert Gates». Fonte: Jacek Kalabiński, *Fatalne raporty CIA*, «Gazeta Wyborcza», 3 ottobre 1991.

programmate in un determinato arco di tempo. Non si tratta di prove, ma di indizi che però confermano l'ipotesi.

Ağca per il primo anno dopo l'attentato tacque, successivamente decise di collaborare e cominciò a svelare la partecipazione dei bulgari. Due giorni dopo il rapimento di Emanuela, lesse sul giornale della scomparsa di una cittadina del Vaticano. Si trattava di un trafiletto, poiché allora ancora si pensava che la Orlandi si fosse allontanata volontariamente da casa. A mio avviso era il segno convenuto, che lui ha capito bene, perché i suoi compagni avevano organizzato già precedentemente la sua fuga dalla prigione in Turchia. Molto probabilmente prima dell'esecuzione dell'attentato gli avevano assicurato che sarebbe stato liberato anche dalla prigione italiana, attraverso uno scambio di ostaggi. È proprio dal momento della scomparsa di Emanuela che Ağca cominciò a fingersi pazzo e a inquinare tutte le precedenti confessioni. Annullò da solo il processo.

La storia di Emanuela potrebbe essere in qualche modo legata a quella dei soldi sporchi della banda della Magliana, soldi che forse furono stanziati per la lotta al comunismo in Polonia?

A mio avviso no. Da dove nasce il legame con la banda della Magliana? Probabilmente alcuni membri del gruppo hanno avuto il ruolo di basisti e hanno prelevato la ragazza presso la scuola di musica. Negli anni Ottanta la banda della Magliana aveva il controllo di tutta la città. Nessuna azione criminale avrebbe potuto svolgersi senza il suo consenso. Penso che nemmeno dei professionisti ben organizzati dei servizi segreti sarebbero stati in grado di fare a Roma un rapimento senza coinvolgere la criminalità locale. I membri della banda hanno sicuramente giocato un qualche ruolo nel sequestro e, successivamente, possono aver consegnato o venduto la ragazza ai veri rapitori, cioè con tutta probabilità ai turchi o ai bulgari.

Cosa ne è stato di Emanuela?

Non lo so. Io mi fermo a Bolzano, dove esistono tracce concrete del suo passaggio. Da lì, molto probabilmente, Emanuela è stata portata fuori dall'Italia, perché alcuni testimoni hanno parlato della sua presenza in quella località. Il giudice Imposimato, come legale della famiglia Orlandi, ha indagato a lungo e sostiene che Emanuela sia ancora viva, si sia sposata con uno dei suoi rapitori e abbia avuto dei figli.

La storia di Estermann ha qualche legame diretto con l'attentato al papa e con il rapimento di Emanuela Orlandi?

Penso di sì. Si tratta solo di un'ipotesi giornalistica, poiché in merito non è stata condotta nessuna indagine. Secondo me, Estermann è stato ucciso perché era in possesso di documenti che avrebbero potuto rivelare i veri mandanti e tutti i complici coinvolti nell'attentato al papa e nel rapimento della Orlandi.

Chi avrebbe potuto ucciderlo?

Quelli che in Vaticano avevano a che fare con queste vicende. Non sarebbe stato possibile giungere all'attentato né al rapimento di Emanuela senza l'appoggio e il consenso di qualcuno all'interno delle Mura. Si ipotizza che un ruolo nell'attentato al papa lo ebbe il "cardinale rosso"[8], ma non solo lui. Tuttavia questa è un'ipotesi giornalistica.

[8] Il "cardinale rosso" sarebbe l'ex segretario di stato vaticano Agostino Casaroli, sostenitore dell'*Ostpolitik*, cioè della politica di normalizzazione dei rapporti con la Repubblica democratica tedesca e con gli altri paesi del blocco comunista perseguita da parte di Willy Brandt, cancelliere della Repubblica federale tedesca, a partire dall'inizio degli anni Settanta. In virtù di essa Brandt ottenne il Premio Nobel per la Pace nel 1971.

Malgrado molte tracce portino oltre le frontiere italiane, oggi si parla anche di un movente sessuale…

Fintanto che seguiremo le tracce dello scoop a sfondo sessuale, sostenendo che Emanuela sia stata violentata e uccisa da qualcuno in Vaticano e che successivamente la banda della Magliana si sia occupata dell'occultamento del cadavere (e che fu proprio in cambio di questo favore che Enrico De Pedis venne sepolto nella cripta della chiesa di Sant'Apollinare), non risolveremo mai questo enigma. Persino papa Giovanni Paolo II, in visita alla famiglia Orlandi nel 1983, disse che si trattava di "terrorismo internazionale". Secondo me è questa l'unica ipotesi che spiega la scomparsa della ragazza.

Ali Ağca non voleva uccidere il papa, ma solo ferirlo

Intervista con Francesco Bruno

Francesco Bruno, criminologo e psichiatra, è professore di Criminologia e Medicina forense all'Università La Sapienza. Ha insegnato criminologia all'Istituto superiore di polizia. È stato consulente scientifico presso le Nazioni Unite, il Consiglio d'Europa e alla Comunità economica europea e ha fatto parte di commissioni nazionali presso il ministero della Sanità, il ministero di Grazia e giustizia, il dipartimento degli Affari sociali e il dipartimento della Protezione civile. In qualità di consulente o opinionista è spesso interpellato da stampa e televisione.

Nel 1994 ha rilasciato al mensile «30Giorni» un'intervista che ha suscitato un grande interesse[1]. *Sosteneva che Ali Ağca non voleva uccidere il papa, ma solo ferirlo e che «l'avvenimento non veniva certo da Est». Su cosa si basa questa ipotesi?*

Non dissi che con l'attentato di certo non hanno niente a che fare gli stati del blocco comunista dell'Est, ma che da

[1] «30Giorni» è un mensile cattolico internazionale diretto per molti anni da Giulio Andreotti. È uscito per trent'anni, fino al maggio del 2012 in versione cartacea. L'intervista con Francesco Bruno è stata pubblicata a febbraio del 1994.

una analisi fredda e scientifica si può dedurre che l'attentatore – ovvero Ali Ağca – non voleva uccidere il papa, ma solo spararagli alle gambe, e solo a causa di una fortuita coincidenza – perché il papa si era chinato per prendere in braccio una bambina [Sara Bartoli, *n.d.a.*] – lo ferì pericolosamente all'addome. Questo significa che l'obiettivo dell'attentato non era quello di uccidere Wojtyła[2], cosa che sarebbe piaciuta ai governi comunisti, per i quali Giovanni Paolo II era evidentemente un elemento di disturbo. La sua morte avrebbe creato molti problemi e comunque avrebbe scatenato in quel momento grosse rimostranze nei confronti dei paesi dell'Est.

Fin quando sono io a dire che Ağca voleva solo ferire il papa, possiamo considerarla soltanto un'ipotesi. Tuttavia lo riconobbe anche lo stesso terrorista turco[3]. Per comprendere la mia teoria occorre soprattutto collocare l'attentato del 13 maggio 1981 nel giusto contesto storico-sociale.

E qual era questo contesto?

In quel momento l'Unione Sovietica non temeva nulla, poiché aveva schierato i missili SS-20 Saber lungo tutto quello che allora era il confine occidentale, specialmente al confine con la Repubblica popolare di Polonia, ma anche nel territorio della Repubblica socialista sovietica ucraina e poteva distruggere qualsiasi città europea. Dal 1980 era vigente la teoria del cosiddetto "first strike", secondo la quale

[2] Antonino Arconte sostiene che Ali Ağca doveva essere eliminato a piazza San Pietro secondo il "modulo Kennedy". Per questo, quando comprese quello che sarebbe successo, ferì il papa invece di ucciderlo. Fonte: www.disinformazione.it/G71.htm.

[3] «La mia missione era ferire il papa», dichiarò Ali Ağca nell'intervista rilasciata per il settimanale italiano «Gente» nell'agosto 2010, dopo la liberazione dal carcere turco. Tuttavia negli interrogatori e nel corso del processo il terrorista affermò che doveva uccidere il pontefice. Fonte: Andrzej Grajewski, Michał Skwara, «*Papież musiał zginąć. Wyjaśnienia Ali Agcy*», Gość Niedzielny, Katowice 2011.

chi avrebbe osato cominciare per primo la guerra atomica, sarebbe stato il vincitore, perché gli altri non avrebbero potuto prendere alcuna iniziativa, né con le armi nucleari né con quelle convenzionali[4].

In risposta alla teoria del *first strike* il presidente Reagan sviluppò l'Iniziativa di difesa strategica nota come "Scudo spaziale", che tuttavia non venne realizzata. Avrebbe potuto difendere solo gli USA, mentre l'Europa sarebbe rimasta senza protezione. Per uscire da questa situazione di scacco, gli Stati Uniti dovevano schierare i missili Pershing II nei paesi europei del Patto atlantico. Cosa che non era tanto facile, dal momento che l'URSS poteva collocare nel suo territorio i missili nucleari senza chiedere niente a nessuno, invece gli USA dovevano ottenere almeno una autorizzazione formale.

In quel momento storico la popolazione civile era contraria allo schieramento delle armi atomiche in Europa. Nelle capitali europee si svolgevano grandi manifestazioni contro la corsa agli armamenti, con lo slogan «Meglio rossi che morti». Nessuno voleva che il Vecchio Continente diventasse il poligono nucleare delle due grandi potenze.

L'Italia, con il suo forte Partito comunista, era un paese problematico e lo schieramento di missili sul suo territorio costò agli Stati Uniti una grande fatica. Ecco qual era il contesto storico-sociale dell'attentato al papa.

[4] Il professor Bruno ha giustamente osservato che l'inizio del pontificato di Giovanni Paolo II coincide con «il periodo più caldo della guerra fredda». Negli anni tra il 1978 e il 1986 l'URSS schierò lungo tutta l'allora frontiera occidentale 441 piattaforme di lancio per missili balistici, che con il loro raggio d'azione potevano colpire obiettivi in tutta Europa. I missili Pionier erano caratterizzati da una bassa precisione, per questo furono ribattezzati dai media occidentali «killer di città». In risposta la NATO aveva collocato in Europa i missili Pershing II. La prima testata di questo tipo fu installata nel dicembre 1983. L'8 dicembre 1987 a Washington, a seguito del vertice di Reykjavík, venne siglato da Ronald Reagan e Michail Gorbačëv il Trattato INF (Intermediate-Range Nuclear Forces Treaty), che pose fine alla vicenda degli euromissili.

L'omicidio di Karol Wojtyła era nell'interesse del Cremlino?

Karol Wojtyła sostenne Solidarność dall'inizio e questo lo mise in serio pericolo. Sicuramente la sua morte sarebbe stata nell'interesse di Mosca, ma solo fino a un certo punto, perché il Cremlino non poteva osare troppo. Quasi dieci anni prima la "primavera di Praga" era finita con l'invasione degli eserciti del Patto di Varsavia in Cecoslovacchia. La legge marziale proclamata in Polonia dal generale Wojciech Jaruzelski teoricamente avrebbe dovuto evitare l'invasione dei sovietici e forse, almeno in qualche misura, il colpo di stato fu concordato.

Giovanni Paolo II fece molto per Solidarność e le proteste anticomuniste esplosero in Polonia con enorme forza, Mosca tuttavia aveva le mani legate. Un'altra invasione avrebbe potuto scatenare una guerra vera e propria. Al Cremlino dunque non conveniva l'omicidio del papa polacco, perché magari al suo posto i cardinali avrebbero potuto eleggerne uno "ben peggiore"; era piuttosto nel suo interesse fare in modo che il pontefice non potesse nuocere.

Cosa temevano?

Teniamo presente che il papa polacco fu il primo pontefice straniero dopo cinque secoli[5]. Se la Chiesa era andata in quella direzione e se Giovanni Paolo II fosse morto nell'attentato, non sappiamo chi sarebbe potuto essere il suo successore. Nell'interesse di Mosca era dunque forzare Wojtyła al cambiamento di strategia, limitando la sua attività. Un interesse che l'URSS condivideva con gli Stati Uniti. Giovanni Paolo II era un papa troppo indipendente, che combatteva contro il

[5] Karol Wojtyła, primo papa non italiano dopo 455 anni, cioè dai tempi di Adriano VI (1522-1523), è stato inoltre il primo pontefice polacco, e slavo in genere, della storia.

comunismo (perché conosceva bene "l'Impero del male"), e che non amava nemmeno il liberalismo e l'imperialismo americano. Era sempre stato contrario alle guerre, atteggiamento che confermò nel 2003, quando come autorità morale espresse il suo dissenso all'attacco contro l'Iraq. Gli americani lo sapevano dall'inizio. Sapevano che quel papa non si lasciava condizionare. La sua missione era la pace nel mondo. Per i credenti Giovanni Paolo II è un santo, ma anche i laici, come me, ne apprezzano il grande carisma.

Gli americani provarono tante volte a uccidere Fidel Castro, anche se non ci sono mai riusciti. Tuttavia, l'eliminazione del dittatore cubano non avrebbe avuto le stesse conseguenze sulla politica internazionale di quella del papa polacco. Castro comanda una piccola isola, dietro al papa c'è oltre un miliardo di cattolici. Per questo non conveniva uccidere Giovanni Paolo II, ma solo fermarlo.

L'attentato non portò il risultato sperato, poiché il papa non si fece minacciare e dopo la convalescenza la sua lotta al comunismo divenne ancora più decisa. Era convinto di essere stato salvato dalla Madonna di Fatima, che aveva cambiato la traiettoria della pallottola. Bisogna riconoscere che effettivamente il proiettile che lo ferì fece uno strano percorso.

Chi e perché poteva commissionare l'attentato?

Non sappiamo chi fu il mandante, ma è stato così bravo da assoldare un fascista, un servo degli americani. Per confondere le acque, gli aveva ordinato di passare per l'Iran, per i paesi comunisti, ovvero la Bulgaria e le repubbliche asiatiche dell'URSS, per i paesi dell'Europa occidentale nei quali avevano costruito una propria rete, i Lupi grigi, ma anche per la Sicilia, cosa che avrebbe potuto indicare una pista mafiosa. Per giunta lo avevano addestrato a fare il matto e a non dire mai la verità. Un ruolo importante in tutta questa vicenda lo hanno giocato i soldi.

Entrambi i blocchi avevano interesse che Giovanni Paolo II si comportasse in modo più diplomatico. Nel 1978 già era morto in circostanze molto misteriose un altro papa[6]. Venne eletto Wojtyła, che era relativamente giovane e avrebbe potuto rimanere a lungo in carica, e che soprattutto avrebbe potuto dare una precisa impostazione alla Chiesa, tirata da una parte e dall'altra. I cardinali sapevano che quella scelta avrebbe portato molti cambiamenti imprevedibili. Wojtyła, una volta eletto, agì sulle ali dell'entusiasmo, senza pensare alla diplomazia. Ricordiamo il suo celebre discorso all'ONU del 1979[7]. Il papa polacco fece molte cose troppo in fretta, cose che destabilizzarono il mondo e che avrebbero potuto portare a un serio conflitto. Bisognava fargli capire che doveva placarsi. L'attentato non bastò, quindi venne rapita Emanuela Orlandi. E il ricatto si perfezionò. Venne lasciato intendere al papa che la vita di una ragazzina innocente la cui unica "colpa" era la cittadinanza vaticana era nelle sue mani. Da quel momento Wojtyła cominciò ad agire con cautela. Si è fermato per quasi

[6] Giovanni Paolo I morì il 28 settembre 1978 in Vaticano, trentatré giorni dopo l'inizio del suo pontificato. La versione ufficiale diffusa dalla Santa Sede fu che era morto per un attacco di cuore. Con il tempo sono comparse diverse teorie complottistiche che ipotizzano un avvelenamento da parte di suoi nemici dell'Istituto per le opere di religione, coinvolti in scandali di corruzione e legati alla mafia. L'intenzione del papa era fare pulizia nello IOR e introdurre diverse riforme. Il giornalista britannico David A. Yallop ha scritto un libro nel quale ha avanzato alcune ipotesi relative alla morte di Luciani. Fonte: David A. Yallop, *In nome di Dio. La morte di papa Luciani*, Tullio Pironti, Napoli 1997.

[7] «Quattordici anni fa, parlava da questa tribuna il mio grande Predecessore Papa Paolo VI. Egli ha allora pronunziato alcune parole memorabili che desidero oggi ripetere: "Non più la guerra, non più! Mai più gli uni contro gli altri", e neppure "l'uno sopra l'altro", ma sempre, in ogni occasione, "gli uni con gli altri". Paolo VI è stato un instancabile servo della causa della pace. Anch'io desidero seguirlo con tutte le mie forze e continuare tale suo servizio. La Chiesa cattolica, in tutti i luoghi della terra, proclama un messaggio di pace, prega per la pace, educa l'uomo alla pace». Estratto dal discorso di Giovanni Paolo II all'Assemblea generale delle Nazioni Unite, 2 ottobre 1979. Fonte: www.vatican.va.

tre, quattro anni. Tornò alla realizzazione dei suoi obiettivi politici solo quando tramontò l'era Reagan e si smorzò l'influenza sulla politica internazionale del gruppo degli strateghi della Georgetown University, che aveva messo in pratica la "dottrina Reagan" e che aveva come obiettivo l'affermazione dell'egemonia USA. Giovanni Paolo II è stato sempre un avversario dell'unilateralismo americano cosa che, come ho già detto, emerse in modo evidente con la condanna della guerra in Iraq. E proprio questo era ciò che temevano gli americani.

Il mandante dell'attentato al pontefice poteva essere il KGB, ma una operazione di quel calibro non si sarebbe potuta svolgere senza ulteriori consensi. Condizionare Wojtyła non era nell'interesse solo di Mosca. Prendiamo ad esempio l'attentato dell'11 settembre 2001 compiuto da Al-Qaeda. Ci si chiese se la CIA sapesse. Gli israeliani di certo sapevano, quindi molto probabilmente anche gli americani erano al corrente di qualcosa[8]. Se si lascia fare, si è responsabili tanto quanto i reali esecutori.

Cosa ne pensa della pista bulgara?

Credo che i bulgari c'entrassero in qualche modo, poiché la Bulgaria era lo stato comunista più fedele a Mosca. Gli agenti dei servizi segreti bulgari ci sapevano fare. Ali Ağca a un certo punto rivelò questi fatti, ma – come si dice in gergo spionistico – offrì "informazioni tossiche", ovvero una vera su cento false. Di conseguenza il tribunale italiano dovette assolvere gli accusati per insufficienza di prove. Ağca agiva secondo un copione. Probabilmente ebbe un ruolo anche la

[8] «Come ha scritto il quotidiano "Frankfurter Allgemeine Zeitung", il servizio segreto tedesco informò a giugno i servizi segreti americani e israeliani che i terroristi mediorientali "si preparano a sequestrare un aereo passeggeri per usarlo come arma con l'obiettivo di attaccare importanti simboli della cultura americana ed ebraica"». Fonte: Krzysztof Kęciek, *Zagadki 11 września*, «Przegląd», 36, 2002.

mafia. Che ci faceva il terrorista nel 1980 a Palermo? Ağca fece un viaggio molto complicato, poiché doveva confondere le acque, lasciando le sue tracce in molti posti. Se qualcuno avesse voluto attentare alla vita del papa in Italia, la mafia doveva esserne al corrente.

Il pentito Vincenzo Calcara confessò nel corso dell'interrogatorio a Palermo nel 1993, e poi confermò al giudice Priore: «Quel Papa stava rompendo tutti gli equilibri politici e economici. Così come per gli stessi motivi era stato eliminato Papa Luciani»[9]*. Dichiarazione poi confermata anche nell'intervista con gli autori del libro* Wojtyla segreto, *Giacomo Galeazzi e Ferruccio Pinotti*[10].

In un certo senso è vero, ma solo fino a un determinato punto. Quando Karol Wojtyła venne eletto, dopo la morte di Giovanni Paolo I, il cui pontificato era durato trentatré giorni, si trovò in una situazione difficile, poiché Albino Luciani voleva riformare il banco vaticano IOR e cacciare Marcinkus. Per questo la "divina provvidenza" lo ha eliminato.

[9] Nel corso dell'interrogatorio del 12 maggio 1993 Calcara raccontò che aveva saputo da Antonio Vaccarino (ex sindaco di Castelvetrano accusato di concorso in associazione mafiosa, ma assolto nel 1998), che a Roma: «Si erano incontrati monsignor Marcinkus, un cardinale, alcuni membri della Commissione di Cosa Nostra, tra i quali Salvatore Riina, Marino Agate e lo straniero, cioè Antonov. In quella riunione era stata decisa l'eliminazione del Pontefice. [...] Il progetto di eliminazione prevedeva l'impiego di un terrorista turco, proprio per impedire che emergesse il reale motivo dell'attentato. I terroristi turchi erano sbarcati in Sicilia accolti da un uomo d'onore e addestrati a loro cura, Il progetto prevedeva sin dall'inizio l'eliminazione anche degli esecutori dell'attentato». Fonte: Rosario Priore, *L'attentato al Papa*, Kaos Edizioni, Milano 2002, p. 281. Queste dichiarazioni non sono mai state provate.

[10] Gli autori del libro *Wojtyla segreto* descrivono esattamente il ruolo e le dichiarazioni di Calcara, rilasciate nei processi o scritte nei suoi diari. Stando a quanto afferma Calcara, il notaio Salvatore Albano (il quale poteva vantare tra i suoi clienti Giulio Andreotti, il boss americano Frank Coppola e il padrino della mafia siciliana Luciano Ligio) era ritenuto il contatto tra Cosa Nostra e gli ambienti del Vaticano. «Calcara per primo ha raccontato dei miliardi investiti dalla mafia nello IOR tramite Roberto Calvi». Fonte: Giacomo Galeazzi, Ferruccio Pinotti, *Wojtyla segreto*, Chiarelettere, Milano 2011, p. 133.

Sappiamo bene chi fosse Marcinkus. Il sacerdote di Chicago era soprattutto un brillante manager, che al vertice della banca del Vaticano si sentiva perfettamente a suo agio. Giovanni Paolo II lo lasciò lì.

Prima del pontificato di Karol Wojtyła il Vaticano non aveva bisogno di grandi somme di denaro per le sue spese e lo IOR non era una grande banca. Solo l'entrata in gioco del Banco Ambrosiano gli permise di condurre operazioni su vasta scala. Tutto ciò grazie alla protezione della massoneria bianca, a cui appartenevano tra gli altri Licio Gelli, Umberto Ortolani, Roberto Calvi. Giovanni Paolo II aveva bisogno di somme importanti per sostenere Solidarność; le procurò Marcinkus con l'aiuto di Roberto Calvi. I soldi servirono anche a finanziare l'ammiraglio argentino Eduardo Massera. A un certo punto il debito del Banco Ambrosiano rimase scoperto.

Malgrado le lettere di garanzia emesse dallo IOR, Calvi non fu in grado di ottenere la liquidità necessaria e si trovò in una situazione difficile. Non potendo restituire i soldi ai suoi finanziatori, voleva rivelare tutta la verità sugli affari finanziari del banco vaticano. Per questo fu ucciso.

Calcara sostenne che il 13 maggio 1981 si trovava nei pressi di piazza San Pietro e che insieme ad altri due boss di Cosa Nostra prese in consegna da Antonov un altro turco, che poi venne ucciso[11]. *Ma le sue dichiarazioni non sono state supportate da prove.*

[11] Il pentito Vincenzo Calcara dichiarò anche che il 13 maggio 1981 su ordine del boss Michele Lucchese era andato a Roma dove aveva incontrato alla stazione Termini due altri mafiosi – Saverio Furnari e Vincenzo Santangelo – e un certo Antonov. Il loro compito era prelevare due terroristi turchi e portarli a Milano. Nel posto concordato Antonov si presentò con un solo turco. I mafiosi lo presero in custodia e lo portarono al Nord, dove lo uccisero con quattro colpi alla testa. Il corpo sarebbe stato sotterrato da qualche parte nei pressi di Paderno Dugnano. Fonti: Interrogatorio di Vincenzo Calcara, 11 febbraio 1993; Priore, *op. cit.*, pp. 280, 281; Galeazzi, Pinotti, *op. cit.*, p. 137.

Ağca certamente non era solo. Lo testimoniano le foto scattate dal fotografo americano nelle quali si vede da dietro un uomo che fugge[12]. Poteva essere Oral Çelik. Anche il giudice Priore lo sospettava. Quel giorno davanti alla basilica erano presenti gli agenti dei servizi di molti paesi: americani, russi italiani. Perché non doveva esserci anche la mafia?

Non è stato appurato nemmeno quanti colpi sparò Ağca. Dopo l'attentato il quotidiano «The Times» pubblicò la foto di uno dei proiettili che non è mai arrivato nelle mani degli organi inquirenti italiani. Non si sa cosa ne è stato. La pallottola che trapassò il corpo del papa è stata incastonata nella corona della Madonna di Fatima. Il terzo proiettile è stato trovato dalla polizia italiana.

Quanti spari vennero esplosi?

Fino a oggi non si sa con certezza. Il giorno dell'attentato a piazza San Pietro c'erano molti fotografi non ufficiali. Il giorno successivo vidi alcune foto[13] sulla scrivania del mio professore [Franco Ferracuti, *n.d.a.*], che era un cervello della CIA in Italia. Nel corso della terza indagine il giudice Priore ordinò una perquisizione nell'appartamento del professore, ma non si trovò più nulla[14]. Io quelle foto le vidi. Da chi furono scattate? Dagli agenti della CIA? In questa storia ognuno è a conoscenza di un frammento della verità.

[12] Il fotografo americano Lowell Newton scattò le foto di un uomo con indosso una giacca di pelle che fuggiva tenendo qualcosa in mano. Secondo le dichiarazioni di Newton, si trattava di una pistola.

[13] Già nell'intervista a «30Giorni» del 1994, il professor Bruno parlava di alcune fotografie che vide subito dopo l'attentato. «All'epoca lavoravo al SISDE. Vidi in anteprima queste foto fornite dagli americani. Poi vennero inoltrate alla magistratura. Ciò significa che forse non c'erano molti fotografi ufficiali, ma ce n'erano di ufficiosi». Francesco Bruno venne interrogato come testimone dal giudice Rosario Priore. Fonte: Priore, *op. cit.*, p. 341; l'interrogatorio di Francesco Bruno, 24 febbraio 1994, *op. cit.*, pp. 344–354.

[14] Priore, *op. cit.*, p. 335.

Cosa ne pensa della cosiddetta "pista interna"[15]*? Ağca stesso accusò il Vaticano e successivamente ritrattò.*

Non è possibile pianificare un attentato al papa senza avere in Vaticano una "quinta colonna". Qualcuno doveva sapere tutto, anche perché nel corso della guerra fredda il Vaticano era pieno di spie.

Secondo me il mandante non poteva essere qualcuno che proveniva dall'interno. Anche se questo papa straniero non a tutti andava bene, nessuno avrebbe ordinato di spararli. Un papa è l'essere più indifeso al mondo, dal momento che il suo corpo non può essere sottoposto ad autopsia. Solo dopo sedici anni dalla morte di Giovanni Paolo I, in un istituto americano di suore è stata ritrovata la fiala rotta di sparteina che era stata iniettata nella notte al papa Luciani per salvarlo dall'infarto[16].

La guerra fredda è finita da tempo. In Vaticano sono rimaste ancora spie di servizi segreti stranieri?

L'interesse dei servizi segreti stranieri per il Vaticano risale alla seconda guerra mondiale. Spiare il papa come leader politico cominciò ad avere senso a partire dal pontificato di Pio XII, accusato di eccessiva passività verso il nazismo. Iosif Stalin aveva capito che il capo dei cristiani poteva avere un peso politico che non doveva essere sottovalutato. «Quante divisioni ha il papa?», fu la famosa domanda che Stalin pose alla conferenza di Postdam e che divenne l'emblema del ruolo del pontefice e della Chiesa nella politica internazio-

[15] Ivi, p. 85. Vedi l'interrogatorio di Oral Çelik in appendice.

[16] Della fiala rotta di sparteina – un cardiotonico, che sarebbe stato iniettato nella notte a papa Giovanni Paolo I colpito da infarto – conservata dalla fondazione delle suore a New York venne casualmente informato il criminologo Franco Ferracuti, legato ai servizi segreti. Fonte: *Suora racconta: a papa Luciani iniettarono un cardiotonico*, «la Repubblica», 30 settembre 1994.

nale. Dall'inizio della guerra fredda, negli anni Cinquanta, il Vaticano divenne un punto nevralgico, un'area nella quale tutti i servizi segreti volevano avere i propri agenti. Ovviamente non per tutti era possibile. Ad esempio sarebbe stato improbabile che i russi riuscissero a infiltrarsi direttamente all'interno della Santa Sede. Per questo il KGB utilizzò spie degli altri paesi comunisti: tedeschi, polacchi, cechi. Anche la CIA aveva i suoi agenti. In relazione a questa situazione, venne creato un servizio interno formato da sacerdoti del quale, tuttavia, non si sa niente. Dopo il crollo del Muro di Berlino la pressione calò, ciò tuttavia non significa che i servizi segreti stranieri cessarono di interessarsi al papa. L'atto finale di questa *spy story* credo sia l'omicidio del capitano della Guardia svizzera nel 1998.

L'attentato al papa, il rapimento di Emanuela e le spie in Vaticano

Intervista con Ferdinando Imposimato

Ferdinando Imposimato è stato giudice istruttore, avvocato e parlamentare, noto per i processi a Cosa Nostra, alla Camorra e al terrorismo. Tra le altre cose si è occupato dell'attentato a papa Giovanni Paolo II del 13 maggio 1981 e del rapimento e dell'omicidio di Aldo Moro. Negli anni tra il 1987 e il 1994 fu eletto al Senato e nel 1992 alla Camera dei deputati. È presidente onorario aggiunto della Suprema Corte di Cassazione. Ha scritto i libri *Vaticano. Un affare di stato. Le infiltrazioni, l'attentato. Emanuela Orlandi*, *Attentato al papa* e *Doveva morire. Chi ha ucciso Aldo moro. Il giudice dell'inchiesta racconta* (insieme a Sandro Provvisionato), *La Repubblica delle stragi impunite* e *I 55 giorni che hanno cambiato l'Italia* e *L'Italia segreta dei sequestri*.

Per molti anni lei si è occupato del caso della scomparsa di Emanuela Orlandi, conducendo anche una propria indagine e aiutando la famiglia in molte situazioni difficili. Emanuela è scomparsa il 22 giugno 1983. Cosa è successo a suo parere?

Conosco molto bene questo caso. Come rappresentante legale della madre di Emanuela Orlandi mi ero occupato della scomparsa della quindicenne. Ritengo sia stata rapita per ricattare papa Giovanni Paolo II e che la cosiddetta "operazione Orlandi" sia la continuazione dell'attentato al papa. Ho dedicato molti anni a raccogliere i documenti e a parlare con i testimoni, in Germania, Bulgaria e Polonia. In Polonia, purtroppo, non ho trovato molto. In Germania ho incontrato diverse volte Markus Wolf[1] e Günter Bohnsack[2].

Subito dopo il 13 maggio 1981, Giovanni Paolo II disse che doveva tornare in Polonia perché aveva compreso che l'attentato aveva lo scopo di ostacolare la sua lotta per la libertà del suo paese e degli altri stati del blocco comunista. Quando dichiarò ufficialmente che desiderava nuovamente visitare il paese natale, provarono a fargli cambiare idea. Il Cremlino voleva impedirgli quel viaggio. Il generale Wojciech Jaruzelski fece pressione sul cardinale Józef Glemp per cercare almeno di ritardare la visita. E invece il 16 giugno 1983 Karol Wojtyła partì per il suo secondo pellegrinaggio in Polonia, che si svolse mentre era ancora in vigore la legge marziale.

In quel periodo il KGB, che aveva agenti anche nella Santa Sede, cominciò la caccia alle giovani cittadine vaticane. Il rapimento di Emanuela Orlandi fu l'epilogo dell'attività di ricerca di ostaggi, che i servizi segreti sovietici intrapresero subito dopo l'attentato al papa. Questa è la mia più importante scoperta.

Non capivo perché tra l'attentato e la scomparsa di Emanuela era trascorso così tanto tempo; per me era inspiegabile. In qualità di avvocato della madre della ragazza però ho avuto

[1] Il generale Markus Wolf è stato il vicedirettore del ministero per la Sicurezza di stato della Repubblica democratica tedesca, noto anche come Stasi. Dirigeva l'Hauptverwaltung Aufklärung (HVA), il servizio segreto di spionaggio all'estero della DDR. Venne chiamato "l'uomo senza volto". È morto il 9 novembre 2006.

[2] Il colonnello Günter Bohnsack negli anni tra il 1964 e il 1990 fu collaboratore della Stasi agli ordini di Markus Wolf e comandava la X sezione dell'HVA – provvedimenti attivi, che si occupava tra l'altro di disinformazione, il cui obiettivo principale era quello di indebolire e destabilizzare i paesi occidentali.

accesso alla documentazione e ho trovato le prove del fatto che Emanuela era l'unica cittadina vaticana non protetta. Per questo motivo hanno rapito proprio lei.

Come sappiamo da diverse fonti, Alexandre de Marenches, direttore generale dello SDECE, il Service de documentation extérieure et de contre-espionage, fu avvisato dai suoi informatori della possibilità che si stesse pianificando un attentato al papa e avvertì il Vaticano.

Molti agenti del KGB si infiltrarono nei servizi segreti francesi, e lo confermano lo storico Christopher Andrew o i documenti dell'archivio Mitrokhin[3]. Era una infiltrazione doppia, perché da una parte il KGB controllava lo SDECE, e dall'altro il servizio francese era informato dagli agenti sovietici. In questo modo è trapelata l'informazione dell'attentato al papa. Gli agenti dello SDECE vennero a Roma per la prima volta alla fine di maggio del 1979, quando doveva svolgersi la prima visita pastorale di Giovanni Paolo II in Polonia, e fecero pressione al preposto dell'ordine dei Premonstratensi, padre Calmes, affinché avvertisse il segretario di stato, il cardinale Agostino Casaroli, del pianificato attentato. Probabilmente Giovanni Paolo II, essendolo venuto a sapere, disse che non poteva tirarsi indietro e cancellare il viaggio, perché una volta che avesse ceduto al ricatto, non avrebbe potuto fare più niente.

Non sappiamo chi fu ad avvertire il segretario di stato vaticano, ma pare che Casaroli abbia provato a scoraggiare il papa e a convincerlo a rinunciare alla visita pastorale in patria. Wojtyła, invece, si recò in Polonia il 2 giugno 1979 e venne pedinato dalla Stasi e dai Servizi di sicurezza polacchi.

[3] Vasilij Mitrokhin, Christopher Andrew, *L'Archivio Mitrokhin. Le attività segrete del KGB in Occidente*, Rizzoli, Milano 1999.

Due anni dopo l'attentato il pontefice decise di tornare nuovamente in Polonia.

Esiste l'ipotesi che lo SDECE *abbia avvertito anche del possibile rapimento di una cittadina vaticana, anche se si tratta di una teoria non confermata.*

Subito dopo l'attentato vennero pedinate sia le figlie dell'aiutante di camera di sua santità Angelo Gugel sia quelle del capo della gendarmeria vaticana Camillo Cibin. Secondo un rapporto dei carabinieri, Raffaella Gugel venne avvertita dal padre che doveva stare attenta, poiché esisteva il pericolo che un cittadino vaticano venisse rapito. Grazie a questo avvertimento, si accorse in tempo che sull'autobus 64 veniva spesso pedinata da un uomo che sembrava turco[4]. Lo disse al padre, e questi la ritirò dalla scuola e la mandò fuori Roma. Ugualmente Cibin venne avvertito della possibilità di un rapimento e quando capì che la moglie e la figlia erano pedinate, incaricò uno degli agenti della gendarmeria vaticana di condurre un'indagine. Queste ragazze vennero pedinate per un certo periodo, poiché erano figlie di personaggi importanti del Vaticano e appartenevano alla famiglia papale. Angelo Gugel era, dopo il segretario, l'arcivescovo Stanisław Dziwisz, la persona più vicina al papa. Finché visse, gli ho sempre rimproverato il fatto di non aver avvertito la famiglia Orlandi, che abitava nel suo stesso palazzo.

Tutto ciò che abbiamo descritto in sintesi si è svolto nel corso di alcuni mesi. Le tempistiche sono molto importanti, poiché altrimenti non si riesce a capire perché il rapimento sia stato rimandato.

[4] *Il verbale di Raffaella: «Qualcuno mi pedinava»*, «La Tribuna di Treviso», 27 giugno 2008.

Il sequestro di Emanuela è stato gestito da professionisti: lo testimonia il modo nel quale furono condotte le trattative telefoniche e scritte, il cui scopo ufficiale era richiedere la liberazione di Ali Ağca. Chi c'era dietro tutto questo?

Il colonnello Günter Bohnsack – un ex collaboratore del servizio segreto tedesco HVA – mi ha detto che le lettere erano state scritte da loro a Berlino. Nel 1997 il pubblico ministero Giovanni Malerba scrisse che «l'autore delle lettere aveva un contatto diretto con la rapita»[5]. Occorreva, quindi, trovare quell'autore. Io l'ho trovato. Bohnsack mi aveva detto di aver fabbricato le lettere su indicazione dei bulgari e mi fece anche i loro cognomi: Jordan Ormankov e Stefan Markov Petkov. Entrambi erano giudici. Nell'archivio della Stasi ho trovato i documenti che testimoniano il fatto che ogni settimana avessero contatti con i servizi segreti della DDR a Berlino. Arrivarono a Roma due giorni prima del rapimento di Emanuela Orlandi. I servizi segreti italiani lo segnalarono al governo, ma la Procura non venne avvisata[6].

Alle lettere dei rapitori vennero allegati documenti personali di Emanuela: la tessera scolastica, quella della Scuola di musica Ludovico da Victoria presso piazza Sant'Apollinare, lo spartito di esercizi per flauto, e anche notizie della

[5] Ferdinando Imposimato, *Vaticano. Un affare di stato. Le infiltrazioni, l'attentato. Emanuela Orlandi*, Koinè Nuove Edizioni, Roma 2003, p. 194; Ferdinando Imposimato, Sandro Provvisionato, *Attentato al papa*, Chiarelettere, Milano 2011, p. 252.

[6] Imposimato, Provvisionato, *op. cit.*, p. 244. Il 27 giugno del 1983 – come scoprirono il magistrato Lorenzo Matassa e il giornalista Gianpaolo Pellizzaro, consulenti della Commissione parlamentare Mitrokhin, grazie alle ricerche negli archivi segreti militari – il capo del SISMI, il generale Ninetto Lugaresi, aveva informato Orazio Sparano, segretario del CESIS, Comitato esecutivo per i servizi di informazione e sicurezza, che «Ormankov e Petkov non sono giudici, ma alti ufficiali dei servizi segreti bulgari in Italia, con chiare intenzioni deviatorie dell'istruttoria del giudice Martella, nell'ambito del caso Antonov». Questa informazione trova conferma negli atti della *Commissione parlamentare d'inchiesta concernente il «dossier Mitrokhin» e l'attività d'Intelligence italiana*.

stessa ragazza. Questi documenti dovevano dimostrare che coloro che avanzavano pretese erano gli stessi che tenevano la ragazza in ostaggio.

La famiglia ottenne la prova che Emanuela era viva?

La prova era costituita da una cassetta registrata: si sentivano grida spaventose e richieste di aiuto[7]. Questo dimostrava quello che le era accaduto. Le persone con le quali ho parlato mi hanno detto che Emanuela divenne la compagna di uno dei suoi rapitori e che ha avuto dei figli con lui. Si tratterebbe di un caso di "sindrome di Stoccolma". Ne sono certo e il tempo mi darà ragione.

Per la prima volta quando andai a Berlino e chiesi a Günter Bohnsack di Emanuela Orlandi, mi ha detto che si tratta di un *political affair*[8]. Se fossi stato ancora giudice, avrei emesso un mandato di cattura per Jordan Ormankov e Stefan Markov Petkov, che non erano affatto giudici bulgari, ma agenti segreti del KGB.

Sono proprio questi due agenti del KGB che, fingendosi giudici, riuscirono a ricattare nella prigione di Roma Ali Ağca e lo costrinsero a inquinare il processo contro Sergej Antonov, Jelio Vassilev, Todor Ayvazov. Mentre Jordan Ormankov era uscito con il giudice Ilario Martella per un caffè, Stefan Markov Petkov minacciò Ağca in turco che se non avesse

[7] Dopo il terzo appello pubblico del papa per la liberazione di Emanuela (furono otto in tutto), la sera di domenica del 17 luglio 1983 a un redattore dell'ANSA arrivò un nastro audio. Si scoprirà dopo che era la copia di quello lasciato tre giorni prima in piazza San Pietro e fatto sparire dal Vaticano. Su un lato della cassetta si ripetono le richieste per la liberazione di Ali Ağca, sull'altro è incisa una sequenza di urla, grida, strilli di una giovane donna che probabilmente viene torturata o stuprata. Fonte: Imposimato, Provvisionato, *Attentato al papa*, p. 204.

[8] Imposimato, *op. cit.*, p. 197. Come scrive Imposimato nel suo libro, Yaçlin Özbey a maggio del 1986 indicò ai funzionari della polizia francese, tedesca e italiana l'appartamento parigino nel quale Oral Çelik doveva tenere Emanuela Orlandi. L'operazione, tuttavia, non riuscì (cfr. p. 191).

ritrattato le accuse contro i bulgari, le conseguenze sarebbero ricadute sulla sua famiglia[9].

Cosa lo prova?

Lo hanno confermato Bohnsack e Wolf. Sono stato a Berlino diverse volte. Gli altri ci sono andati a parlare dopo di me.

Nel 1997 ho incontrato in carcere Ali Ağca, dal momento che lui me lo aveva chiesto. Gli dissi allora di non parlare con me, ma di preparare una lettera e di scrivere ciò che aveva da dirmi. Io avrei verificato tutto successivamente[10]. Ağca preparò un documento nel quale dichiarava che era stato ricattato da uno dei "giudici" bulgari, il quale aveva minacciato lui e la sua famiglia[11]. Il giudice Martella mi confermò che si era allontanato con Ormankov per un caffè e che Petkov era rimasto solo con Ağca[12]. Petkov, sfruttando la situazione, disse ad Ağca di essere un agente del KGB e gli ordinò di tacere, perché sarebbe stato scambiato con l'ostaggio rapito. Da quel momento Ali Ağca cominciò a fare il matto e disse di essere Gesù Cristo. Non ritrattò le accuse ma fece dichiarazioni contraddittorie. Alla fine, tutti gli accusati nel processo furono assolti per insufficienza di prove.

Mehmet Ali Ağca a un certo punto ha smesso di essere credibile, ma prima ha fatto delle dichiarazioni che hanno

[9] Ivi, pp. 176-178; Imposimato, Provvisionato, *op. cit.*, p. 123. Secondo gli autori, Petkov doveva minacciare Mehmet Ali Ağca nel corso degli interrogatori in carcere a Rebibbia il 10 ottobre 1983, intorno alle 17. Avrebbe pronunciato in turco le seguenti parole: «Il KGB ti comunica che ci saranno altri tentativi per la tua liberazione, come il caso Orlandi. Ricordati che devi distruggere il processo, altrimenti tua madre, tuo fratello Adnan e tua sorella Fatima moriranno e faremo trovare il corpo di Emanuela in piazza San Pietro. Tu puoi sopravvivere, ma tua madre e i tuoi famigliari sono raggiungibili. Invece se distruggerai la pista bulgara, ti aiuteremo, prenderemo altri ostaggi per la tua liberazione».

[10] Imposimato, Provvisionato, *op. cit.*, p. 254.

[11] Ivi, pp. 261-262, nota 7.

[12] Ferdinando Imposimato cita il giudice Martella: «Credo che Petkov abbia avuto la possibilità di minacciare Ağca». Cfr: Imposimato, Provvisionato, *op. cit.*, p. 255.

trovato conferme fattuali: ha raccontato di un camion venuto da Sofia e diretto all'ambasciata bulgara, sul quale, con il pretesto di una spedizione diplomatica, sarebbero stati evacuati gli attentatori. Il camion in questione ripartì proprio il 13 maggio 1981, subito dopo l'attentato. Ağca descrisse anche tutte le macchine che avevano i bulgari. Descrisse l'aspetto di tutti i suoi complici. Diede i numeri di telefono, che conosceva a memoria. Nel corso del confronto con Antonov gli disse: «Perché dovrei accusarti ingiustamente?» e cominciò a chiedergli se era vero che aveva due macchine, se era vero che collezionava bottigliette di liquore, se fumava sigari di una certa marca, se abitava in un certo posto, se era quello il suo telefono riservato, elencando tutti i particolari. Antonov confermò. «Come farei a sapere tutte queste cose?», chiese Ağca. Nel corso del confronto lo distrusse.

Antonov avrebbe cominciato a collaborare, ma il giudice Martella fece un errore, concedendogli gli arresti domiciliari in Italia. Allora Antonov ricevette la visita dei due falsi giudici bulgari, che provarono a convincerlo a confessare di avere preso parte all'attentato, ma a titolo personale.

Mehmet Ali Ağca ha dato molte diverse versioni e ha accusato il KGB, la CIA, il Vaticano e l'ayatollah Khomeini di essere i mandanti dell'assassinio. Fino a che punto Ali Ağca è credibile?

È credibile se ciò che dice ha un riscontro oggettivo. Ciò che disse di Antonov ha trovato conferma. Una ennesima prova è il fatto che abbia confessato di aver incontrato a Sofia all'inizio del luglio 1980 Ömer Mersan all'hotel Vitosha. Il giudice Martella controllò il passaporto di Mersan ed effettivamente il 4 luglio 1980 c'era un timbro che confermava la sua presenza in Bulgaria. Le autorità negarono il fatto che

Ali Ağca avesse trascorso due mesi in Bulgaria e che Mersan si trovasse lì all'inizio di luglio. Il timbro sul passaporto dimostra, invece, il contrario. Questa è una prova documentale.

Mehmet Ali Ağca dal 2 maggio 1982 fino al rapimento di Emanuela Orlandi, ovvero il 22 giugno 1983, ha detto la verità. Petkov lo ricattò poco tempo prima del sopralluogo a piazza San Pietro, avvenuto nell'ottobre del 1983. Da allora l'attentatore turco non ha detto più niente. A settembre del 1983 sosteneva ancora che avrebbe spiegato la dinamica dell'attentato sul luogo del delitto; poi non fece nulla, poiché temeva per la vita del fratello Adnan, della sorella e della madre.

Quando dei reporter di una televisione americana mi hanno intervistato e hanno visto la lettera che avevo ricevuto da Ağca, hanno dichiarato che avrebbero scritto al carcere di Istanbul per chiedere se tutto ciò che vi era scritto era vero. Ağca confermò.

Giovanni Paolo II fece l'errore di dire nel corso della sua visita pastorale a Sofia che i bulgari non avevano nulla a che fare con l'attentato. Gli mandai la lettera di Ağca e il papa rispose di continuare lungo la strada della verità. In Vaticano volevano che il santo padre credesse alla versione secondo cui l'attentato era stato opera di un folle solitario. Ali Ağca aveva viaggiato in giro per il mondo, aveva dormito in hotel, aveva soldi, armi: non avrebbe potuto fare tutto ciò senza il sostegno dei servizi segreti.

Lei ritiene che la banda della Magliana non avesse nulla a che fare con il rapimento di Emanuela Orlandi?

Ho condotto un'indagine relativa alla banda della Magliana per dieci anni. Nessuno conosce quel gruppo criminale meglio di me. Nel primo libro che ho scritto, *Vaticano. Un affare di stato*, ho dedicato un capitolo ai suoi intrecci con la Santa

Sede[13]. Dunque non difendo né il Vaticano né la banda della Magliana, perché per me ciò che più conta è la verità. Sono stati confermati i legami tra membri del gruppo e cardinali, c'erano di mezzo affari sporchi, ma la banda della Magliana non ha nulla a che fare con il rapimento di Emanuela Orlandi né con l'attentato al papa. Non ci sono prove.

Il papa fu ricattato dalla banda della Magliana in relazione alla morte di Roberto Calvi. C'erano delle lettere nelle quali era scritto: «Santità... ogni operazione possibile è stata compiuta con pieno successo e senza risparmi di sacrifici»[14]. Le lettere erano indirizzate al papa, ma le riceveva Casaroli. Nel corso di una perquisizione dell'appartamento di uno dei membri della banda della Magliana venne ritrovata questa corrispondenza. Ripeto: la banda ha ricattato il Vaticano, ma in relazione alla terribile vicenda di Roberto Calvi; con l'attentato al papa e con il rapimento della Orlandi non aveva nulla a che fare, a meno che qualcuno non dimostri che fosse legata al KGB.

Enrico De Pedis pagò per essere sepolto nella cripta della basilica di Sant'Apollinare, ma da solo, senza Emanuela. Per anni girò voce che il corpo della Orlandi si trovasse in quella tomba, poiché si credeva che il Vaticano non avrebbe dato l'autorizzazione di aprirla. Quando finalmente venne aperta la cripta, tutte quelle voci vennero messe a tacere. Tutte le confessioni di Sabrina Minardi non hanno trovato alcuna conferma nei fatti.

Hanno suscitato molto scalpore le parole di padre Gabriel Amorth, l'esorcista del Vaticano, che parlò di festini e di «un caso di sfruttamento sessuale»[15].

[13] Imposimato, *op. cit.*, pp. 49-56.
[14] Ivi, p. 53, frammento della lettera di Flavio Carboni al papa.
[15] Pino Nicotri, *Emanuela Orlandi, le orge in Vaticano: mons. Amorth esorcista della verità?*, «Blitz Quotidiano», 6 settembre 2012.

Una cosa è sicura: Emanuela non è morta in Vaticano nel corso di qualche incontro di questo tipo, perché non vi prese mai parte.

Lei ritiene che in Vaticano vi erano molte spie e che Alois Estermann, che venne assassinato nel 1998, poiché voleva abbandonare l'Italia portandosi dietro dei documenti importanti, fosse uno di loro. Le cose stanno davvero così?

In Vaticano c'erano molte spie – una di queste era l'amico del cardinale Casaroli, padre Eugen Brammertz. La sua finestra dava sulla piccola piazza vaticana di Sant'Egidio, sotto la quale passava di solito Emanuela. Il secondo fu il vaticanista Hans Jakob Stehle, anche amico del segretario di stato. La casa del cardinale era frequentata da due agenti del KGB – la cittadina ceca Irina Trollerova (il cui pseudonimo era "Ilan") e suo marito Marco Torretta. Nessuno dei due ha mai negato di essere una spia del servizio segreto comunista. Fecero entrare in Vaticano un furgone con una antenna che serviva per ascoltare di nascosto. Casaroli li riceveva quasi tutti i giorni come suoi cugini. A Berlino Bohnsack mi disse che le spie della Stasi e del KGB non poterono non prendere parte all'attentato al papa o al rapimento di Emanuela Orlandi.

Alois Estermann, il comandate delle Guardie svizzere fresco di nomina che venne ucciso in Vaticano il 4 maggio 1998, era una spia della Stasi. Me lo rivelò prima Markus Wolf, e successivamente lo confermò un agente di Gladio, Antonino Arconte. Quest'ultimo raccontò di aver incontrato Werder – questo era lo pseudonimo di Estermann – due mesi prima di morire, perché voleva scappare con dei documenti in America. Il "gladiatore" fu molto preciso nelle sue dichiarazioni e mi mostrò la corrispondenza, e dunque è difficile non credergli.

C'è un episodio che non tutti ricordano: nel 1997 dalla cassaforte di Estermann vennero rubati alcuni documenti, che presumibilmente contenevano informazioni importanti e compromettenti. Estermann, in sostanza, cominciò a scavarsi la fossa da solo, quando in Vaticano qualcuno capì che voleva scappare e ricattare coloro che temevano la verità.

Già all'età di diciassette anni Estermann venne arruolato come agente Stasi dal generale Ernest Janicher. Il grado di ufficiale della Guardia svizzera lo ottenne grazie all'appoggio del cardinale Casaroli. Protesse Giovanni Paolo II e aveva accesso agli appartamenti papali, dove in sala da pranzo venne ritrovata una cimice[16]. Di questo sapevo già nel 2003, poiché me lo aveva rivelato un sacerdote. Nessuno fino a oggi ha negato questi fatti.

Non tutti avevano accesso agli appartamenti papali. Tre persone potevano avere messo la cimice: Alois Estermann, responsabile della sua protezione, l'aiutante di camera Angelo Gugel e il segretario personale, l'arcivescovo Stanisław Dziwisz. Non credo che fosse Gugel a fare una cosa del genere, poiché fu molto leale.

Nel libro Attentato al papa *lei scrisse che Giovanni Paolo II non aveva grande fiducia nel cardinale Dziwisz…*

L'ho saputo da un agente polacco, del quale non posso fare il nome. So anche che, a causa della rivelazione di alcune informazioni nel mio libro, non sono molto ben visto in Polonia[17].

In tutta questa storia mi ha colpito una cosa importante: ufficialmente si sostiene che Ali Ağca sparò a piazza San Pietro due colpi. Alcuni testimoni hanno sentito invece tre o

[16] Gian Marco Chiocci, *Quando il KGB si nascose nella camera di Wojtyla*, «Il Giornale», 10 gennaio 2007.

[17] Nell'edizione polacca di *Attentato al papa* manca circa mezza pagina del testo originale italiano, pp. 83-84.

quattro spari. Oltre al papa vennero ferite altre due persone – Ann Odre e Rose Hall. Come è possibile che due pallottole abbiano colpito il papa alla pancia, alla spalla e al dito nonché le due turiste, procurando in tutto cinque ferite? Il segretario Dziwisz dichiarò che aveva sentito quattro spari[18]: avrebbe dovuto subito segnalarlo alla Procura italiana, perché ciò avrebbe significato che a piazza San Pietro c'erano altri attentatori, non solo Ali Ağca. Il complotto sarebbe stato scoperto e subito confermato, e nessuno avrebbe pensato al gesto solitario di un folle. Una pallottola non venne mai esaminata dagli inquirenti italiani, perché fu incastonata nella corona della Madonna di Fatima.

Tutto ciò conferma la mia tesi, secondo cui l'attentato del 13 maggio 1981 a piazza San Pietro è stato un complotto, al quale, oltre ad Ağca, presero parte anche altri terroristi. Il rapimento di Emanuela Orlandi ne fu una specie di prosecuzione.

Anche Yalçin Özbey – che nel corso del processo nel 1985 era detenuto in un carcere tedesco – cominciò a parlare dicendo che a piazza San Pietro c'erano più Lupi grigi, ma anche lui venne minacciato e costretto al silenzio. Özbey mi disse che dopo il rapimento, Emanuela sarebbe stata portata in Germania, e poi in Francia con Oral Çelik. Due anni dopo la sua scomparsa, la polizia francese fece irruzione in uno degli appartamenti parigini usato come base dei Lupi grigi, ma la ragazza non c'era.

Tutto ciò di cui parlo può sembrare inverosimile, ma si basa su prove e fatti verificati. Il tempo mi darà ragione.

[18] Nel libro *Attentato al papa* Ferdinando Imposimato sostiene: «Anche don Stanislaw Dziwisz ha sentito quattro spari, ma lo dirà solo vent'anni dopo», p. 35. Marco Ansaldo invece cita nel suo libro *Uccidete il papa* la testimonianza del cardinale Dziwisz, rilasciata nel corso di una conferenza pubblica all'università di Lublino nel 2001, in cui il cardinale sostiene di avere udito due spari (p. 51).

Tre spari

Intervista con Ilario Martella

Ilario Martella è un magistrato italiano, sostituto procuratore della Repubblica di Roma dal 1973 al 1978, giudice istruttore presso il Tribunale di Roma dal 1978 al 1990, e successivamente consigliere presso la Corte di Cassazione. Come pubblico ministero ha trattato l'affare Lockheed e in qualità di titolare dell'istruttoria ha condotto la seconda indagine riguardante l'attentato a papa Giovanni Paolo II (cosiddetta "pista bulgara").

Si è occupato tra l'altro di terrorismo, criminalità organizzata, sequestri di persona e reati contro la pubblica amministrazione.

Attualmente è presidente aggiunto onorario della Corte di Cassazione. Nel 2011 è stato pubblicato il suo libro *13 maggio '81: tre spari contro il Papa*.

Come giudice istruttore lei ha condotto la seconda indagine sul caso riguardante l'attentato a Giovanni Paolo II. A essa è seguito il processo relativo alla pista bulgara. Chi erano gli accusati e quanto durò l'inchiesta?

Ho aperto l'indagine dopo che la Corte d'assise di Roma ha condannato Ali Ağca all'ergastolo come unico responsabile dell'attentato[1]. Nel corso della prima e molto rapida istruttoria – dalla quale è stato stabilito che il tentativo di uccidere il papa fu il gesto di un terrorista solitario – sono emersi alcuni elementi, che indicavano già la possibilità che Ağca potesse avere avuto dei complici. Il procuratore generale richiese, quindi, al mio ufficio di giudice istruttore la conduzione dell'indagine.

Uno degli elementi che inducevano a ritenere la partecipazione di altre persone all'attentato erano le foto scattate dal fotografo americano Lowell Newton, nelle quali si vedeva un giovane di spalle che scappa e nasconde qualcosa sotto la giacca. Newton non ha avuto il coraggio di fotografarlo davanti poiché vide che aveva in mano una pistola ed ebbe paura che potesse spararagli[2]. Questa importante documentazione fotografica è stata acquisita ed allegata agli atti dell'indagine.

Altro elemento rilevante è stato il numero dei colpi esplosi. Secondo l'analisi balistica, Ağca avrebbe sparato due colpi[3]. La maggior parte dei presenti aveva udito tre spari. Quelli che ne avevano sentiti due si trovavano più vicini ad Ağca. Quelli che ne avevano sentiti tre, si trovavano equidistanti dai due complici. Erano dettagli importanti che occorreva chiarire.

Successivamente alla chiusura dell'indagine istruttoria, risultò che il proiettile caduto sul pianale della papamobile era stato sottratto agli organi inquirenti italiani e incastonato nella corona della Madonna di Fatima. Ciò ha comportato

[1] Mehmet Ali Ağca è stato condannato all'ergastolo il 22 luglio 1981 per il tentato omicidio di papa Giovanni Paolo ii e il ferimento di altre due persone, Ann Odre e Rose Hall. Il condannato non ha fatto appello e la sentenza è diventata per questo definitiva.

[2] Le dichiarazioni del fotografo Lowell Newton sono citate in diverse fonti: Ilario Martella, *13 maggio '81: tre spari contro il Papa*, Ponte alle Grazie, Milano 2011, pp. 26-28.

[3] Ivi, pp. 29–30, relazione dei periti: «Dato di fatto obiettivo è il rinvenimento di un solo bossolo e di un solo proiettile e la presenza di n. 3 persone ferite. In base alle riprese cinematografiche e alle deposizioni testimoniali, non è dubbio che i colpi esplosi sono almeno due, conclusione a cui hanno riportato gli accertamenti balistici».

l'impossibilità da parte degli inquirenti di valutare se questo proiettile fosse stato sparato dalla pistola di Ağca o dall'arma del suo complice.

La mia attività di indagini ha avuto inizio nel novembre del 1981. Mehmet Ali Ağca per un periodo abbastanza lungo, quasi un anno, ha assunto un comportamento sfuggente e ha rilasciato affermazioni che avevano lo scopo di depistare il corso della giustizia. Alla fine di aprile del 1982 mi pervenne una comunicazione dalla direzione del carcere di Ascoli Piceno, dove l'attentatore scontava l'ergastolo, nella quale si diceva che il carcerato voleva parlare con me. Con il successivo primo maggio ha inizio una lunga serie di interrogatori nel corso dei quali Ağca fornisce molteplici riferimenti a fatti e persone che chiama in causa quali partecipanti al complotto. Si tratta dei cittadini turchi Oral Çelik, Ömer Bağcı, Bekir Çelenk, Musa Serdar Çelebi e dei cittadini bulgari Sergej Ivanov Antonov, Todor Stoyanov Ayvazov e Jelio Kolev Vassilev, che egli dice di aver conosciuto con i nomi, rispettivamente, di Bayramic, Sotir Kolev e Sotir Petrov.

Ağca sostiene di aver partecipato a tale complotto per uccidere il papa su richiesta e per conto dei servizi segreti bulgari, i quali, come corrispettivo, avrebbero versato all'organizzazione terroristica dei Lupi grigi tre milioni di marchi tedeschi e avrebbero inoltre dato rifugio nella città bulgara di Varna ad alcuni ricercati turchi fin quando, nel paese d'origine, non si fosse normalizzata la situazione politica. L'attendibilità di tali dichiarazioni, ovviamente, doveva essere scrupolosamente verificata.

In primo luogo, occorreva tener conto della personalità di Ağca, torbida e complessa, così come era emersa dalle risultanze processuali, dalle sue stesse ammissioni e dai suoi indubbi legami con potenti organizzazioni criminali operanti in Turchia (per conto delle quali aveva già commesso l'omicidio di İpekçi).

Si doveva tener presente inoltre che Ağca nelle sue dichiarazioni «collaborative» si è talvolta spinto troppo oltre, fino a fare riferimento a circostanze non vere, o a rapporti con persone, di cui era impossibile verificare l'autenticità.

Questo però non doveva indurre – e di fatto non mi ha indotto – a una sorta di automatico rifiuto in blocco del contenuto delle sue rivelazioni. Non potevo escludere il sopravvenire di un effettivo pentimento, sia pure dettato da calcoli di opportunità e convenienza, che lo aveva indotto a rivelare la strategia del complotto.

Dobbiamo dunque chiederci: Ağca è credibile? E se lo è, fino a che punto?

Se una risposta cautamente affermativa sembra potersi dare analizzando le acquisizioni dell'indagine istruttoria, bisogna tuttavia riconoscere che non è possibile fondare la ricostruzione dei fatti sulla sola base delle sue dichiarazioni.

Il quesito va risolto quindi applicando – come ho sempre fatto – i principi normativi che regolano la "credibilità" della chiamata di correo (così come viene definita in termini giuridici), nel senso che a tale chiamata non può essere dato lo stesso valore di "prova" della testimonianza. La dichiarazione del reo con cui afferma la partecipazione al delitto di un altro soggetto, dichiarazione che è al contempo autoaccusatoria e accusatoria, non può ritenersi sufficiente ad affermare la responsabilità della persona accusata. A tale scopo è necessario trovare riscontri esterni, che possono avere la natura di indizi, purché siano collegabili logicamente con le dichiarazioni accusatorie del reo[4]. L'indagine istruttoria è

[4] Ivi, pp. 37-39.

stata quindi da me conclusa il 26 ottobre 1984, con il rinvio a giudizio di tutti gli imputati.

Anche se sono passati più di trent'anni, finora non è stato ancora stabilito quanti colpi furono sparati a piazza San Pietro il 13 maggio 1981. Per alcuni due, per altri tre. Alcuni hanno sentito anche quattro spari. La perizia balistica da lei disposta nel corso del processo parla di almeno due colpi. Tuttavia la nuova ricostruzione dell'attentato, presentata nel suo libro 13 maggio '81: tre spari contro il Papa *si discosta da quella ricostruzione. Perché?*

I periti da me nominati all'epoca prospettarono una ricostruzione sulla base degli elementi dei quali erano in possesso. Non presero in considerazione la possibilità dell'esistenza di un secondo complice e ignoravano che uno dei proiettili era stato sottratto alle indagini. Pervennero così alla conclusione che la pallottola che penetrò nel corpo del papa aveva oltrepassato la papamobile ed era andata a ledere anche le due turiste americane, Ann Odre e Rose Hall, che si trovavano quel giorno a piazza San Pietro.

Il 13 maggio 1981 a piazza San Pietro furono sparati con ogni probabilità tre colpi. Il papa venne ferito all'addome, al dito indice della mano sinistra e al braccio destro, mentre le due turiste furono ferite rispettivamente al gomito e al torace. Se furono sparati tre colpi, dovevano esserci tre proiettili. Il primo lo trovò la polizia italiana, il secondo si trova oggi nella corona della Madonna di Fatima. Cosa ne è stato del terzo?

Il terzo proiettile non è mai stato ritrovato.

Mehmet Ali Ağca ha sparato con una pistola Browning calibro 9, numero 76C23953 comprata dal mercante di armi austriaco Otto Tintner[5]*. Questa pistola venne consegnata all'attentatore il 9 maggio 1981 a Milano. Come avvenne la consegna?*

È una domanda interessante, perché il modo in cui Ağca ottenne l'arma dimostra chiaramente che l'attentato fu il risultato di un complotto. La pistola venne portata dalla Svizzera a Milano da Ömer Bağcı. Alcuni mesi prima Ağca insieme ad altri due Lupi grigi arrivò a Dulliken da Zurigo e andò a trovare Bağcı al quale chiese di custodire l'arma e di consegnargliela quando avesse ricevuto l'ordine. Quelli che lo hanno accompagnato in questo viaggio non potevano non sapere che Ağca aveva una importante missione da compiere.

Su richiesta dello stesso Ağca, che si accingeva a partire per Roma per eseguire l'attentato, Ömer Bağcı andò in macchina da Dulliken a Milano per consegnargli l'arma, rischiando di incappare in qualche controllo durante il percorso.

La fotografia di Lowell Newton è una prova importante. L'uomo che fugge però non è facilmente identificabile. Perché si sospetta che sia Oral Çelik?

Çelik era il migliore amico di Ali Ağca. Quando Ağca venne condannato a morte per l'omicidio del giornalista Abdi İpekçi e venne recluso nel carcere militare di Kartal Maltepe, Çelik e altri compagni dei Lupi grigi organizzarono la sua fuga. Corruppero le guardie e Ağca, indossando la divisa militare, lasciò il carcere dalla porta principale e i soldati gli fecero persino il saluto. Potrebbe sembrare uno scherzo, ma me lo raccontò Ağca stesso. Dopo la fuga, in una lettera indirizzata al quotidiano «Milliyet» e lì pubblicata, disse che avrebbe uc-

[5] Martella, *op. cit.*, p. 39.

ciso papa Giovanni Paolo II che allora avrebbe dovuto compiere una visita in Turchia[6].

Quando Ağca si decise a collaborare con me e ammise di essere stato aiutato da un complice, tentò a ogni costo di non rivelare che si trattava di Çelik, l'amico che gli aveva salvato la vita. Sostenne che la persona nella fotografia di Newton fosse Sotir Kolev, ovvero Todor Ayvazov. Ağca lo aveva incontrato durante il suo soggiorno a Sofia. Ma con la sparatoria a piazza San Pietro Ayvazov non c'entrava assolutamente niente.

Solo quando Ali Ağca fu sottoposto a specifiche e stringenti domande, riconobbe che il suo complice era Oral Çelik[7].

Non è mai stata trovata la cosiddetta "pistola fumante", ovvero una prova incontestabile, a sostegno della pista bulgara. Ci sono tuttavia molti indizi, tra questi due in particolare, che indicano che la Bulgaria comunista aveva qualcosa da nascondere. Si tratta del timbro sul passaporto di Ömer Mersan, a conferma del fatto che all'inizio di luglio del 1980 era a Sofia e poteva avere incontrato Ali Ağca all'hotel Vitosha, e del camion, arrivato all'ambasciata bulgara a Roma l'8 maggio 1981 e ripartito subito dopo l'attentato al papa. Cosa ha da dire in merito a queste due questioni?

Ali Ağca affermò di essere stato a Sofia nei primi giorni di luglio del 1980 e di avere incontrato subito Ömer Mersan, che gli fornì assistenza e lo mise in contatto con Bekir Çelenk. I giudici bulgari che collaborarono con il tribunale italiano affermarono di poter dimostrare che Ömer Mersan non era

[6] Marco Ansaldo, Yasemin Taşkın, *Uccidete il papa*, Rizzoli, Milano 2011, p. 29. La lettera di Ağca è stata tradotta in italiano da una fotocopia dell'originale turco in possesso degli autori del libro.
[7] Dichiarazione di Ağca del 22 dicembre 1982, in Martella, *op. cit.*, p. 50.

stato a Sofia prima del 15 luglio 1980. Tutti gli alberghi in Bulgaria erano sotto il controllo statale e tutti avevano un registro dei cittadini stranieri. Il ministero degli Interni dunque sapeva esattamente da dove e quando i cittadini stranieri entravano e uscivano dal territorio bulgaro. Per le autorità bulgare era molto importante dimostrare che Mersan non era stato a Sofia nel termine indicato e rendere di conseguenza tutte le dichiarazioni di Ağca non credibili.

Essendo emerso che Mersan aveva la residenza a Monaco di Baviera, chiesi a un collega tedesco di sequestrare il suo passaporto. Quando lo ebbi in mano risultò che c'era un timbro bulgaro del servizio di frontiera stante a dimostrare il fatto che il 4 luglio Ömer Mersan era a Sofia.

Ali Ağca aveva dunque detto la verità, mentivano invece le autorità bulgare. Lo dico in tutta serenità, poiché il fatto – e quindi la pista bulgara – è stato confermato da una prova documentale, ovvero il timbro sul passaporto[8].

Per quanto riguarda il TIR, questo si rivelò un dettaglio molto importante. Ali Ağca fece due dichiarazioni di rilievo. Quando incontrò i bulgari a Roma, Sotir Petrov (Jelio Kolev Vassilev) gli disse due cose. La prima era che dovevano sbrigarsi con l'attentato, poiché qualcuno degli agenti bulgari faceva il doppio gioco e aveva parlato del complotto ai servizi francesi e rumeni. La seconda era che se fossero riusciti a fuggire da piazza San Pietro dopo l'attentato, il 13 maggio dall'ambasciata di Bulgaria sarebbe partito un camion diplomatico già sdoganato che li avrebbe portati a Sofia.

Queste due affermazioni hanno trovato ampio riscontro. Quando andai negli Stati Uniti, per ascoltare i testimoni dell'attentato, venne da me il giornalista Arnaud de Borch-

[8] Ömer Mersan, fotocopia passaporto n. 879166 in ivi, p. 83.

grave. Si presentò come amico del capo dei servizi segreti francesi, Alexandre de Marenches, che gli aveva riferito di essere venuto a sapere dei progetti di attentare alla vita del papa. Quando andai a Parigi per parlare con de Marenches, questi mi disse che apprezzava quello che stavo facendo, ma che il presidente François Mitterrand aveva imposto il segreto di stato. Dopo qualche anno de Marenches scrisse il libro *I segreti dei potenti*[9] nel quale ricordava l'incontro con me e riconosceva di avere mandato persone di fiducia per avvertire il papa, ma in Vaticano la cosa non venne presa sul serio.

L'indagine confermò anche che l'8 maggio arrivò all'ambasciata di Bulgaria il TIR che ripartì il 13 maggio subito dopo l'attentato, trasportando solo pacchi con effetti personali[10]. Il personale dell'ambasciata fece di tutto perché il camion venisse sdoganato e potesse ripartire solo allora. Come aveva fatto Ali Ağca a sapere di questo TIR?

Tutti i coimputati nel secondo processo, sia turchi che bulgari, sono stati assolti per insufficienza di prove. Lei ha condotto le indagini, gli interrogatori, anche all'estero. Secondo lei quali prove sono più importanti per dimostrare che Ağca e i complici da lui indicati hanno ordito un complotto?

Anche se il processo è terminato con l'assoluzione per insufficienza di prove, è generale convinzione che l'attentato al papa fu il risultato di un complotto.

Ciò che ha dichiarato Ağca, accusando i suoi complici, ha trovato conferma nei fatti. L'attentatore ha parlato di persone, incontri, di come era entrato in possesso dell'arma. Ad esempio, risultò che Musa Serdar Çelebi era veramente

[9] Christine Ockrent, Alexandre de Marenches, *I segreti dei potenti*, Longanesi, Milano 1987.

[10] Martella, *op. cit.*, p. 185.

arrivato a Milano per incontrarsi con Ağca personalmente. Com'è possibile che il capo della maggiore organizzazione turca in esilio [la Federazione turca con sede a Francoforte, *n.d.a.*], che era la copertura dei Lupi grigi, va da Francoforte a Milano per incontrare un qualsiasi povero emigrante? Le giustificazioni di Çelebi sono risultate false. Sia lui che gli altri testimoni hanno reso dichiarazioni così contradditorie, da confermare alla fine ciò che aveva detto Ağca[11].

È stato accertato che Bekir Çelenk era l'elemento di collegamento tra i servizi segreti bulgari e la delinquenza politica turca. Quando spiccai un ordine di cattura internazionale per Çelenk, questi fuggì in Bulgaria. Le autorità bulgare lo arrestarono, con una motivazione assurda: era perseguitato dalla giustizia italiana. Dal momento che era innocente, perché venne arrestato? Quando lo interrogai a Sofia, mi disse che lui stesso non capiva perché fosse stato messo agli arresti. I bulgari trattennero Bekir Çelenk, per loro innocente, per tutto il periodo dell'istruttoria e del processo in Italia. Quando il processo terminò con l'assoluzione degli accusati, Çelenk venne estradato in Turchia, ma morì strada facendo[12].

Per quanto riguarda i bulgari, nel corso dell'interrogatorio ho mostrato ad Ali Ağca un album con cinquantasei fotografie, che non avevano alcuna indicazione ma solo un numero progressivo da 1 a 56. L'attentatore non sapeva chi fosse ritratto nella fotografia. Ağca indicò le tre persone e le chiamò con gli pseudonimi con i quali le aveva conosciute.

Se qualcuno accusa altre persone e descrive esattamente i loro connotati, i luoghi di incontro, le loro abitudini, non significa automaticamente che stia dicendo la verità, perché

[11] Ivi, pp. 57-75.
[12] Il giudice Imposimato sostiene che la morte di Çelenk sarebbe stata una messa in scena per permettergli di fuggire lungo la strada verso l'ospedale.

avrebbe potuto incontrare quelle persone in altre circostanze e utilizzare successivamente quelle informazioni per scopi criminali.

Tutti e tre i bulgari dissero sempre che non avevano mai conosciuto Ağca. Se però il turco avesse falsamente accusato i suoi complici, che senso avrebbe avuto indicare tre persone? Sarebbe bastata una sola. Accusare tre persone è molto più difficile che accusarne una soltanto.

Ağca descrisse con precisione l'aspetto dei tre complici, le loro abitudini di vita, la famiglia di Antonov, l'appartamento di Ayvazov, dove si svolse il loro incontro. Tutte le parole dell'attentatore hanno trovato riscontro.

Il mio compito è stato quello di giudice istruttore e all'esito dell'indagine ho ritenuto che sussistessero prove sufficienti per rinviare a giudizio tutti gli imputati. In tale sede costoro sono stati assolti per insufficienza di prove: il che significa che la Corte d'Assise aveva rilevato l'esistenza di prove a loro carico, ma non bastevoli per emettere una sentenza di condanna.

Il 22 giugno 1983 è scomparsa la cittadina vaticana Emanuela Orlandi, e poco prima, il 7 maggio, un'altra ragazza, Mirella Gregori. I presunti rapitori richiesero uno scambio con Ali Ağca. Secondo lei questi rapimenti sono legati all'attentato?

Quando ho chiesto ad Ağca perché dopo il primo processo non avesse fatto appello contro il giudizio di condanna all'ergastolo, mi disse di sperare che la sua organizzazione lo avrebbe liberato dal carcere come aveva fatto dopo l'omicidio del giornalista Abdi İpekçi. «In che modo?», gli chiesi. Rispose che avrebbero corrotto qualcuno oppure sarebbero ricorsi a un sequestro di persona.

La scomparsa di Emanuela Orlandi – ancora adesso un caso oggetto di indagini da parte della Procura – è una storia drammatica, che richiede secondo me la stessa attenzione dell'attentato al papa. Non dobbiamo dimenticare che quando nel 1983 il papa visitò la casa della famiglia Orlandi, disse che «si trattava di terrorismo internazionale». Ali Ağca, da parte sua, continuò a sostenere che la Orlandi era stata rapita per realizzare uno scambio e liberarlo di prigione.

Quando Ali Ağca ha smesso di collaborare?

Dall'inizio del processo, in fase di dibattimento.

La sua indagine venne chiusa il 26 ottobre 1984. Le richieste dei presunti rapitori relative allo scambio di Orlandi con Ağca terminarono definitivamente un mese dopo, il 22 novembre. Poco prima della chiusura dell'indagine – il 20 ottobre – a piazza San Pietro fu condotto un sopralluogo con la partecipazione dell'attentatore. I rapitori lasciarono allora una lettera con le loro richieste persino nel bar di via Traspontina 9, dove gli inquirenti stavano svolgendo un'ispezione[13]*. Cosa sta a indicare questa spavalderia?*

Sono dei segnali molto inquietanti. Molte volte i rapitori hanno lasciato le loro lettere facendo intendere che quasi controllavano le forze dell'ordine italiane. Ogni tentativo di tendere loro una trappola sarebbe finito con l'eliminazione della Orlandi, questa era la loro minaccia.

I presunti sequestratori tuttora ignoti mandarono persino una lettera al presidente Sandro Pertini nella quale dichiaravano di aver rapito Mirella Gregori con lo scopo di scambiarla con Ali Ağca e di essersi messi in contatto con il Vaticano attraverso

[13] Martella, *op. cit.*, p. 219.

una persona che avrebbe dovuto informare l'alta gerarchia dell'intenzione di scambiare l'ostaggio. Non essendo stato dato loro ascolto, costoro avrebbero soppresso la Gregori e avrebbero rapito Emanuela Orlandi, conducendo le trattative pubblicamente. Si invitava il presidente a considerare e trattare questa faccenda seriamente. Altrimenti la Orlandi avrebbe fatto la fine della Gregori.

Chi potrebbe gestire un rapimento in maniera tanto professionale e condurre le trattative in modo così brutale e sfacciato?

Questa "professionalità" indica che il rapimento della cittadina vaticana Emanuela Orlandi era di una gravità inaudita e avrebbe dovuto essere trattato quasi alla stregua dell'attentato al papa. È evidente che dietro c'era una regia molto accorta che in modo spietato, perverso e disumano ha cercato di sfruttare questa scomparsa per i propri fini. È molto probabile che scopo del rapimento fosse il sabotaggio del processo per l'attentato e la salvezza degli imputati. Non va dimenticato che questi messaggi sono finiti dopo la chiusura della mia istruttoria.

Anche la sua famiglia ricevette lettere minatorie. La minacciarono di far fare la stessa fine di Emanuela a sua figlia e sua nipote...

Ho ricevuto delle lettere. Minacciarono anche mia figlia, che allora viveva a Londra e aveva un marito greco. La ditta nella quale lui lavorava voleva licenziarlo per timore di un attentato. Per scongiurare questo pericolo dovetti chiedere un intervento del premier Craxi.

In una delle lettere in tedesco minacciarono anche mia nipote, che allora aveva solo pochi mesi. La chiamavamo Francesca, anche se il suo nome completo era Anna Maria Francesca. Nella lettera i rapitori usarono solo quest'ultimo nome, per dimostrare che sapevano tutto della mia famiglia.

Dopo il crollo del Muro di Berlino e l'apertura degli archivi dei servizi segreti della Germania dell'Est, uno degli ufficiali di rango della Stasi, Günter Bohnsack, ha dichiarato che le autorità bulgare si rivolsero ai servizi segreti della DDR, chiedendo aiuto per contrastare le accuse. Era l'estate del 1982, quando della pista bulgara ufficialmente non si era fatta menzione. Se la Bulgaria fosse stata totalmente estranea ai fatti, allora perché ancora prima che fossero spiccati i mandati di cattura dei presunti complici bulgari di Ağca[14], il Politburo si rivolse alla Stasi chiedendo assistenza nelle attività di disinformazione, per screditare le mie indagini e fabbricare delle piste che avrebbero portato alla CIA? Evidentemente il governo della Bulgaria comunista doveva preoccuparsi di qualcosa. Lo stesso Bohnsack ha dichiarato che la pista che portava alla CIA era stata creata dai servizi segreti della DDR.

Nel corso della terza indagine, condotta dal giudice Rosario Priore, Günter Bohnsack dichiarò «che Antonov era un loro uomo. Ma non hanno confermato che avesse avuto a che fare con l'attentato. Comunque, Antonov era al corrente di tante cose, e se fosse crollato e avesse deposto avrebbe potuto causare notevoli danni ai bulgari».

Sappiamo anche che nel 1983 vi fu un incontro segreto tra gli agenti segreti bulgari del KDS e i tedeschi della Stasi. La delegazione bulgara era guidata dal colonnello Jordan Ormankov. Si tratta dello stesso Ormankov che era stato a

[14] Sergej Ivanov Antonov venne arrestato dalla polizia italiana il 25 novembre 1982 con l'accusa di avere partecipato al complotto. Insieme ad Antonov vennero accusati i diplomatici Jelio Kolev Vassilev e Todor Stoyanov Ayvazov, che tuttavia non vennero arrestati, perché tornarono in Bulgaria.

Roma come giudice, insieme a Stefan Markov Petkov, per partecipare agli interrogatori di Ağca? Secondo lei, i giudici bulgari erano agenti del KGB?

Secondo me si tratta delle stesse persone. Vorrei sottolineare un'altra cosa. Nel corso della seconda indagine relativa alla pista bulgara, un paese dell'Est, cioè la Bulgaria, venne fatto oggetto di accuse molto gravi. Quando Antonov fu arrestato, e la Bulgaria dichiarò di voler collaborare per chiarire se le affermazioni di Ağca fossero veritiere, non avevo nulla in contrario. Accettai volentieri di collaborare con i giudici bulgari, per fare intendere sia ai bulgari che all'opinione pubblica mondiale, che seguiva con attenzione l'indagine, che gli organi di giustizia italiani non avevano intenzione di infierire contro un paese comunista, ma che desideravano solo stabilire la verità in merito all'attentato al capo della Chiesa cattolica.

Non so se Ormankov e Petkov fossero agenti del KGB. Per me erano soltanto giudici bulgari. Dal momento che ricevetti questa informazione, non avevo motivo per dubitare o sospettare e così li ho sempre trattati. Devo dire che i nostri contatti furono molto corretti, all'insegna del fair play. Non hanno mai messo in discussione il mio lavoro. Ci rispettavamo reciprocamente.

Non sapevo che fossero andati a Berlino per agire a mio danno. Ma se lo ha detto Bohnsack, è possibile crederlo. E non depone a favore dei giudici bulgari.

Nel 1997 Ali Ağca le scrisse una lettera, che diede in carcere all'ex giudice Ferdinando Imposimato[15]*. Vi spiega che dovette sabotare il processo contro i bulgari perché nel cor-*

[15] L'originale della lettera scritta a mano in lingua italiana da Mehmet Ali Ağca nel settembre del 1997 è stato pubblicato nel libro del giudice Martella.

ato, insieme al giudice Ormankov a prendere un caffè, il secondo giudice Stefan Markov Petkov lo minacciò in turco: «Il KGB *ti comunica che ci saranno altri tentativi per la tua liberazione come il caso Orlandi, devi tacere, altrimenti prima il cadavere di Emanuela verrà gettato in piazza San Pietro poi tu Ali Ağca, verrai ammazzato». Questi fatti ebbero effettivamente luogo?*

Markov Petkov certamente conosceva il turco, questo lo posso confermare. Gli interrogatori duravano intere giornate, dunque era normale che a volte si andasse al bar a prendere un caffè.

Ali Ağca non mi ha mai detto di avere ricevuto queste minacce. Lo ha rivelato dopo. Se mi avesse informato di questo fatto, avrei allontanato immediatamente i giudici bulgari. Non so, ma dal momento che Ağca lo ha dichiarato, è possibile che Petkov lo abbia minacciato.

Dunque non esclude che possa essere successo. Ma un detenuto così importante non dovrebbe essere riaccompagnato in cella quando il giudice si allontana?

Rimase con il giudice bulgaro, o almeno io ero convinto che fosse soltanto un giudice. Ali Ağca era ostile a entrambi i giudici bulgari. Petkov non poteva essere certo che al mio ritorno Ağca non mi avrebbe informato subito delle minacce che aveva ricevuto, ne sarebbe conseguito un incidente diplomatico.

Ma Ağca poteva temere che la longa manus *del* KGB *sarebbe stata in grado di raggiungerlo persino in un carcere italiano attraverso dei giudici-agenti.*

Naturalmente. Non posso dire se questo colloquio abbia avuto luogo o meno. Non lo confermo e non lo smentisco. Posso solo confermare che Petkov conosceva il turco. Quando uscii con Ormankov per un caffè, rimase il mio segretario. Se avessero parlato in turco, il segretario non avrebbe potuto capire.

Esiste anche l'ipotesi che si sia verificata quella che in gergo viene chiamata "imbeccata", ovvero che l'accusato sia stato convinto, in cambio di alcuni privilegi, a fare dichiarazioni false e ad accusare alcune determinate persone. A molti parve che agenti del servizio segreto italiano – e persino americano – avessero fatto visita ad Ağca in carcere per convincerlo ad accusare i bulgari, suggerendogli tutti i dati necessari. Come lo stesso attentatore ha raccontato. Prova che Ağca avrebbe imparato a memoria le informazioni relative ai complici, sarebbe il fatto che disegnò la piantina dell'appartamento di Antonov con una porta scorrevole che si trovava invece nell'appartamento di padre Felix Morlion – un frate sospettato di collaborare con la CIA *– che abitava sotto Antonov. Da Antonov questa porta non c'era. Persino l'ex premier Giulio Andreotti scrisse di questo argomento nel suo libro* L'URSS vista da vicino. *Potrebbe chiarire la storia della porta scorrevole*[16]*?*

Nel corso della mia istruttoria mi resi conto che i servizi segreti di molti paesi potevano essere interessati ad Ağca, per questo ordinai alla direzione del carcere di Rebibbia di vietare qualsiasi visita al detenuto senza il mio permesso. Quando

[16] La storia della porta scorrevole, che Ağca dichiara di aver visto nell'appartamento di Antonov, torna spesso ed è assurta a mito. In un'intervista il senatore Andreotti ha detto: «Nel condominio dove abitava Antonov, Ağca è andato di sicuro. Ma per quanto riguarda l'alloggio che ha descritto, si è sbagliato». «Come sbagliato, presidente?». «Sì, si è sbagliato di piano. Ha descritto l'appartamento di padre Felix Morlion, il frate notoriamente legato alla CIA». Fonte: Antonio Ferrari, *La spia con il saio e gli altri misteri*, «Corriere della Sera», 5 agosto 2010. L'ex premier torna sul tema anche nel corso delle sedute della Commissione Mitrokhin. Fonte: *Commissione parlamentare d'inchiesta concernente "Dossier Mitrokhin" e l'attivita d'Intelligence Italiana*, 4 maggio 2005, p. 20.

gli agenti dei servizi segreti bulgari chiesero un colloquio ufficiale con il detenuto turco, non lo autorizzai. Gli agenti italiani ebbero un solo incontro con Ağca, annotato negli atti del processo. Prima di chiudere l'indagine ho chiamato i capi del SISDE e del SISMI perché affermassero, pena l'accusa di falsa testimonianza, che i servizi non avevano provato a contattare Ali Ağca senza la mia autorizzazione. Mi sforzai di salvaguardarlo in tutti i modi possibili.

Il sospetto che qualcuno potesse avere convinto l'attentatore turco a indirizzare false accuse nei confronti dei bulgari e che gli avesse fornito tutte le informazioni necessarie non ha alcun fondamento. Con ogni probabilità la diffusione di queste voci fa parte della campagna di disinformazione per la quale la Bulgaria si rivolse alla Stasi.

Come diceva lei, anche l'ex premier Giulio Andreotti nel suo libro *L'URSS vista da vicino* scrisse del processo. Forse alcune informazioni le desunse dall'avvocato che difendeva Antonov, che faceva parte della sua stessa corrente politica. Tuttavia si tratta di informazioni false. Ali Ağca non disegnò mai la piantina dell'appartamento di Antonov con quella porta scorrevole – cosa che effettivamente avrebbe fatto pensare all'appartamento che si trovava al piano inferiore, nel quale abitava padre Morlion, che risulta essere un agente della CIA. Fu una bufala giornalistica. In realtà non è mai avvenuto niente del genere.

Ho scritto una lettera ad Andreotti, nella quale riconoscevo il suo diritto a criticare l'indagine e il processo, ma non a sostenere falsità processuali.

Cosa si può dire a proposito di un collegamento tra Ağca e la mafia italiana e del soggiorno del terrorista turco a Palermo?

Nulla. Ağca non ha avuto nessun collegamento con la mafia. In attesa dell'esecuzione dell'attentato, il turco doveva fare qualcosa, dunque viaggiò.

Ağca viaggiò secondo il proprio estro, oppure vi fu qualcuno che lo guidò intelligentemente per mascherare i suoi legami con i mandanti e fare in modo che le piste conducessero verso diverse direzioni?

Non ebbi la possibilità di accertarlo. Ağca disse che il suo unico obiettivo era evitare i controlli di polizia, per questo viaggiò, in attesa che la situazione maturasse fino al punto in cui avrebbe potuto realizzare il piano. Si iscrisse alla scuola di lingua italiana a Perugia, andò a Como, a Milano, e passò da Palermo, forse tornando dalla Tunisia.

Il criminologo Francesco Bruno ha avanzato l'ipotesi che Ali Ağca avesse sparato al papa per ferirlo e non ucciderlo. Anche l'attentatore, dopo essere uscito dal carcere nel 2010, in un'intervista alla rivista «Gente» ha detto la stessa cosa. È plausibile?

Francesco Bruno è un noto criminologo, ma in questo caso si è sbagliato. Ali Ağca mi ha detto che il suo scopo era uccidere il papa. Del resto lo stesso Giovanni Paolo II lo ha confermato nel libro *Memoria e identità*[17]. La Madonna di Fatima ha fatto veramente un miracolo – chi crede ne può star certo. Ağca ha sparato al veicolo in movimento, sul quale c'erano alcune persone, è riuscito a colpire il papa, e per di più all'addome: significa che aveva mirato proprio a lui. Il turco era un killer professionista. Se la pallottola che

[17] Giovanni Paolo II, *Memoria e identità. Conversazioni a cavallo dei millenni*, Rizzoli, Milano 2005.

penetrò nel corpo di Giovanni Paolo II si fosse spostata di un solo millimetro a destra o a sinistra, il pontefice sarebbe certamente morto, e se il braccio dell'attentatore non fosse stato deviato, questi avrebbe continuato a sparare.

L'attentatore turco nel corso di circa trent'anni ha detto molte cose, spesso tra loro contrastanti. A mio avviso conta solo ciò che ha dichiarato quando intendeva veramente collaborare con gli organi di giustizia italiani. Davanti a me Ali Ağca ha detto che voleva uccidere il papa, non ferirlo.

Perché il papa doveva morire?

A mio avviso perché costituiva una minaccia per il blocco socialista, un elemento che avrebbe portato alla sua disintegrazione. Il fatto che a capo della Chiesa cattolica fosse stato eletto un cardinale proveniente da uno stato comunista, e per giunta dalla Polonia, paese nel quale subito dopo sorse il primo sindacato indipendente, Solidarność, dovette recare un grosso disturbo alle autorità sovietiche. Naturalmente per un attentato così spettacolare, che avrebbe avuto conseguenze politiche imprevedibili, venne scelto un esecutore che non avrebbe potuto far risalire al vero mandante.

Spero che di fronte a un fatto così importante, dalla portata universale, non ci si accontenti di ciò che è stato scoperto finora, ma si continui a cercare la verità.

Ağca sostenne in passato che avrebbe dovuto attentare alla vita di Lech Wałęsa nel corso della sua visita a Roma[18]*. È vero?*

Così ha dichiarato. Tuttavia io non ho trovato nessun riscontro. Ritengo sia vero solo ciò che sono riuscito a verificare

[18] Come sostiene l'ex giudice Ferdinando Imposimato si sarebbe dovuto svolgere a gennaio del 1981. Fonte: Ferdinando Imposimato, Sandro Provvisionato, *Attentato al papa*, Chiarelettere, Milano 2011, pp. 41-64.

nel corso dell'attività investigativa. Il presunto attentato a Wałęsa non fu oggetto della mia indagine, ne possono parlare piuttosto i giudici che le hanno condotte.

Nell'interrogatorio del 3 ottobre 1983 (condotto davanti al giudice bulgaro Ormankov) Ağca ha sostenuto di avere incontrato a Teheran un certo Vladimir Kuzichkin. Lo ricorda nella lettera a lei indirizzata del 1997. In Polonia è diffusa la convinzione che fosse proprio il maggiore Vladimir Kuzichkin il presunto punto di collegamento tra Ağca e il KGB[19].

Queste affermazioni di Ağca non trovarono alcun riscontro. Quando condussi l'indagine, Ağca mi disse che era stato in Iran – e in questo occorre credergli – ma solo perché la sua organizzazione gli aveva ordinato di recarsi lì per sfuggire alle autorità turche, che lo ritenevano l'assassino di Abdi İpekçi. Era dunque in Iran, ma – e io penso che Ağca mi abbia detto la verità – venne costretto a fuggire da quel paese, poiché ebbe luogo l'occupazione dell'Ambasciata statunitense e il fallito tentativo di liberare gli ostaggi. Ağca mi disse che era stata emessa un'ordinanza che permetteva l'immediata fucilazione di tutti i cittadini stranieri che si trovavano nel terreno dell'Iran, e lui si spaventò. Fuggì il prima possibile, e successivamente, con l'aiuto dei suoi compagni, raggiunse la Bulgaria. Era una situazione molto diversa da quella che racconta oggi in un suo libro, in cui dice che Khomeini lo ricevette con tutti gli onori e gli affidò la delicata missione di uccidere il papa. Dovette fuggire dall'Iran perché aveva paura di essere scambiato per una spia al soldo degli americani.

[19] Andrzej Grajewski, Michał Skwara, «*Papież musiał zginąć. Wyjaśnienia Ali Agcy*», Gość Niedzielny, Katowice 2011, pp. 54-59. In Polonia c'è la presunzione che le autorità giudiziarie italiane per motivi politici non abbiano voluto approfondire questo legame.

È stata pubblicata l'autobiografia di Ali Ağca Mi avevano promesso il paradiso: la mia vita e la verità sull'attentato al papa[20] *e in essa l'autore sostiene che l'omicidio di Giovanni Paolo II venne commissionato proprio dall'ayatollah Ruhollah Khomeini. Cosa ne pensa di questo libro?*

È l'ennesima conferma dell'abilità di Ali Ağca di camuffare la verità. La teoria che Khomeini fosse il presunto mandante non trova alcun riscontro.

Occorre tenere presente che il Vaticano, attraverso il suo portavoce, padre Federico Lombardi, negò recisamente tutto, e cioè che nel corso dell'incontro con il papa a Rebibbia, il 27 dicembre 1983, Ağca avesse parlato dell'ayatollah Khomeini e dell'Iran. Come risposta voglio citare testualmente la sua dichiarazione.

Questa volta dobbiamo credere ad Ağca? Penso proprio di no. Mi sono preoccupato di fare le verifiche che mi spettavano più direttamente e che potevo compiere con persone precise dell'ambito vaticano su quanto affermato nel libro. Ho incontrato e interrogato il card. Stanisław Dziwisz su alcuni punti molto concreti. Anzitutto, naturalmente, sul colloquio in carcere fra Giovanni Paolo II ed Ağca. Il Segretario di Giovanni Paolo II ha una memoria molto viva, in particolare di tutto ciò che riguarda l'attentato. E non c'è da stupirsene. Ora, il Segretario del Papa era presente al colloquio nella cella, naturalmente con il consenso del Papa e, anche se non vicinissimo, poteva sentire con sicurezza il colloquio. La sua testimonianza è quindi fondamentale. Egli conferma come i due interlocutori abbiano parlato del segreto di Fatima e dell'inspiegabilità della sopravvivenza del Papa, ma nega recisamente e assolutamente che si sia parlato dei mandanti e dell'Ayatollah Khomeini, e che il Papa abbia invitato l'attentatore a convertirsi al cristianesimo. Nega anche quanto viene detto nel libro su una successiva lettera di Giovanni Paolo II ad Ağca

[20] Ali Ağca, *Mi avevano promesso il paradiso: la mia vita e la verità sull'attentato al papa*, Chiarelettere, Milano 2013.

per tornare a invitarlo alla conversione (p. 176): secondo il Segretario una simile lettera non c'è mai stata. Nel libro si parla anche di «diverse lettere dell'allora card. Joseph Ratzinger», presentate come «lettere spirituali nelle quali dice di pregare assieme al Papa per me, e di pregare anche per la mia conversione» (p. 176). Per scrupolo, mi sono preoccupato di sapere oggi dall'«allora card. Ratzinger», se veramente aveva scritto delle lettere ad Ağca. E la risposta è stata molto chiara: che egli aveva sì ricevuto delle lettere da Ağca (non bisogna stupirsi, perché molti ne hanno ricevute: anche io!), ma non aveva mai risposto. NaturalmenteAğca dice di aver stracciato tutte queste lettere papali e cardinalizie perché era «ancora un combattente islamico e non poteva tenere con sé testi simili». Ma guarda un po'... Si potrebbe continuare. Ad esempio, l'Ağca del libro lascia intendere alcune volte che in Vaticano si prendesse in considerazione anche la "pista islamica" come spiegazione dell'attentato al Papa. E cita a questo proposito delle presunte dichiarazioni di Joaquín Navarro-Valls, che nel contesto della scomparsa di Emanuela Orlandi nel 1983 avrebbe detto: «Potrebbe trattarsi di fondamentalisti musulmani che si illudono di poter liberare Ağca». Il libro afferma: «Il Vaticano fa vedere di aver capito. C'è il fondamentalismo islamico dietro il rapimento di Emanuela e, dunque, dietro l'attentato a Giovanni Paolo II» (p. 153). Ma Navarro-Valls diventerà portavoce solo il 4 dicembre 1984 e nega recisamente di essersi occupato della scomparsa di Emanuela e di aver mai preso in considerazione una "pista islamica" dell'attentato. Anche il card. Dziwisz nega risolutamente che in Vaticano si sia considerata come attendibile una "pista islamica", anzi sembra che proprio non se ne sia praticamente mai parlato. Del resto è del tutto incredibile che, se il Papa ne fosse stato veramente informato e ci avesse creduto, non ne fosse neppure trapelato il minimo sentore. Questa vita romanzata di Ali Ağca riprende molte cose da lui già scritte in precedenza, conferma la sua politica di depistaggio sistematico degli inquirenti, nega le piste che centravano l'attenzione sull'Est europeo, ma cerca soprattutto di costruire uno scoop internazionale: l'Ayatollah Khomeini, l'Iran, l'islam "nazifascista", sono la vera spiegazione della volontà di uccidere il Papa come punto cruciale della guerra finale contro l'odiato occidente cristiano. Per parte mia, ho presentato alcuni riscontri negativi precisi sulla base di testimonianze attendibilissime: Non è vero che Ağca avesse parlato al Papa dell'Ayatollah Khomeini e dell'Iran come mandante nel corso del colloquio in carcere (e questo è un punto cruciale del libro!). Non è vero che in Vaticano si ritenesse fondata una pista islamica. Non è vero che Giovanni Paolo II abbia invitato Ağca a convertirsi al cristianesimo e gli abbia inviato una lettera in carcere. Non è vero che il Card. Ratzinger abbia scritto delle lettere ad Ağca. Non è vero che Navarro-Valls abbia voluto far riferimento a una pista islamica del caso Orlandi e dell'attentato al Papa. Insomma, praticamente tutto quello che era di mia competenza e che ho potuto verificare è falso. Le oltre cento versioni dei fatti che finora Agca ha dato e a cui ora si aggiunge quest'ultima sono un po' troppe perché adesso possiamo credergli.[21]

[21] Il giudice Ilario Martella ha commentato il libro di Ali Ağca citandomi la dichiarazione del portavoce della Santa Sede padre Federico Lombardi. Fonte: *La nuova verità, o meglio le nuove falsità, di Mehmet Ali Ağca: nota di padre Lombardi*, Radio Vaticana, 1° febbraio 2013.

Le tracce perdute

Intervista con Rosario Priore

Rosario Priore ha condotto le più importanti indagini nella storia giudiziaria dell'Italia: tra le altre, quelle sul rapimento e l'omicidio di Aldo Moro, sull'incidente aereo di Ustica, sull'attentato a papa Giovani Paolo II (la terza indagine, quella ribattezzata "*Papa-ter*"). È autore di tre libri: *L'attentato al papa* (2002), *Intrigo internazionale* (insieme al giornalista Giovanni Fasanella), *Chi manovrava le Brigate rosse?* (insieme a Silvano De Prospo).

Nonostante tre indagini giudiziarie condotte in Italia, ancora non sappiamo chi furono i mandanti dell'attentato a Giovanni Paolo II. Lei ha condotto la terza di queste indagini, la più lunga di tutte, durata tredici anni, la cosiddetta "Papa-ter"[1]. *Le indagini sull'attentato sono state definitivamente chiuse?*

[1] Iniziata nel 1985, l'indagine è stata condotta contro tredici cittadini turchi e tre italiani. Dieci persone furono accusate di essere parte di una associazione a delinquere che aveva come scopo il traffico internazionale di stupefacenti. Arslan Samet, Ömer Ay, Sedat Sırrı Kadem – insieme ad almeno altri cinque personaggi non meglio identificati – vennero accusati di avere collaborato all'organizzazione dell'attentato a papa Giovanni Paolo II il 13 maggio 1981. L'indagine è stata chiusa il 21 marzo 1998. Fonte: Rosario Priore, *L'attentato al Papa*, Kaos Edizioni, Milano 2002, pp. 7-10, 366-367.

È difficile ricordare tutte le vicende di queste tre inchieste. Tormentate e tormentose. Perché a ogni passo intrapreso, a ogni strada imboccata, immediatamente si palesavano tesi depistanti, che impedivano la ricerca della pur minima verità o distruggevano quel poco che si era costruito. Nonostante gli sforzi di una ridotta schiera di magistrati e investigatori impegnati a fondo in questa storia. Spero che alla fine di questa intervista si possa fare un minimo bilancio di quel nostro lavoro.

Le indagini furono chiuse, perché venne a scadenza il termine massimo di proroga del vecchio codice, il codice Rocco del '30, sostituito dal codice Vassalli a partire dal 1989. Si tratta di una questione di procedura. Le indagini non erano assolutamente finite. Si dovevano e potevano fare secondo il nuovo rito, cioè a iniziativa del pubblico ministero. Come feci, stralciando moltissimi atti e rimettendoli alla Procura della Repubblica per l'ulteriore corso. Questo stralcio è il processo che ancora continua e a esso provvede l'ufficio del pubblico ministero.

Papa Giovanni Paolo II decise di consegnare al vescovo di Fatima la pallottola caduta nella jeep durante l'attentato, perché fosse custodita nel santuario in Portogallo. Essa fu poi incastonata nella corona della Madonna di Fatima e non fu mai esaminata dalla magistratura italiana, che addirittura fino al 1984 non sapeva della sua esistenza. Cosa potrebbe rivelare questo proiettile?

È vero. Questa pallottola fu trovata sul pianale dell'autovettura che trasportava il papa al momento dell'attentato. È rimasta sempre nell'ambito della Città del Vaticano. Da qui è stata portata dal pontefice al vescovo di Fatima in Portogallo. Senza esser mai venuta nelle disponibilità delle autorità italiane. Quindi non è stata mai sottoposta a perizia. Essa, dal calibro, dai segni di percussione e di espulsione e da altri particolari, potrebbe dirci se a piazza San Pietro spararono due pistole. Confermando così che sul luogo dell'attentato operavano più persone, ovvero con ogni probabilità più Lupi grigi, come hanno indicato testi presenti.

A seguito delle indagini da lei svolte, a quali conclusioni è arrivato sulla dinamica dell'attentato?

Un attentato di tale gravità – l'attentato più grave del ventesimo secolo, a danni di un pontefice – non poteva essere compiuto da una sola persona. Alle spalle, come da molteplici prove, doveva avere una organizzazione "militare", dei finanziatori, dei mandanti di alto livello che avevano delle finalità politiche di sommo rilievo. La squadra che doveva operare sulla piazza doveva comprendere come minimo quattro persone con compiti precisi, come spesso s'è detto. Due per sparare al papa: Ağca, quasi un killer di professione, come egli stesso asseriva, e uno nei suoi pressi che potrebbe avere sparato con la seconda pistola o aver fatto esplodere la bomba panico, come era nei piani; e due che avrebbero dovuto provvedere alle vie di fuga, che più che probabilmente erano distanziate, una su via della Conciliazione, l'altra su viale Angelico.

Non credo che questo compito sia stato affidato a diplomatici bulgari o al caposcalo della Balkan Air[2]. Se essi fossero stati i mandanti o persone prossime ai mandanti, mai avrebbero seguito da vicino la realizzazione dell'attentato. Anche il più modesto dei servizi – e quello bulgaro di certo non lo era,

[2] Sergej Ivanov Antonov (Bajramic), Todor Stoyanov Ayvazov (Sotir Kolev), Jelio Kolev Vassilev (Sotir Petrov) sono i tre bulgari che vennero accusati da Ali Ağca nel corso della seconda indagine.

visto che aveva messo a segno attentati in capitali dell'Europa occidentale, eliminando con tecniche sofisticate degli oppositori di rilievo al regime – avrebbe provveduto a frapporre diaframmi tra i mandanti e gli esecutori, giammai esponendo personale diplomatico della propria legazione a Roma.

A maggio del 1985 cominciò a Roma il processo nel quale vennero accusati tra gli altri Sergej Antonov, Jelio Vassilev e Teodor Ayvazov, chiamati in causa da Ağca come suoi complici. Sono stati tutti assolti in via definitiva nel 1987 per mancanza di prove. Secondo lei, Antonov e gli altri accusati bulgari non avevano preso parte all'attentato?

In nessun processo, anche quello al ladruncolo del supermercato, si può basare una condanna sulle dichiarazioni di una persona che cambia versione decine di volte. Ci troveremmo davanti a un'inchiesta dai piedi d'argilla, che potrebbe crollare a ogni spirar di vento.

*Lei per primo bussò alla porta dell'organizzazione di Gauck della DDR, e per primo aveva cominciato a scavare negli archivi della Stasi, dove aveva rinvenuto le carte (come si è poi saputo riguardanti l'*Operation Papst*) in seguito richieste dalla Commissione Mitrokhin*[3]*. Per primo si è rivolto a*

[3] I documenti relativi all'operazione *Papa*, studiati dalla Commissione Mitrokhin, hanno una storia strana. Ad aprile del 2005, quando morì Giovanni Paolo II, il governo bulgaro decise di inviare in Italia una preziosa documentazione ottenuta da Berlino. Quegli stessi documenti ottenuti dall'archivio pubblico della Stasi a Berlino furono pubblicati dal giornalista italiano Marco Ansaldo su «la Repubblica». (Marco Ansaldo, Compagni, aiutate la Bulgaria. Le carte della Stasi sull'attentato, «la Repubblica», 2 aprile 2005). Alla fine risultò che la corrispondenza segreta tra il governo comunista della Bulgaria, i leader di Berlino e i servizi segreti della ddr diretti da Markus Wolf si trovava, già tradotta con traduzione giurata, tra gli atti dell'indagine condotta dal giudice Priore negli anni 1985-1998. Fonte: Commissione parlamentare d'inchiesta concernente il «dossier Mitrokhin» e l'attività d'intelligence italiana, e Marco Ansaldo, Yasemin Taşkın, *Uccidete il papa*, Rizzoli, Milano 2011, pp. 281-296.

Markus Wolf e Günter Bohnsack. Può raccontare che cosa trovò negli archivi della Stasi e che cosa, a proposito dell'attentato al papa, ha dichiarato il colonnello Bohnsack, il capo della X Sezione dell'HVA, il cosiddetto "dipartimento della disinformazione", nella rogatoria internazionale da lei condotta?

Sì, è vero. Ovviamente per mezzo di regolare commissione rogatoria, espletata dalla Procura di Berlino. Venne espletata dal procuratore capo, che ricordo era una gentile signora, e con l'ausilio di traduttore di quello stesso ufficio. Tutto nella piena regolarità formale e sostanziale. Non si adottarono vie traverse né tanto meno mezzi che avrebbero potuto dare adito a equivoci o sospetti. Com'è successo a qualcuno, che avendo letto sui giornali supposte sue dichiarazioni, ha dovuto ricusarle perché mal comprese o comunque non corrispondenti al vero. Bohnsack riferiva di essere stato dal 1964 al 1990 collaboratore della Stasi: specificamente della casa di Markus Wolf – l'HVA, Sezione provvedimenti attivi, che si occupava tra l'altro di disinformazione, il cui obiettivo principale era quello di indebolire e destabilizzare i paesi occidentali. Con riferimento all'attentato al papa, Bohnsack esordiva sottolineando che «destò meraviglia nel loro ambiente il fatto che la richiesta di aiuto dei bulgari fosse stata esaminata tanto in alto, addirittura dal Politburo, cosa definita "insolita"». Mielke faceva parte del Politburo[4].

Il compito della sua sezione – proseguiva Bohnsack – era quello «di preparare una traccia che portasse alla CIA e di renderla più credibile con voci e altre tracce». A tale scopo prepararono "voci" che comprovavano i contatti di Ağca con i Lupi grigi, e analizzarono il rapporto Martella fornitogli dai

[4] Erich Mielke era l'allora ministro degli Interni della DDR, a capo della Stasi.

bulgari, «studiando come si potesse falsare, travisando gli indizi».

Le "voci" venivano poi diffuse soprattutto nella Repubblica federale, attraverso gli agenti, altre "voci", contatti ecc. Ma queste "voci" sono state passate anche in Grecia, Turchia ecc. attraverso alcune persone di fiducia. Anche l'Ambasciata della DDR a Roma ha collaborato alla diffusione. Bohnsack riferiva che «un altro punto chiave era il caso Antonov, rappresentante della Balkan Air e evidentemente un uomo dei servizi segreti dei bulgari; i bulgari temevano che in carcere potesse rivelare delle cose che non dovevano essere divulgate».

Nel quadro dell'azione di disinformazione, continuava Bohnsack, veniva «ricostruita una lettera scritta» – secondo quel che si diceva – da Franz Josef Strauss[5] a Alparslan Türkeş, capo dei Lupi grigi; la lettera è stata spedita ai mass media, e nella lettera è stato inserito il concetto che Strauss aveva saputo prima dell'attentato. «È stata costruita una connessione Strauss-Türkeş e l'intenzione era di coinvolgere anche la Repubblica federale tedesca. La lettera era falsificata, disponevamo della firma originale di Strauss», dichiarò Bohnsack.

In relazione alla elezione al pontificato di Wojtyła, Bohnsack riferiva: «Già negli anni Settanta abbiamo capito che la Polonia era un problema, un punto politico debole nel blocco orientale. Ne abbiamo discusso spesso. C'erano stati anche degli attacchi antisovietici e dei dibattiti, in un'atmosfera non molto positiva per noi. Sì, la Polonia la consideravamo un paese nemico. Temevamo che la Polonia potesse interrompere

[5] Franz Josef Strauss era un politico conservatore tedesco appartenente alla CSU, l'Unione cristiano-sociale in Baviera.

i flussi strategici tra la DDR e l'Unione Sovietica. Essendo la nostra situazione quindi difficile, l'elezione del papa dal nostro punto di vista era particolarmente inquietante. Si temeva che il papa da quel momento in poi, da Roma, potesse fare una politica ostile ai paesi socialisti. Ma comunque c'era disparità di opinione; non mancò chi considerava l'elezione del papa una scelta che forse poteva rivelarsi positiva. Quelli che la consideravano una "disgrazia" non avrebbero avuto nulla in contrario se il papa fosse sparito. Con questo, comunque, non voglio dire che qui abbiano invocato un attentatore».

Relativamente agli incontri intercorsi con i bulgari, Bohnsack riferiva di ricordare che dopo la loro richiesta di aiuto c'era stato un incontro a Berlino[6]. La delegazione bulgara venne ricevuta prima da Wolf, cosa ritenuta inusuale, e poi alla X sezione. L'incontro avveniva – teneva a sottolineare Bohnsack – in un luogo da complotto, una villa.

I bulgari – riferiva sempre Bohnsack – avevano ammesso «che Antonov era un loro uomo. Ma non hanno confermato che avesse avuto a che fare con l'attentato. Comunque, Antonov era al corrente di tante cose, e se fosse crollato e avesse deposto avrebbe potuto causare notevoli danni ai bulgari».

Per quanto riguarda le misure poste in essere dalla X sezione, la sua sezione, Bohnsack ricordava: 1. Costituzione di un comitato con partecipazione internazionale per la liberazione legale di Antonov, avente lo scopo di esercitare – attraverso i contatti internazionali – una pressione sulla giustizia italiana; 2. Diffusione, attraverso i mass media, di voci sul concorso della CIA nell'attentato; 3. Falsificazione di lettere, produzione di lettere fittizie[7].

[6] Priore, *op. cit.*, p. 254.

[7] Molto probabilmente la X sezione della Stasi guidata da Bohnsack è responsabile di alcune lettere contenenti richieste relative al rapimento di Emanuela Orlandi.

A tal proposito ritornava sulla lettera di Strauss: «Strauss era interessante per noi perché sembrava particolarmente idoneo a questo scopo a causa del suo orientamento a destra e per i contatti con i turchi. Inoltre, abbiamo prodotto delle lettere minatorie, mittente presunto: i "Lupi grigi". Con quelle lettere, il governo federale è stato minacciato di azioni terroristiche se non si fosse impegnato energicamente per l'Ağca nei confronti delle autorità italiane».

Sempre riguardo alla lettera di Strauss, ribadiva: «Avrebbe dovuto dare l'impressione che Strauss sapeva già che Ağca nel novembre 1979 avrebbe annunciato di assassinare il papa».

Bohnsack infine dichiarava: «I rapporti con il KGB erano intensi. Del resto, i russi – non in relazione all'attentato al papa – stavano permanentemente da Markus Wolf. È inconcepibile pensare che nel caso che l'attentato al papa fosse attuato da un paese dell'Est, il KGB non ne fosse stato informato, e non avesse dato la propria approvazione».

Riferiva inoltre che alla responsabilità della CIA nel complotto dell'attentato al papa non hanno mai creduto, essendo una pura invenzione.

Lei ha anche interrogato Markus Wolf e Erich Mielke?

Mielke e Wolf non si presentarono all'udienza istruttoria, il primo per ragioni di malattia, il secondo avvalendosi della facoltà concessagli come imputato in un processo tedesco. Wolf di lì a qualche tempo venne a Roma e io colsi l'occasione di raggiungerlo, insieme all'ammiraglio Martini [capo del SISMI tra il 1984 e il 1991, *n.d.a.*], in quella trasmissione televisiva che fu organizzata alla Rai, con due massimi esponenti dello spionaggio. Avevo "due piccioni con una fava". Ma, i piccioni avevano grandi capacità di sottrarsi, svolazzando qua e là, e così non se ne cavò nulla.

Aveva ricevuto invece i documenti dalla Stasi. Di cosa si trattava?

Alla Stasi chiesi e ottenni il carteggio tra Bulgaria e Germania dell'Est. Così venni in possesso delle note tra Stojanov, ministro dell'Interno bulgaro, e il già citato Mielke. Note che confermavano quanto si era già appurato, e cioè che le autorità bulgare si rivolgevano al servizio maggiore, perché il migliore tra gli orientali, quello della DDR, per essere aiutate nel contesto della campagna di pressione e diffamazione portata avanti dall'Occidente contro la Bulgaria[8]. Con la costituzione, come è sempre avvenuto nelle varie campagne antioccidentali, contro il nucleare, per la pace e altre, di comitati con rappresentanti di partiti, dell'*intelligentia*, dei sindacati.

Come valuta l'ipotesi che l'attentato al pontefice polacco fu progettato ed effettuato dai servizi segreti dell'Est?

È una delle ipotesi tra le altre. Ci sono piste orientali e piste occidentali; piste interne; piste islamiche; piste dei fondamentalismi più disparati. Certo quelle dell'Est mostrano di essere più credibili, per il semplice fatto che il pontefice venuto dal freddo conosceva i mali e le malefatte del comunismo; lo aveva combattuto e appariva pronto a combatterlo ancora, se questa dottrina, e le sue prassi, avesse mostrato propositi o posto in essere progetti di dominio sulle istanze del popolo polacco, contro le libertà della sua Polonia. In effetti i timori nutriti nei confronti del blocco dell'Est non erano infondati. Basta leggere i rapporti da Roma redatti immediatamente dopo la sua elezione. O gli scritti – sulla cui autenticità però non si

[8] La cosiddetta "operazione *Papa*". Il giudice Priore menziona "le note tra Stojanov e Mielke" nel suo libro, *op. cit.*, pp. 255-256.

può giurare – su riunioni e progetti di «avvicinare fisicamente la persona del papa». Riunioni alle quali partecipavano i grandi dell'Est. Si devono però leggere anche le parole del pontefice, che di fronte a questi pericoli mostrò le sue virtù di guerriero. Se si fossero verificate ipotesi del genere a opera di armate interne o esterne, egli avrebbe lasciato il soglio di Pietro, impugnato il Pastorale e alla testa del suo popolo avrebbe impedito che prevalessero quelle forze che egli aveva sempre combattuto, le tirannidi e i totalitarismi comunisti, che erano succeduti, nell'Europa orientale, alle sopraffazioni naziste. Anch'esse tra l'altro combattute dal giovane Wojtyła durante la Resistenza polacca nella seconda guerra mondiale.

Ha mai indagato sul fatto che nel giorno dell'attentato, il 13 maggio 1981, in piazza San Pietro ci furono anche i tre agenti dei servizi segreti polacchi Zenon Chmielewski, Jan Zacherowski e Adam Pietruszka[9]*?*

No, perché durante tutta l'istruttoria, che pure è durata tanti anni, non è mai emersa la presenza di agenti segreti polacchi su piazza San Pietro cioè i sedicenti Zenon Chmielewski, Jan Zacherowski e Adam Pietruszka di cui ho sentito parlare solo nei giorni scorsi.

Ho sentito soltanto di un progetto di lento avvelenamento del pontefice con cibo nelle scatolette mandate dalla Polonia, visto che il papa non amava mangiare il cibo italiano. Ma queste furono solo voci che non hanno trovato mai nessuna conferma[10].

[9] Nell'articolo *Trójkąt śmierci* ("Il triangolo della morte"), apparso sul settimanale polacco «Wprost» nel 2005 (n. 15), Cezary Gmyz ha scritto: «I rappresentanti dei servizi segreti polacchi erano presenti a piazza San Pietro quando Ali Ağca sparò al papa».

[10] Ne ha scritto Jacek Pałasiński nell'articolo *21 attentati al papa*, pubblicato sul settimanale «Wprost» nel 2001 (n. 51/52): «I giudici sono convinti siano fondate le voci secondo cui il primo tentativo di uccidere il papa fu posto in essere dal SB, attraverso

Ali Ağca parlò anche a suo tempo dell'attentato a Lech Wałęsa, che sarebbe dovuto avvenire a Roma, accusando Doncev e Scricciolo. Poi ritirò tutto. Era un'invenzione del terrorista turco o c'è qualcosa di vero in questa storia[11]*?*

È una storia squallida, che ha generato imputazioni di calunnia e autocalunnia. Presupponendo che quanto affermato da Ağca su suggerimento di un giudice istruttore fosse totalmente falso.

Ma le dichiarazioni di Ağca non contenevano notazioni diverse dalle altre fatte a proposito dell'attentato al papa. Anzi erano di gran lunga più dettagliate e precise di quelle su questo attentato. Eppure queste ultime sono state accettate, mentre le prime hanno generato azioni e procedimenti penali. Inficiando così di fatto la sua già traballante credibilità.

Esiste l'ipotesi che Ağca volesse ostacolare il cosiddetto "processo ai bulgari", perché ricattato nella prigione italiana da uno dei due falsi giudici bulgari Stefan Markov Petkov, che lo interrogò insieme al colonnello Jordan Ormankov. Lei cosa ne pensa?

Ağca ha incontrato tante persone durante la sua detenzione, esponenti e portatori di interessi più svariati; tra gli altri, numerosi servizi interni e stranieri. Non è uomo da farsi impres-

cibo avvelenato con un veleno a lenta azione inviato al Vaticano per il papa. Fu stabilito che venti anni fa non esisteva un servizio di importazione di alimenti indirizzati al papa con l'eccezione della birra polacca. Dunque non si può escludere che persone dell'ambiente di Giovanni Paolo II avessero portato in Vaticano carne, forse cetrioli e cavolo in barattolo, e sporadicamente altri prodotti tipici. Tuttavia appare improbabile che funzionari del SB potessero avere accesso a questi prodotti. La cosa interessante è che in Polonia non sono mai state verificate tali voci».

[11] «Il giudice italiano Ferdinando Imposimato sostiene di avere nuove rivelazioni sull'attentato a Lech Wałęsa nel 1981. Su questo argomento vorrebbe interrogare Ali Ağca. Non è escluso che di questa faccenda se ne occupi l'IPN», scrisse il quotidiano «Życie Warszawy» nell'articolo *Włosi zbadają zamach na Wałęsę* ("Gli italiani indagheranno sull'attentato a Wałęsa"). Fonte: «Wprost», rassegna stampa del 29 marzo 2006.

sionare da tali presenze o avvicinamenti. Quanto a Petkov e Ormankov, essi possono apparire dei falsi giudici solo a chi non conosce l'ordinamento giuridico bulgaro vigente all'epoca. I bulgari non nascosero mai le caratteristiche di questo ordinamento. I giudici si presentarono, quando ci recammo a Sofia per la esecuzione di una commissione rogatoria, con gradi militari. Quelli che sembravano istruttori si qualificarono come capitani e il procuratore capo come colonnello. Queste figure che si presentavano a metà tra gli investigatori e i pubblici ministeri erano, come appariva dai gradi gerarchicamente ordinati, facenti parte del ministero dell'Interno – all'epoca i più tra gli ordinamenti di oltrecortina non conoscevano il ministero di Giustizia.

Allora, si deve sottolineare, non vi era la possibilità per un giudice di restare solo con l'imputato. Parlo della situazione del carcere di Rebibbia, dove sono stati compiuti tutti gli atti giudiziari con gli imputati per l'attentato al papa. Vi erano due aree: la prima, quella dedicata ai detenuti, era composta da varie celle individuali collegate da un corridoio chiuso a chiave, ovviamente, che metteva in contatto con la seconda area, destinata alle sale dei magistrati, nelle quali venivano compiuti gli atti giudiziari, nello specifico gli interrogatori. Allorché un atto giudiziario veniva sospeso per una qualsiasi ragione, il detenuto era riportato nell'area detenuti, che veniva riaperta e chiusa a chiave, e quindi lasciava l'area destinata agli atti giudiziari. Se la sospensione era prevedibilmente breve, il detenuto restava nelle celle collocate nel corridoio; se la sospensione era prevedibilmente lunga, il detenuto veniva accompagnato al proprio reparto e alla propria cella. Questa era la regola, questa era la prassi. Né d'altronde dai verbali risultano comunque i tempi della sospensione, quanto meno negli atti del processo per l'attentato al papa, e da essi mai si legge una sospensione nella quale il detenuto appare essere rimasto nella sala magistrati, tantomeno con uno dei "giudici" bulgari. Da ricordare infine che all'epoca, il bar era a una certa distanza dalla palazzina degli interrogatori, quindi una pausa caffè non poteva durare meno di mezz'ora. Da rammentare, per la completezza di questo argomento, che Ağca avrebbe ricevuto dei messaggi di questo genere anche nell'aula dibattimentale, al cospetto di centinaia di persone, tra cui decine e decine di giornalisti. Persino dalla nota scrittrice Claire Sterling, notissima e i cui movimenti non potevano di certo sfuggire a tanti occhi. Senza contare la distanza che intercorreva tra il luogo ove si trovava Ağca nella Corte d'assise e il recinto della stampa.

Come valuta il lavoro della Commissione Mitrokhin sull'attentato al papa?

La Commissione Mitrokhin era una commissione politica e pertanto giudicava mediante votazione. Chi aveva la maggioranza faceva approvare le sue tesi. Al tempo c'era una maggioranza di centro-destra che propendeva per soluzioni che incolpassero l'Est, cioè i paesi a regime comunista. Ciò non toglie che le commissioni di cui ho seguito i lavori portassero a compimento ottime ricerche di carattere storico. Oltre alla Mitrokhin, che pure ha dato notevoli contributi sulla storia dei nostri paesi, devo rammentare per l'impegno massimo di ricerca, la relazione Gualtieri e la relazione Pellegrino nella Commissione stragi.

Ali Ağca, che è stato definito "l'uomo delle cento verità", ha fornito diverse versioni dei fatti raccontando di tutto e rinnegando tutto. Il terrorista turco è folle o una simile confusione costituisce la sua assicurazione a vita?

Propendo per la seconda tesi. Alcuni hanno definito questa stranissima condotta come lucida follia. Comunque Ağca s'è mostrato sempre lucidissimo. Ogni sua mossa era calcolata. E si ricordava tutto, era dotato di una eccellente memoria e padroneggiava le risposte e i colloqui negli interrogatori con la sua non indifferente cultura da autodidatta, una cultura che si era fatto nei lunghi anni di detenzione e grazie agli scambi epistolari con i maggiorenti del panorama internazionale. Subiva però la personalità di chi gli prometteva la libertà e, più di questa, la fama. E per raggiungerla era pronto a dichiarare le vicende più inverosimili su richiesta, o anche senza, poiché aveva l'abilità di intuire cosa avrebbe fatto piacere alla persona che aveva di fronte. Salvo a vendicarsi, se ingannato da chi gli aveva fatto intendere qualche beneficio.

Vincenzo Calcara, ex affiliato di Cosa Nostra e attuale collaboratore di giustizia, ha dichiarato alla Procura di Palermo nel 1993 che il 13 maggio 1981 si trovava nei pressi di piazza San Pietro, insieme ad altri uomini d'onore, perché dovevano ricevere in consegna i due turchi dal bulgaro Antonov[12]*. Dovevano accompagnarli a Milano, ma è venuto con loro solo uno, che poi è stato ucciso. Lei interrogò Calcara e ordinò anche di scavare l'area da lui indicata, al fine di cercare il corpo del presunto attentatore turco assassinato. La mafia italiana ebbe a che fare con l'attentato a Giovanni Paolo II? Come è finita questa storia?*

Calcara si presentava come un "pentito credibile". Ed è più che possibile che abbia dato dei contributi a inchieste di mafia, di quel mondo di cui egli cioè faceva parte. Così mi rivelò chi aveva ereditato le posizioni dei grandi capi arre-

[12] Priore, *op. cit.*, pp. 280-289.

stati ed era divenuto il gran padrino di Cosa Nostra e cioè Messina Denaro, quando costui era sconosciuto ai media. Per quanto concerne l'attentato al pontefice, le sue dichiarazioni apparivano di per sé carenti. Ma quand'anche avessero avuto un qualche fondamento, quel supporto di ausilio della mafia al complotto per eliminare Giovanni Paolo II – quella ipotesi cioè che ci indusse a seguire i suoi racconti – in esito alle ricerche del cadavere di un turco partecipe all'attentato, sepolto nelle brughiere lombarde, dove sarebbe stato giustiziato e interrato, esse risultarono vane. E per questo non riscontrabili e come tali giudicate.

L'attentato al papa potrebbe essere in qualche modo legato – come si può presumere dalle testimonianze del pentito Calcara – al riciclaggio di denaro sporco attraverso il Banco Ambrosiano di Calvi e lo IOR?

È probabile che l'attentato non sia direttamente collegato a finanziamenti mediante soldi di dubbia provenienza. I fatti successivi all'attentato invece, con ogni probabilità, sono legati alle mancate restituzioni di questi finanziamenti. Al contrario, l'attentato fu direttamente generato – questo bisogna sempre rammentarlo – da un progetto politico con moventi forse religiosi.

A suo parere, si dovrebbe prendere in considerazione la matrice fondamentalista? Lei ha detto che non bisogna sottovalutare la "pista interna". Quali elementi dell'inchiesta l'hanno portata a indagare sull'ipotesi che l'idea di uccidere il papa polacco poteva essere frutto di un complotto interno al Vaticano?

Ho passato in rassegna tutti gli attentati, subiti o progettati, ai danni di Giovanni Paolo II. Sono tutti opera di fondamentalisti, o di integralisti. Quasi tutti trovano radice in integralismi islamici. Ma lo sapete meglio di me, è esistito un integralismo anche presso i cattolici. Costoro, i più intransigenti, hanno sempre sostenuto che dal Concilio Vaticano II il sacro soglio sia vacante. I sedevacantisti affermavano che tutti i pontefici che si erano succeduti da quel tempo erano degli usurpatori e avevano rispolverato antiche categorie come quella del papa *nullus*, nei cui confronti era ammissibile qualsiasi azione che lo avesse spodestato dal soglio. Conferma dell'esistenza di queste grandi correnti e delle finalità che si propongono è l'azione del sacerdote spagnolo di nome Juan Fernández Krohn, che a Fatima, un anno dopo gli spari a piazza San Pietro, aggredisce con una lunga baionetta Giovanni Paolo II con il chiaro intento di ucciderlo. Viene immobilizzato dagli agenti di sicurezza.

Sono d'altronde le dichiarazioni di quelli che sono apparsi i Lupi grigi di maggiore statura, tra gli altri Oral Çelik[13], che hanno ricostruito i movimenti della squadra incaricata dell'operazione, a partire dalle riunioni di Vienna e dall'aiuto dato dal turco Cihat Turkoglu, che avrebbe collaborato con il nostro servizio[14]. Çelik fu protetto dalle istituzioni francesi, gli avevano dato nuove generalità, una nuova etnia – da turco era diventato curdo –, nonché una certificazione di esule. Çelik si diceva aveva ricevuto, come altri Lupi grigi, offerte di denaro dai servizi europei per sostenere la pista dell'Est. Mi raccontò l'intera vicenda dell'attentato, come se fosse stato presente, salvo negare questo particolare.

[13] Nel corso dell'interrogatorio del 23 giugno e del 5 luglio 1994 Oral Çelik ha raccontato, tra le altre cose, che Ali Ağca ancora a Vienna, quando abitavano nell'appartamento su Jheringgasse lo informò dell'esistenza di materiale fotografico e filmato relativo a un incontro con il papa al quale era stato introdotto da cardinali che lo istigavano all'attentato. Ivi, pp. 84-90.

[14] Ivi, pp. 108-113.

Secondo lei i Lupi grigi cercarono di nuovo di uccidere il pontefice?

Il 14 maggio 1985 presso la stazione di Venlo in Olanda, alla frontiera con la Germania, venne fermato il cittadino turco Arslan Samet, residente a Lione. A un controllo della polizia di frontiera, il fermato aveva esibito un passaporto intestato a Yean Bernard Ihen, visibilmente contraffatto nella data di nascita e su cui era stata apposta una fotografia diversa da quella originale, nonché un permesso di soggiorno falsificato a nome di Serafin Albin, nato a Satao (Portogallo) il 2 gennaio 1960, recante la foto dello stesso Samet. Con un più accurato controllo venne trovato in possesso di una pistola matricola 77C54476 calibro 9, risultata carica con il colpo in canna e con la sicura in posizione di "fuoco". L'arresto di Arslan si verificò in sospetta coincidenza con la visita pastorale di Giovanni Paolo II, tenutasi tra l'11 e il 21 maggio nei paesi del Benelux (Olanda, Lussemburgo e Belgio). Per questo motivo venne aperta l'indagine *Papa-ter.*

Le indagini esperite sul fatto portarono ad accertare che Arslan Samet era nato in Turchia il 14 dicembre 1960 a Yigintepe, e risultava ricercato dalle autorità turche con mandato di cattura emesso in data 11 aprile 1980 per omicidio. Inoltre, a suo carico sussistevano forti sospetti per altri tre omicidi. Dal bollettino dei ricercati Samet era indicato quale appartenente al gruppo Ülkücülük, gli Idealisti turchi, estremisti di destra legati al partito MHP. La pistola automatica Browning HP calibro 9 parabellum con matricola 77C54476 faceva parte della stessa partita di armi acquistate presso la ditta Wilhelm Glaser di Zurigo dal cittadino austriaco Otto Tintner, dalla quale proveniva la pistola usata da Ağca nell'attentato alla vita del sommo pontefice.

Samet dichiarò che era sua intenzione far ritorno in Turchia, perché aveva saputo che la situazione politica nel suo paese era notevolmente migliorata. Successivamente, non disponendo di denaro sufficiente, aveva deciso di recarsi nei Paesi Bassi. Per esigenza di difesa personale si era fatto recapitare da suo padre, tramite altri turchi, una pistola dalla Turchia.

L'indagine italiana rivelò tuttavia qualcos'altro. Samet rinnegava la sua appartenenza all'Associazione dei turchi idealisti, e tentava di accreditare la versione della sostituzione della pistola da ignoti; diceva che il passaporto l'aveva trovato per caso in una cabina telefonica; riferiva di non aver mai conosciuto Ağca, tantomeno incontrato Oral Çelik e Abdullah Çatlı.

Invece Ağca disse nel corso dell'interrogatorio del 26 ottobre 1985 che Arslan Samet era uno dei suoi complici nell'attentato al sommo pontefice e che era presente il 13 maggio 1981 a piazza San Pietro con il compito di proteggere la sua fuga facendo esplodere delle bombe panico.

Samet interrogato poi a Roma disse di non essere mai stato in Italia e che non era vero che avrebbe aiutato Ağca a compiere l'attentato al papa.

La vicenda di Arslan Samet dimostra che per anni l'organizzazione dei Lupi grigi ha tentato di onorare il mandato conferitole e di attentare alla vita del pontefice. E che quindi ha inviato dei commando in diverse parti d'Europa; ha trasferito armi, ha seguito continuamente i movimenti del papa. Una ulteriore conferma si è avuta nel 1997 con il fallito attentato in Bosnia Erzegovina. La vicenda di Arslan Samet si è poi conclusa, dopo la sua estradizione in Turchia, nel carcere di Agri, dove venne rinvenuto suicida nella sua cella, il 30 dicembre 1998. Nessuno ha provveduto, o tentato, di accertare se la sua morte sia stata in qualche modo cagionata o indotta dall'organizzazione di cui era stato membro.

Il 22 luglio 1994 venne richiesto alle autorità olandesi di consegnare temporaneamente la pistola rinvenuta a Samet, ma secondo la loro dichiarazione l'arma era stata distrutta nel 1987.

Anche nel caso del gravissimo episodio del 12 aprile 1997 a Sarajevo, che lei ha citato – quando fu scoperto che era stato minato il ponte sul quale doveva passare il papa – in un primo momento vennero sospettati quattro cittadini turchi collegati con Oral Çelik. Poi l'Interpol smentì subito la notizia. Sappiamo qualcosa di più su questo fallito attentato?

Che il sommo pontefice fosse l'obiettivo privilegiato del terrorismo internazionale e in particolare di quello di origine islamica, che avrebbe potuto avvalersi di manovalanza turca e attuarsi in territori a forte prevalenza musulmana, è confermato dal fallito attentato del 12 aprile a Sarajevo, in occasione della visita papale in quella città martire. Il fallito attentato apparve l'indomani sulla stampa, che indicava come sospetti autori del progetto quattro cittadini turchi apparentemente collegati con l'organizzazione di Oral Çelik e compagni, cioè i Lupi grigi. Allertata l'Interpol, la sezione bosniaca rispose con una dettagliata nota sul materiale rilevato. L'ordigno era composto da una quantità di esplosivo, centoventisette chilogrammi, che sarebbe stata capace di distruggere completamente il ponte e causare gravi danni nella zona circostante. Non c'erano bulgari in circolazione e il comunismo era finito da un pezzo sia in Russia che nella stessa Bulgaria.

Domenica 10 maggio 1981 Giovanni Paolo II aveva compiuto una visita pastorale alla parrocchia romana di San Tommaso d'Aquino. In questa occasione sono state scattate delle fotografie sia dal fotografo vaticano Arturo Mari, sia dai parrocchiani[15]*. In uno di questi scatti appare un uomo molto simile ad Ali Ağca che si trova nel settore al quale potevano essere ammesse solo le persone con invito rilasciato dal prefetto della Casa pontificia, per la quale ha lavorato Ercole Orlandi, il padre di Emanuela*[16]*. Il terrorista turco ha sempre negato di essere lì in quel momento. Qual è la storia di queste fotografie? Sono rilevanti?*

È una storia molto semplice. Sotto gli occhi di tutti, ma del tutto trascurata, quasi fosse una vicenda pericolosa, che avrebbe potuto condurre a qualche verità. Io ho voluto invece soffermarmi su di essa. Soprattutto per la straordinaria somiglianza dell'uomo rappresentato in fotografia. Che non dobbiamo comparare all'uomo che appare in udienza o in altre manifestazioni a distanza di mesi e di anni dall'attentato, ma con colui che fu ripreso nell'immediatezza dell'arresto. Appaiono più che somiglianti quasi identici. Uno è quello che sta alla visita papale alla parrocchia di San Tommaso d'Aquino il 10 maggio 1981. L'altro, quello che pochi giorni dopo, il 13 maggio, spara al papa.

Tutti si erano accorti e avevano denunciato il fatto alla polizia, ma nessuno degli inquirenti prese in considerazione questo elemento. Si comportarono quasi come Ağca, che dinanzi alla fotografia aveva commentato: «E che cambia?»[17].

[15] Ivi. Dichiarazioni del fotografo Arturo Mari, 19 e 20 settembre 1994, pp. 165-166, testimonianza del parrocchiano Daniele Petrocelli e di sua moglie, 22 settembre 1994, pp. 131-133.

[16] Ivi. Dichiarazioni di Ercole Orlandi, padre della scomparsa Emanuela, 22 marzo e 20 giugno 1995, pp. 137-140.

[17] Ivi, pp. 133-137. Nel corso dell'interrogatorio del 28 febbraio 1982 Ağca ha sostenuto che la domenica del 10 maggio 1981 di pomeriggio fu insieme a Sotir Kolev a piazza San Pietro, per compiere i sopralluoghi nel luogo dell'attentato e che vide il papa lasciare il Vaticano su una Mercedes. Interrogato dal giudice Priore nel 1995 negò di essere stato nel luogo indicato dalla fotografia e sostenne di non riconoscervi nessuno.

Io detti importanza alla vicenda perché essa confermava le parole di Oral Çelik, il quale asseriva che Ağca fosse stato fotografato durante delle cerimonie a cui erano presenti dei prelati[18]. Questo confermava il particolare che egli aveva forse appoggi all'interno del Vaticano che gli avevano procurato un biglietto per un settore riservato, un biglietto spedito dalla Prefettura della Casa pontificia.

Il 2 agosto 1984, nel corso di una perquisizione svoltasi a casa di Francesco Pelaia (ex sacerdote e collaboratore del SISMI in contatto con il cardiale Casaroli e il segretario del Consiglio degli affari pubblici della Chiesa, l'arcivescovo Achille Silvestrini), fu trovato un documento dal quale risulta che il mandante dell'attentato fu il generale Dimitrij Ustinov, ministro della Difesa dell'URSS e che l'attentato fu pianificato dal GRU[19]*. Nel documento si parlava di una riunione svoltasi nel 1980 a Bucarest tra i ministri della Difesa del Patto di Varsavia, durante la quale sarebbe stato deciso di uccidere Giovanni Paolo II. Il documento era un falso. Di cosa si trattava e quale ruolo nel depistaggio delle indagini sull'attentato ha avuto il servizio deviato?*

Si tratta di uno dei tanti falsi che ci hanno condotto spesso fuori strada, che ci hanno ostacolato e più volte impedito il raggiungimento della verità. Pochi tuttavia, rispetto al valore della posta in gioco: Est, Ovest, Vaticano e da ultimo l'islamismo fondamentalista, che potrebbe prendere quota, indicato già nel cosiddetto *Papa-ter* e coltivato in altre sedi.

Si deve però osservare che il servizio non era deviato, ma os-

[18] Ivi. Interrogatorio di Oral Çelik del 23 giugno e del 5 luglio 1994, pp. 83-90.

[19] La sigla GRU sta per *Glavnoe razvedyvatel'noe upravlenie* ("Direttorato principale per l'informazione"), un servizio di intelligence sovietico che, a differenza del KGB, non dipendeva dallo stato maggiore delle forze armate e quindi era totalmente indipendente.

servava gli indirizzi che la politica gli dava, così come aveva fatto per Ustica, per Bologna, per piazza San Pietro e per le altre storie di stragi e terrorismo.

Quanto sul depistaggio influì la loggia massonica P2?

La P2 non ha mai preso parte alla vicenda, né poteva farlo. Ciò non toglie che molte delle figure più alte delle istituzioni del tempo vi fossero affiliate. In particolare, quelle dei capi dei servizi. E che costoro abbiano favorito qualche pista al di là di quelle più vicine alla verità è un altro conto. Ma queste determinazioni non erano autonome, era la politica, che aveva a che fare con altri paesi occidentali e con i loro servizi, che propendevano per ipotesi che abbracciassero la pista dell'Est, e che quindi in tal senso premevano sulla nostra intelligence.

È vero che prima dell'attentato i servizi segreti francesi SDECE *e il loro direttore Alexandre de Marenches hanno avvisato dell'evenienza di un possibile attacco al papa?*

I servizi francesi – che, ricordiamo, per tradizione secolare avevano in carico dal tempo dei re l'onere della protezione del pontefice romano, onere che solo al tempo dell'ammiraglio Martini venne assunto dal servizio militare italiano – avevano delle ottime fonti sia nell'Europa orientale che nei paesi arabi. Così come avevano ottimi mezzi per trasferire le notizie acquisite sia alla Segreteria di stato che al supremo soglio. Come avvenne in questo caso. L'alto funzionario dei servizi, Valentin Cavenago, e il principale medico di Francia, Maurice Beccuau, vennero a Roma e, con l'aiuto fornito dai Premonstratensi – un antico ordine diffuso nella Francia del Nord, in Belgio, in Olanda e in Germania – trasmisero l'avvertimento.

Lei sosteneva che bisognerebbe indagare di più sulla permanenza di Ağca in Iran. Ma dagli atti della Commissione Mitrokhin si apprende che Ali Ağca era stato addestrato dall'organizzazione del terrorista Carlos, Separat. E che prima di compiere l'attentato al papa era stato il pupillo di un ufficiale del KGB *in Iran, il viceconsole dell'ambasciata sovietica Vladimir Kuzichkin, scomparso poi da Teheran proprio pochi giorni dopo le sue rivelazioni sui mandanti bulgari del fallito omicidio del santo padre. Cosa ne pensa del caso Kuzichkin?*

Di Kuzichkin in effetti non si è più parlato. Le risposte di Ağca sono state inattendibili a tal punto che questo personaggio non appare più nemmeno nella motivazione del provvedimento di chiusura della seconda istruttoria sull'attentato.

Nella lettera datata settembre 1997, scritta da Ağca, o da chi per lui, si elencano delle logiche e dei piani e, al punto 4, ci si riferisce al KGB, che a detta di quel documento «all'epoca nutriva forti timori nei confronti sia di papa Wojtyła che dell'Imam [sic!] come potenziali eversivi dell'impero sovietico». Per tale ragione, sosteneva Ağca, quel servizio lo inviò a Teheran – dove erano stati arrestati i comunisti iraniani e dove, con la regia del colonnello Vladimir Kuzichkin, era stato organizzato un attentato, poi fallito contro l'ayatollah. Ma è bene seguire esattamente l'interrogatorio del giudice bulgaro.

Come risulta dai verbali, Ağca non è credibile. Non conosce la storia dell'Iran e attribuisce a se stesso una serie di attività, che per il tempo a sua disposizione e per la mancanza di mezzi e strutture, non avrebbe mai potuto realizzare o tentare di iniziare. La Commissione Mitrokhin su certi punti non ha bene approfondito, o non ha potuto approfondire, e se ha accertato che egli fosse stato addestrato dalla Separat di

Carlos, avrebbe dovuto spiegare come un terrorista di destra che ha sempre operato, nel suo paese natale e all'estero, come tale, potesse essere finito in un'organizzazione di estrema sinistra, terroristica, ma legata al terrorismo mediorientale. Il guazzabuglio è grande, ma restano più punti fermi. E sono i dati di fatto. Appare chiaro che Ağca non sa descrivere il colonnello russo, quasi che non lo avesse mai visto, nemmeno in fotografia. E poi quando si dice che questo colonnello è scomparso proprio dopo il loro incontro, Ağca si dimentica di aggiungere che era sì scomparso ma per raggiungere l'Occidente. Si era rifugiato a Londra, ove potrebbe ancora vivere ed essere interrogato sia dagli inquirenti dei paesi occidentali che da quelli dei paesi già comunisti. O anche da giornalisti di buona volontà, che potrebbero por fine ai tanti "romanzi" inventati nel corso degli anni.

Lei non aveva mai indagato personalmente sul caso di Emanuela Orlandi, ma lo aveva sempre seguito con attenzione. In un'intervista concessa a Marco Ansaldo[20] *aveva detto che la pista dei Lupi grigi sta venendo meno e che si rafforza l'ipotesi che il rapimento della giovanissima cittadina vaticana fu un ricatto al papa polacco per avere indietro i soldi depositati allo* IOR. *Soldi che sarebbero poi serviti a finanziare la lotta al comunismo in Polonia. Perché lo pensa?*

Perché in tal senso mi sembra volgere l'attività istruttoria, per quello che appare sui media. Conosco gli inquirenti, ne conosco il valore e per questo ne rispetto il riserbo. S'è sempre supposto che i Lupi grigi fossero al servizio dei bulgari. Se si afferma la pista interna, dovrebbe quindi cadere

[20] Marco Ansaldo, *«Emanuela, fu un ricatto al Vaticano». Priore accusa la Banda della Magliana*, «la Repubblica», 23 novembre 2009.

sia l'ipotesi secondo cui Emanuela sarebbe stata rapita dai Lupi grigi per essere scambiata con Ali Ağca che il ruolo di mandanti dei servizi segreti dell'Est.

La nostra intervista è stata realizzata prima che venisse pubblicato in Italia il libro di Ali Ağca, Mi avevano promesso il paradiso. *A seguito dell'uscita del volume, vuole aggiungere qualcosa?*

No. Meglio aspettare lo sviluppo dei fatti per rilasciare commenti.

Secondo lei negli ultimi tempi è riemersa qualche novità sull'attentato che potrebbe far pensare a una riapertura delle indagini?

Per ora no, ma ogni novità di rilievo può mettere nuovamente in moto le indagini. Speriamo di scoprire la verità, prima o poi.

Cosa dicono le fotografie a proposito dell'attentato al papa?

Intervista con Arturo Mari

Arturo Mari ha lavorato per oltre mezzo secolo come fotografo di «L'Osservatore Romano» e ha immortalato ben sei diversi papi. Per ventisette anni, senza nemmeno un giorno di riposo, è stato il fotografo personale di Giovanni Paolo II. Sempre al suo fianco, come un'ombra, lo seguì in giro per il mondo, alle cerimonie, alle udienze ufficiali e assistette anche a frammenti della sua vita privata, quali pranzi e incontri tenutisi nei suoi appartamenti.

Il 13 maggio 1981 lei era a piazza San Pietro. Cosa ricorda di quel giorno?

Sono cose difficili da raccontare. Camminavo all'indietro a fianco della jeep del papa, tenendomi con una mano all'automobile, per ragioni di sicurezza. Quando ho sentito due colpi e ho visto il santo padre che cadeva, ho capito subito quello che era successo. Dal momento che sono stato istruttore militare, sono in grado di distinguere uno sparo di una pistola dal colpo dello starter o dall'esplosione di un petardo. Furono momenti terribili.

Cosa provai allora? Con il papa avevo un legame speciale, lo trattavo come un padre e lui mi trattava come un figlio, non come un fotografo. Un legame forte, eravamo come una famiglia. Vissi uno shock terribile. Malgrado ciò scattai le foto. Le foto sono venute e quel momento orrendo è passato alla storia. Essendo credente, ho sempre pensato che la mia mano allora sia stata guidata dalla Madonna. Ho sollevato la macchina fotografica in alto e ho scattato. Ho fatto una sequenza di scatti nella quale si vede il santo padre cadere nell'abbraccio del proprio segretario personale, l'arcivescovo Stanisław Dziwisz. I miei collaboratori hanno fatto altre foto, da un altro punto di vista. Poi la jeep ha cominciato a correre in direzione del Vaticano, dove c'era un presidio medico, e noi dietro di essa. Nessuno era preparato a ciò che stava succedendo, ma per fortuna tutto si svolse molto velocemente. Il santo padre fu messo su una ambulanza e cominciò la corsa al policlinico Gemelli. Sono stato tutta la notte e tutto il giorno successivo all'ospedale. Praticamente sono stato lì per cinquantadue giorni, perché con il papa abbiamo sempre vissuto come fossimo una sola famiglia, senza badare al protocollo.

Quante foto ha scattato?
Cinque o sei. La macchina fotografica era tarata per sei scatti al secondo.

È stata raccolta tutta la documentazione fotografica relativa all'attentato e lei ha partecipato a questo lavoro.
Abbiamo collaborato con la gendarmeria vaticana e con gli altri fotografi abbiamo fatto ulteriori foto del luogo del delitto.

Secondo lei – in qualità di fotografo esperto – erano molte o poche le foto che documentarono l'attentato? Chi le aveva fatte? Fotografi professionisti? Turisti?
Non saprei risponderle. Furono frazioni di secondo. Nessuno sa quanta gente ha scattato delle foto. La cosa più importante

era in quel momento fotografare Ali Ağca. Quelli erano gli scatti più importanti. Era stato girato un filmato, dal quale sono stati presi alcuni fotogrammi. Tutto il materiale che si riuscì a raccogliere sono le mie fotografie, i fotogrammi del filmato, le fotografie della gente che si trovava lì vicino.

Il fotogramma del filmato con l'inquadratura nella quale si vede chiaramente la mano tesa di Ali Ağca che impugna la pistola è stato un colpo di fortuna. Se qualcuno avesse cercato di fotografarla non avrebbe fatto in tempo perché fu questione di attimi. Ağca era abbastanza alto, sbucava tra la gente, e il papa si trovava in una posizione che sovrastava tutti, per questo gli operatori riuscirono a isolare quella scena.

Ciò che potemmo documentare – il proiettile che colpì il papa e cadde sul pianale della jeep, il secondo bossolo per terra – lo abbiamo fotografato. Facemmo tutto ciò che era in nostro potere, ma si trattava di frazioni di secondo. Due o tre secondi in tutto. Cosa si può fare in così poco tempo? Non avevamo alcun piano, abbiamo fotografato tutto d'istinto. Ricordo di essermi girato nella direzione dalla quale erano venuti gli spari. Poi abbiamo cominciato a correre dietro la jeep verso il Vaticano, siamo saliti sulla prima macchina della sicurezza e siamo andati al policlinico Gemelli. Era un attentato, un evento improvviso e imprevisto. Non appena tutto è finito bene, abbiamo sentito, come di consueto, molte spiacevoli chiacchiere. Sapevano o non sapevano dell'attentato? Dal momento che non erano state prese le benché minime misure di sicurezza, mi sembra inverosimile che in Vaticano si sapesse qualcosa.

Lei sentì solo due spari? O forse erano di più? O non fu possibile udirli chiaramente?

Se parliamo di miracolo nel caso dell'attentato al santo padre, pensiamo a una cosa molto concreta. Esiste una documentazione medica dell'ospedale che spiega esattamente il tragitto che ha fatto la pallottola che ha colpito il papa[1].

Come istruttore militare posso dire quanto segue: la pallottola viaggiava a una velocità di duecento metri al secondo. Quando il papa è stato ferito, era appoggiato con la mano al rollbar della jeep. Il proiettile è penetrato nell'addome, è salito in alto, ha girato ed è di nuovo risceso. Solo alla fine è fuoriuscito dal corpo, cadendo sul pianale. È passato letteralmente a pochi millimetri da tutti gli organi vitali. Il secondo proiettile ha ferito il papa al dito indice della mano sinistra. Quindi erano due proiettili. Furono colpite anche due altre persone: Ann Odre e Rose Hall. Si trovavano al lato opposto del papa. Una venne ferita al torace, l'altra all'arto superiore sinistro. Il pontefice è stato colpito di striscio anche al braccio destro. Com'è possibile che due pallottole abbiano provocato quattro gravi ferite? Se la pallottola che ha sfiorato il papa al dito fosse stata deviata, sarebbe volata verso l'alto.

Penso che a sparare non fu solo Ağca. Mi sembra che sia stato confermato dalla perizia balistica che dalla sua pistola furono sparati due colpi, dopodiché la pistola si inceppò. Domanda: c'era un secondo attentatore, che probabilmente sparò alle due donne? E cosa ne è stato delle altre pallottole? Sono mie riflessioni personali e naturalmente potrei anche avere torto.

Domenica 10 maggio 1981 Giovanni Paolo II si recò in visita pastorale alla parrocchia romana di San Tommaso d'Aquino. Lei era al suo fianco e scattò delle foto[2]. In una di esse si

[1] Il dottore Alfredo Wiel Marin fu il primo ad analizzare la ferita del papa già sul tavolo operatorio. Dalla sua testimonianza risulta chiaramente che se la pallottola si fosse spostata di un millimetro, Giovanni Paolo II sarebbe morto. Fonte: Marco Ansaldo, Yasemin Taşkın, *Uccidete il papa*, Rizzoli, Milano 2011, pp. 66-67.

[2] Dichiarazioni del fotografo Arturo Mari, 19 e 20 settembre 1994. Fonte: Rosario Priore, *L'attentato al Papa*, Kaos Edizioni, Milano 2002, pp. 165-166.

vede, in un settore al quale si poteva accedere con un invito della Prefettura della Casa pontificia, un uomo che ricorda molto Ali Ağca. Il terrorista turco ha sempre negato di essere stato lì. Secondo lei era veramente Ağca?

Si trattava di una visita pastorale di una domenica pomeriggio. In qualità di fotografo di «L'Osservatore Romano» dovevo realizzare la documentazione fotografica di questo evento. In una di esse tra i fedeli si vede Ağca e pare anche Çelik. Queste foto, con l'assenso della Segreteria di stato, sono state date al giudice Rosario Priore, nel corso della terza indagine. Certamente sono passati tanti anni è per questo che dico che bisogna prenderle con beneficio dell'inventario.

Sono stato spesso interpellato dal giudice Priore. Un giorno mi ha chiesto: «Arturo, lei sa chi ha fotografato?». Mi mostrò le foto, chiedendomi chi vedessi. Improvvisamente mi sono reso conto chi c'era in quella foto. Il giudice mi ha chiesto: «Chi è secondo lei?». Ho risposto: «Ali Ağca!». Si trovava sul lato sinistro della fotografia, e Çelik sulla destra, ma il secondo non ero riuscito a riconoscerlo, mentre Ağca sì. Per me al 99,9 per cento era lui.

Lei pensa che nel periodo antecedente all'attentato Ağca avesse potuto prendere parte a qualche altra cerimonia alla quale era presente Giovanni Paolo II? Ha notato in qualche foto qualcuno che assomigliava al terrorista turco?

No. Penso che non fosse presente ad altre cerimonie.

Il 13 maggio 1981 il reporter americano Lowell Newton fotografò un uomo di spalle, in fuga, con indosso una giacca di pelle e qualcosa nascosto sotto il braccio. Ricorda quella foto?

Subito dopo l'attentato vicino al santo padre c'erano Camillo Cibin, comandante del Corpo della gendarmeria dello stato della Città del Vaticano, Alois Estermann, il futuro capo delle Guardie svizzere, che successivamente è stato ucciso, Francesco Pasanisi, ispettore generale per la pubblica sicurezza presso il Vaticano e, naturalmente, il segretario particolare del papa, l'arcivescovo Stanisław Dziwisz. L'aiutante di camera di sua santità Angelo Gugel fu il primo a cominciare a gridare «Via! Via!» per permettere alla macchina di passare più velocemente possibile. Fu questione di pochi secondi.

La cosa più importante era salvare il papa, e poi prendere colui che aveva sparato. Ricordo che Cibin saltò la barriera e si gettò in direzione di Ağca. Immediatamente dal lato del colonnato corse verso di lui un agente della pubblica sicurezza.

La prima persona che trattenne Ağca, o almeno ritardò la sua fuga, fu una suora, Lucia Giudici[3]. Poi arrivò l'agente della sicurezza e successivamente Cibin. Lo presero, gli misero le manette e lo portarono via. Noi eravamo già in Vaticano, dunque tutto ciò che so sull'arresto del colpevole l'ho saputo dai racconti altrui o dall'indagine.

Anche il giudice Priore mi ha chiesto di quella fotografia e se avessi notato un uomo con indosso una giacca che fuggiva. La jeep si mosse a grande velocità e mi sbatté letteralmente via. Non rimasi a guardare cosa succedeva intorno. Mi sono messo subito a correre dietro la macchina.

Ci sono anche le fotografie nelle quali il papa appare in compagnia dei suoi medici sulla terrazza del proprio appartamento, quando tornò in Vaticano ed era in convalescenza[4]. *Sono state fatte con il teleobiettivo dalla cupola della basilica*

[3] Suor Lucia Giudici, *Ecco come ho catturato il killer di Giovanni Paolo II*, Rai Vaticano, 13 maggio 2009.

[4] Si tratta di quattro fotografie raffiguranti il papa sulla terrazza del suo appartamento nel Palazzo apostolico, consegnate a monsignor Salerno da un sacerdote e che per caso finirono nelle mani di un generale italiano. Fonte: Priore, *op. cit.*, pp. 161-166.

e hanno suscitato grandi discussioni sulla sicurezza di Karol Wojtyła. Ma è vero che se al posto del fotografo ci fosse stato un cecchino, la vita del santo padre sarebbe stata in pericolo?

Girano molte leggende riguardo a queste fotografie. Io ho visto solo una foto di quando il papa era in convalescenza. Vi si vede il santo padre circondato da due medici. Era difeso da uno spesso vetro antiproiettile che non poteva essere trapassato nemmeno da un bazooka. Naturalmente quando al posto dell'obiettivo di una macchina fotografica si mette il mirino di un'arma, come è stato fatto dai media, si ha l'impressione che il papa sia stato in pericolo.

Allora in quel posto non era minacciato da nulla. Ovviamente se qualcuno avesse gettato una bomba sul Vaticano, sarebbero morti tutti.

Secondo lei Ağca sparò al santo padre con lo scopo di ucciderlo? Oppure poteva mirare più in basso, ma il papa si era piegato, perché aveva precedentemente preso in braccio una bambina piccola?

Secondo me sparò per uccidere. Quell'uomo non è stupido. È una questione di inclinazione della pistola. Quando si spara, segue il contraccolpo. Una cosa è mirare in un poligono, poggiando saldamente sulle gambe e tenendo l'arma con due mani, e un'altra è sparare con una mano sola in mezzo alla folla. Ağca, secondo me, era un professionista. Sparò da distanza ravvicinata e mirò con lo scopo di uccidere. Solo un miracolo salvò il papa.

Il santo padre prese la bambina in braccio molto prima. Oggi quella bambina è una donna adulta, si chiama Sara Bartoli. Ho parlato con lei parecchie volte, ma non ricorda niente perché allora aveva solo un anno.

Il papa sollevò la bambina, la baciò e la restituì ai genitori, poi si girò e istintivamente si tenne al rollbar. Sulla jeep si tremava, quando era in moto, e tenersi in equilibrio non era così facile. Se dunque il papa fece in tempo ad afferrare il corrimano, significa che era già in posizione eretta. Solo allora partirono i colpi. Secondo me questa storia della bambina non ha nessun senso.

Esiste la possibilità che Ağca avesse mirato alle gambe?

Guardiamo il fotogramma nel quale si vede chiaramente una mano con la pistola. Non mi sembra avesse mirato alle gambe. Mirò da sopra le spalle della gente, per questo la mano tesa è leggermente piegata. Alla persona che stava in piedi sulla jeep si poteva mirare solo al di sopra della cinta, non sotto.

Esistono diverse piste, ma ancora non sappiamo come sono andate veramente le cose. Si dice che ci fu un preavviso dell'attentato o che nel Vaticano c'erano molte spie. Cosa ne pensa?

Giovanni Paolo II ha fatto centoquattro viaggi all'estero. Le minacce e gli avvertimenti secondo cui la vita del papa era in pericolo nemmeno si contano. Anche io sono stato minacciato di essere ucciso, eppure vivo ancora.

Mi chiedo, se è vero che c'era stato un preavviso, com'è possibile che nessuno ha fatto niente? Nessuno ha fatto lo sforzo di rivelare qualche altra cosa? Tutte le informazioni sono arrivate solo dopo i fatti.

Il compito del papa è quello di portare la buona novella. Non si può chiudere in Vaticano, deve stare tra la gente. Nel corso della visita a Sarajevo si sentiva nell'aria che avrebbero potuto spararci. Giovanni Paolo II fu più volte in pericolo. Ma per ucciderlo sarebbe bastato che qualcuno, mescolandosi nella folla, lo avesse punto con qualcosa che conteneva un veleno.

I tentativi di attentare alla vita del pontefice sono stati molti. Uno dei più pericolosi ebbe luogo proprio a Sarajevo, dove sotto il ponte della Miljacka, sul quale doveva passare il papa, furono trovati centoventisette chili di materiale esplosivo[5]*. Sarebbe potuto essere un attentato come quello nel quale morì il giudice Falcone sull'autostrada di Palermo.*

L'esplosione dimostrativa fu impressionante. Oggi è facile raccontarlo, ma allora ci siamo veramente spaventati. Per questo ritengo che Wojtyła fu un uomo di Dio. Un generale americano fermò il convoglio del papa e ci vietò di passare, ma non spiegò il motivo. Il santo padre disse: «Andiamo avanti, la gente ci sta aspettando!». E siamo passati sul ponte minato.

Anche a Fatima, il 13 maggio 1982 padre Juan Fernández y Krohn provò ad accoltellare il papa. Venne fermato all'ultimo momento.

Poiché sono stato a fianco di Giovanni Paolo II per ventisette anni, letteralmente a pochi centimetri da lui, e ho partecipato personalmente a tutti quei fatti, penso che la Madonna lo abbia sempre protetto. La cosa più importante è che dopo l'attentato del 13 maggio 1981, non appena ritornò in salute, andò subito tra la gente. Come se nulla fosse stato. Non aveva paura di niente.

Anche oggi, quando vado a piazza San Pietro, sento rimbombarmi in testa due spari e il battito delle ali dei piccioni spaventati che si sono alzati in volo. Sono cose che non si dimenticano mai.

[5] *Ventitré mine contro il Papa. Attentato sventato a Sarajevo*, «l'Unità», 13 aprile 1997.

Sulle tracce dei Lupi grigi

Intervista con Marco Ansaldo e Yasemin Taşkın

Marco Ansaldo è vaticanista e inviato speciale di «la Repubblica». Insegna Giornalismo estero presso l'Università LUISS di Roma. È uno dei più autorevoli esperti sulla Turchia. Autore di alcuni libri, tra i quali *Né tetto né legge: l'Odissea dei profughi*; *Top secret: il caso Ocalan. Un intrigo italiano fra CIA, Mossad e KGB*; *Il falsario italiano di Schindler*; con Yasemin Taşkın ha scritto il libro *Uccidete il papa*, pubblicato nel 2011.

Yasemin Taşkın è una giornalista turca, per diversi anni corrispondente estera dell'agenzia di stampa Anadolu e attualmente del quotidiano «Sabah». È membro dell'Associazione della stampa estera in Italia. Autrice del libro *Türk Sineması: il cinema turco degli anni '80*. Insieme a Marco Ansaldo ha scritto il libro *Uccidete il papa*.

«In fondo non è così complicato»: queste furono le parole pronunciate da Ali Ağca nel corso dell'intervista che vi ha rilasciato per il libro Uccidete il papa[1]. *In trent'anni Ağca ha dato almeno cento versioni dei fatti. Dopo una lunga e*

[1] Marco Ansaldo, Yasemin Taşkın, *Uccidete il papa*, Rizzoli, Milano 2011, p. 15.

documentata indagine giornalistica e dopo aver analizzato diverse piste, a quali conclusioni siete giunti?

M.A. Ağca ha dato 107 versioni diverse. Ma ha sempre escluso una unica pista, e questa è una importante indicazione. Ha sempre evitato di coinvolgere le persone che sono state in contatto con lui nel corso di oltre ventinove anni di carcere, che lo difendevano, che lo hanno accolto dopo che ha lasciato la prigione e che lo hanno foraggiato e aiutato quando fu rimesso in libertà. I vecchi Lupi grigi. Ero con loro ad Ankara nel momento in cui Ağca è stato rilasciato dal carcere[2]. Gli comprarono le scarpe, le camicie. Lui li ha sempre protetti.

Nessuna delle versioni date da Mehmet Ali Ağca collimava per intero con le prove. Lui invece ha sempre provato a difendere i compagni della sua vita precedente – la vita di un combattente, terrorista e mafioso – e li ha sempre esclusi da qualsiasi tipo di coinvolgimento. Questa è una cosa importante.

Cosa è accaduto il 13 maggio 1981? Sulla base della nostra indagine giornalistica siamo arrivati alla conclusione che Ağca non è stato l'unico a sparare a piazza San Pietro. Lo confermano anche le perizie audio, i cui esiti indicano che furono esplosi da tre a sei colpi di arma da fuoco. I testimoni dicono che hanno udito due e più spari – le loro versioni possono differenziarsi per molte ragioni, ma le analisi del materiale audio sono indicative.

Sarebbe importante anche sapere che ruolo ha avuto il proiettile incastonato nella corona della Madonna di Fatima, che non fu mai analizzato.

[2] Marco Ansaldo, *Libero Ağca, l'uomo che sparò a Wojtyla*, «la Repubblica», 19 ottobre 2010.

L'uomo con la giacca che fugge fotografato di spalle da Lowell Newton è con ogni probabilità Oral Çelik.

Non si è mai raggiunta la prova a dimostrazione del fatto che nel commando che agì davanti alla basilica di San Pietro vi erano dei bulgari. Furono fatte puntuali perizie comparative delle fotografie, nelle quali, come sembrava, poteva esserci Antonov. Furono analizzati il volto, la mascella, la forma del pizzetto, gli occhiali e risultò che era un'altra persona[3].

Secondo noi, il 13 maggio 1981 a piazza San Pietro non sparò solo Ali Ağca, ma anche i suoi complici dei Lupi grigi.

Chi erano i membri dei Lupi grigi? Qual era la loro ideologia e come si iscrive questa organizzazione nel panorama politico-sociale di quegli anni? Cosa succedeva allora in Turchia?

Y.T. In Turchia ci sono stati quattro colpi di stato. Il paese per anni fu completamente militarizzato. Il leader dei Lupi grigi era un ex colonnello, Alparslan Türkeş, che in precedenza era stato attaché militare in Germania e aveva avuto anche contatti stretti con la CIA. Fu lui il fondatore del partito nazionalista turco Milliyetçi Hareket Partisi, il Partito nazionale d'azione. L'ideologia dei Lupi grigi fa riferimento al mito del lupo che guidò i turchi dall'Asia centrale all'Anatolia. I membri dell'organizzazione sono dei sostenitori della Grande Turchia.

Alla fine degli anni Settanta in Turchia era in atto una lotta tra i movimenti di destra e di sinistra, specialmente quelli studenteschi. Ogni giorno morivano centinaia di giovani come risultato degli scontri e degli attentati. Quel clima politico

[3] Il riferimento è al famoso fotogramma nel quale Ağca spara al papa e dove si vede una persona simile ad Antonov. La fotografia è stata analizzata dalla Commissione Mitrokhin. Fonte: Ansaldo, Taşkın, *op. cit.*, pp. 177-179.

bollente portò all'assassinio del direttore del quotidiano di sinistra «Milliyet» Abdi İpekçi.

I Lupi grigi, come organizzazione giovanile ultranazionalista, presero parte a molti assassini politici e attentati terroristici. Era un gruppo armato, ma non venne riconosciuto come illegale. I suoi membri avevano contatti con l'establishment militare, con i servizi segreti e con la mafia. Erano coinvolti nel traffico di armi e stupefacenti. Avevano legami forti con l'organizzazione segreta Ergenekon, che in Turchia incarnò "lo stato profondo" [una consorteria chiusa e ristretta che controlla lo stato, *n.d.a.*]. Esercitavano anche un certo controllo territoriale. Eseguivano il lavoro sporco che veniva loro affidato dai servizi segreti MIT – Millî İstihbarat Teşkilâtı –, l'Organizzazione di informazione nazionale. Il loro leader, Abdullah Çatlı, che guidava la frazione giovanile dell'MHP, era contemporaneamente capo della mafia turca e trafficante di stupefacenti. La sua morte sospetta in un incidente automobilistico a Susurluk nel 1996 rivelò il legame tra la mafia e i vertici dello stato, poiché insieme a lui sulla Mercedes viaggiavano un ufficiale di polizia e un parlamentare.

I Lupi grigi si occuparono di azioni armate contro la ASALA – l'Esercito segreto armeno di liberazione dell'Armenia – condotte sia in Turchia che in Francia.

Per anni pensarono di poter controllare la situazione e di regnare indisturbati in Turchia. Quando il 12 settembre 1980 vi fu il colpo di stato guidato dal generale Kenan Evren, l'esercito fece piazza pulita. Il terrorismo aveva raggiunto un livello tale da destabilizzare il paese. I Lupi grigi, anche se erano convinti di lavorare per il paese, vennero liquidati: una parte di loro si ritrovò in carcere, una parte fuggì all'estero. L'organizzazione sembrava fosse sul punto di cessare di esistere. Perché si risollevasse, era necessario compiere un'azione dall'eco internazionale. In questa atmosfera nacque l'idea dell'attentato al papa.

Ali Ağca venne condannato a morte per l'omicidio di Abdi İpekçi, che ebbe luogo il primo febbraio 1979. A novembre fuggì dal carcere militare di Kartal Maltepe. Qualche giorno dopo il quotidiano «Milliyet» pubblicò una lettera nella quale Ağca minacciava di uccidere Giovanni Paolo II nel corso della sua visita a Istanbul[4]*. Già allora voleva attentare alla vita del papa oppure quella lettera avrebbe dovuto attirare l'attenzione dell'esercito per facilitargli la fuga, come dichiarò Oral Çelik nel corso dell'interrogatorio condotto dal giudice Rosario Priore? Chi avrebbe potuto aiutare Ali Ağca nella fuga?*

M.A. Sono riuscito a parlare con le persone che si trovavano in carcere con Ağca. Erano Lupi grigi ormai divenuti canuti. Hanno cambiato lavoro, alcuni commerciano in armi. Uno di loro mi ha stretto la mano dicendomi: «Piacere, io vendo le mitragliette Uzi». È stato qualche anno fa, quando Ağca scontava la sua pena, ma tutti si consideravano ancora suoi amici. Mi raccontarono che quando Ali Ağca si trovava a Kartal Maltepe, leggeva sempre libri e giornali, studiava. Un giorno pare abbia detto: «Dobbiamo uccidere il papa, poiché il papa è il nostro nemico». Gli risposero: «Ali, ma cosa dici? Noi siamo Lupi grigi, abbiamo altri obiettivi!». Invece lui si convinse di questa sua idea.

I Lupi grigi decisero di liberare Ağca dal carcere. Ci provarono diverse volte. Era pronto un piano di fuga e un trasferimento dalla parte asiatica a quella europea del Bosforo. Ma

[4] La lettera di Ağca tradotta in italiano da una fotocopia dell'originale turco in possesso degli autori del libro è stata pubblicata in Ansaldo, Taşkın, *op. cit.*, p. 29.

il giorno prestabilito ci fu un qualche incidente che impedì l'azione. Alla fine ci riuscirono, con ogni probabilità attraverso la corruzione, poiché Ali uscì dal carcere con una uniforme militare. La Turchia allora era un paese militarizzato, non era concepibile una cosa del genere senza un collegamento forte tra i Lupi grigi e i militari.

Ağca fuggì da Kartal Maltepe il 25 novembre 1979. Il giorno dopo arrivò la lettera nella quale pretendeva che il papa, "il comandante dei crociati", annullasse la visita in Turchia, altrimenti lo avrebbe ucciso. La lettera venne pubblicata in prima pagina sul giornale «Milliyet» e naturalmente suscitò una larga eco in tutto il mondo. Abbiamo controllato i quotidiani italiani: il «Corriere della Sera»[5] ripubblicò la lettera di Ağca in apertura del giornale, poiché il papa doveva recarsi a Istanbul dal 28 al 30 novembre 1979. Le informazioni sul potenziale attentatore sono state inviate agli agenti di polizia di tutto il mondo.

Le autorità turche sanno difendere molto bene gli ospiti ufficiali, circondandoli con un robusto cordone militare. E durante la visita del papa fu proprio così. Ad Ali Ağca non fu possibile realizzare il suo progetto. Lo portò a compimento, almeno in parte, poiché ferì il papa, un anno e mezzo dopo, il 13 maggio 1981 a piazza San Pietro.

Per realizzare l'attentato furono necessari soldi, documenti falsi, armi, appoggio logistico. Chi secondo voi aiutò Ağca a realizzare il suo piano?

Y.T. In quel periodo la rete dei Lupi grigi in Europa era molto sviluppata. La mafia turca era già attiva in Bulgaria.

[5] Paolo Bugialli, *Minacce degli armeni al papa: non vogliamo che vada in Turchia*, «Corriere della Sera», 27 novembre 1979.

I Lupi grigi erano presenti in Francia, Germania, Austria, Svizzera – i suoi membri servivano gli interessi della mafia, e la mafia li aiutava. Quando Ağca era ancora studente si trovò ad Ankara, lavorò per la mafia, vendendo sigarette, e si servì del loro appoggio. Era una forma di scambio.

Per i Lupi grigi non era un problema trovare i soldi e organizzare un'azione terroristica in Europa. Ali Ağca era un membro di questa organizzazione e poteva fare affidamento sulla sua rete.

Secondo voi i Lupi grigi furono in grado di sopportare da soli tutto il peso dell'attentato?

Y.T. Era un'organizzazione legale, forte, che poteva contare anche su appoggi internazionali, poiché conduceva traffici di armi e stupefacenti. I Lupi grigi avevano soldi. Non necessitavano del supporto finanziario di altri stati.

I documenti falsi non costituivano un problema. Ağca non fu il primo né l'ultimo a fuggire da un carcere o all'estero.

Una delle ipotesi più verosimili e accreditate è quella secondo cui al complotto presero parte tre bulgari: Sergej Antonov, Todor Ayvazov e Jelio Kolev Vassilev (malgrado il processo contro di loro sia finito con l'assoluzione), e che l'attentato sia stato commissionato da Mosca. Cosa ne pensate della cosiddetta "pista bulgara"?

M.A. Non escludo che l'URSS volesse in qualche modo fermare il papa polacco. Le intenzioni c'erano e sono testimoniate da documenti, come il "piano in sei punti" elaborato dal Politburo, firmato anche da Gorbačëv[6]. Un piano molto

[6] «Linee guida per attività contro la politica del Vaticano in relazione ai paesi socialisti». Questo documento venne elaborato dal capo del KGB Jurij Andropov e dal suo vice Viktor Čebrikov, e venne firmato anche dal capo della propaganda di partito,

dettagliato, che pubblicò nel suo libro il famoso giornalista americano Tad Szulc[7]. Ma, secondo me, lì non si parla mai dell'avvicinamento fisico al papa, ovvero della sua eliminazione, che sarebbe una prova fondamentale. Non c'è una prova inconfutabile che il mandante dell'attentato fosse il Cremlino. Non ci sono prove sufficienti contro i bulgari, come testimonia il verdetto del secondo processo. Volevamo capire quando si cominciò a seguire questa pista.

A nostro parere, la tesi sulla pista bulgara viene costruita ben un anno dopo l'attentato, nel 1982, ed esce rafforzata dopo il viaggio del giudice Ilario Martella a Washington. In quell'estate alcuni giornalisti americani avevano cominciato a diffondere le informazioni che gli elementi provenienti dalla Bulgaria avrebbero potuto aver aiutato nell'attentato. Lo fece la rete televisiva NBC attraverso alcuni programmi e anche la giornalista Claire Sterling, autrice di un famoso articolo sul «Reader's Digest»[8]. Erano giornalisti legati a Paul Henze, il capo della sezione della CIA ad Ankara.

Volevamo capire se esisteva qualche collegamento tra questi articoli e i programmi di quella che secondo noi è una colossale operazione di disinformazione, ovvero la pista bulgara, iniziata nel momento in cui non si capiva ancora

Michail Suslov, e dai membri del presidium del PCUS, Andriej Kirylenko e Konstantin Černenko, dai segretari del comitato centrale Konstantin Rusakov, Vladimir Ponomarev, Ivan Kapitonov, Michail Zimianin, Vladimir Dolgikh e Mikhail Gorbačëv. Fonte: Andrzej Grajewski, Michał Skwara, *Papież musiał zginąć. Wyjaśnienia Ali Ağcy, Gość Niedzielny*, IPN Katowice 2011, pp. 83-85.

[7] Marco Ansaldo parla dello stesso documento di cui parla John O. Koehler, autore del volume *Il libro che il Vaticano non ti farebbe mai leggere*, edito da Newton Compton. Le informazioni sull'esistenza di questo documento, emesso dopo la riunione del Comitato centrale del Partito comunista dell'Unione Sovietica, che si era svolta il 13 novembre 1979, vennero rivelate nel corso della conferenza stampa nel 1990 dall'ex agente del KGB Victor Sheimov, che dieci anni prima era passato dalla parte degli americani. Il documento è stato pubblicato – secondo Ansaldo – già da Tad Szulc nel suo libro *Pope John Paul II. The biography*, Scribner, New York 1995.

[8] Claire Sterling, *The Plot To Murder The Pope* ("Il complotto per uccidere il papa"), «Reader's Digest» 1982, n. 9.

come stessero le cose e tutti i servizi cercavano di incolparsi a vicenda. La pista bulgara gode di una grande credibilità tra l'opinione pubblica mondiale. In pratica è diventata una verità storica.

Noi riteniamo che fu una operazione di disinformazione condotta con straordinario successo dal servizio americano.

Nel vostro libro avete pubblicato dei documenti dell'archivio della Stasi relativi all'operazione Papa[9]. *Cosa riguardavano?*

M.A. I documenti relativi all'operazione *Papa* che nel 2005 siamo riusciti a ottenere dagli archivi della Stasi dimostravano la grande e spasmodica attenzione con cui i servizi segreti seguivano il pontefice.

Ho avuto occasione di parlare con alcuni esponenti della Stasi, tra cui Markus Wolf. Gli chiesi di controllare alcuni documenti che gli mostrai. L'archivio della Stasi era stato aperto al pubblico, quindi era possibile tirare fuori gli atti, se si sapeva dove cercare. Wolf guardò quelle carte in silenzio e dopo una lunga pausa dichiarò che provenivano dal suo ufficio.

Negò tuttavia – come fece dopo anche Günter Bohnsack, che ci concesse un'intervista a Berlino[10] – che i paesi comunisti avessero l'intenzione di eliminare il papa. L'operazione *Papa* – come ci fu spiegato, e secondo noi è una versione attendibile – aveva lo scopo di aiutare la Bulgaria a respingere le accuse mosse contro quel paese che in quel momento veniva attaccato, con tutte le conseguenze politiche del caso. Tutto ciò dimostra in quale stato di allerta fossero i servizi

[9] Ansaldo, Taşkın, *op. cit.*, pp. 281-298.
[10] Ivi, pp. 314-319.

segreti dei paesi dell'Est in relazione all'elezione del papa e al successivo attentato.

Avete pubblicato anche i documenti del cosiddetto "Dossier Havel" [dal cognome del primo presidente della Repubblica Ceca Václav Havel, n.d.a.*] inviato nel 1999 da Praga, nel quadro di uno scambio di documenti, al ministero degli Esteri italiano. Quelle carte parlano dell'operazione di spionaggio* Karneval*, che riguardava una cimice nascosta nella statuetta della Madonna. Nei documenti si menzionavano anche le operazioni segrete* Pagoda *e* Infezione.

M.A. Secondo noi è interessante controllare ciò che, dopo anni, si può trovare negli archivi segreti. Oltre ai servizi dei paesi dell'Est, erano molto attivi anche i servizi dell'Ovest. Come ben ricordiamo tutti, il mondo era diviso allora in due blocchi con relative alleanze politiche. I servizi segreti volevano sapere cosa succedeva in Vaticano, specialmente negli appartamenti del papa e dei suoi collaboratori più stretti. Conosciamo la storia della statuetta della Madonna nella quale era stata nascosta una cimice. L'aveva fatto la cittadina cecoslovacca Irena Trollerova, la moglie dell'italiano Marco Torretta. Grazie a questa cimice in un appartamento situato oltre le mura del Vaticano si potevano ascoltare le conversazioni che si svolgevano nella camera da pranzo del cardinale Casaroli. Non è un segreto che i servizi segreti comunisti realizzarono molte operazioni di spionaggio. Cosa fossero le operazioni *Pagoda* e *Infezione* potete leggerlo nel nostro libro[11]. I dettagli tuttavia sono poco noti. Come risulta dal documento che abbiamo pubblicato, si parla di uno strano oggetto rettangolare di legno che nel 1989 doveva essere collocato nell'armadio del cardinale Casaroli.

[11] Ivi, pp. 271-280.

Nel vostro libro si fa menzione dell'operazione Triangolo. *Avete descritto il caso di un ufficiale dei servizi segreti polacchi, un certo Bąk, il quale riferì al generale Giuseppe Cucchi di aver visto un documento sospetto in cui si parlava dell'attentato al papa. Avete riportato la notizia che il 13 maggio 1981 erano presenti a piazza San Pietro tre agenti segreti polacchi: Zenon Chmielewski, Jan Zacherowski e Adam Pietruszka. Secondo voi ci sono elementi che possono far pensare a una pista polacca?*

M.A. Nel nostro libro parliamo della pista polacca perché volevamo analizzare tutte le possibili piste, anche quelle che avevano lo scopo di confondere le acque e deviare l'attenzione dai veri mandanti dell'attentato. Abbiamo scritto della pista bulgara e dell'ipotesi che l'attentato fosse voluto da Mosca, dell'ipotesi che porta alla CIA, della pista interna che porta al Vaticano, della pista islamica e delle tracce francesi, e dunque dovevamo parlare anche della pista polacca.

L'intervista al generale Cucchi fatta da Gigi Riva per «l'Espresso»[12] mi sembra molto interessante. Il generale rivelava di aver saputo da un suo interlocutore – un ufficiale polacco di stanza al Cairo di cognome Bąk – che questi aveva visto una nota informativa, dalla quale risultava che i servizi segreti bulgari e cecoslovacchi preparavano qualcosa contro il papa[13].

Nel nostro libro abbiamo però potuto presentare solo alcuni fatti già noti in Polonia, tra i quali la presunta presenza a

[12] Gigi Riva, *A Varsavia sapevano di Ağca*, «L'Espresso», 9 febbraio 2009.

[13] In Polonia l'intervista con il generale Cucchi suscitò una grande discussione sulla stampa, visto che il settimanale «Wprost» la trattò come una prova che l'ordine di uccidere il papa veniva da Mosca. Vedi: Jarosław Jakimczyk, Grzegorz Indulski, *Moskiewski ślad*, ("La pista moscovita") «Wprost», luglio 2007; Sylwia Wysocka, *Gen. Cucchi o informacjach nt. zamachu na Jana Pawła II*, ("Il generale Cucchi sulle informazioni a proposito dell'attentato a Giovanni Paolo II") «PAP/Gazeta Wyborcza», 30 settembre 2007.

piazza San Pietro nel giorno dell'attentato di tre agenti dell'SB. Ci ha colpito il fatto che uno di loro venne accusato nel processo per il rapimento e l'omicidio di padre Popiełuszko. Però non abbiamo potuto svolgere ulteriori indagini.

In quel periodo gli ufficiali dei servizi segreti dei paesi dell'Est dedicavano una grande attenzione al papa. Tutti: bulgari, russi, tedeschi, polacchi, cecoslovacchi. Naturalmente il papa polacco, così forte, giovane e così insistente nel sostenere la sua nuova linea politica, in quel contesto storico e politico doveva disturbare molto. Non ci si deve meravigliare che a piazza San Pietro fossero presenti i servizi segreti di molti paesi. Sarebbe opportuno che i giornalisti polacchi approfondissero questa vicenda.

Avete cercato prove per dimostrare il fatto che Estermann fosse una spia della Stasi?

M.A. Di questo fatto ho parlato direttamente con Markus Wolf. Naturalmente non so se mi abbia detto la verità. Era un maestro dello spionaggio, veniva chiamato "l'uomo senza volto". Gli ho chiesto di Estermann quando ci siamo visti a Berlino[14]. Il Muro era già caduto, gli archivi della Stasi erano stati aperti e molte cose erano state svelate. Wolf mi diede una risposta che mi parve convincente. Mi ha detto: «No. Lui non era dei nostri. Cercavamo delle spie giovani, che potessero crescere. Lui non era una persona sulla quale potevamo contare. C'erano degli altri». Wolf aveva allora ottantadue anni, perché avrebbe dovuto mentire? Tra l'altro, Estermann era già morto. Negli anni trascorsi dalla tragedia che coinvolse il Vaticano, terminata con la morte di tre

[14] Marco Ansaldo, Wolf: "*Nell'attentato al Papa Ali Ağca non era solo*", «la Repubblica», 11 aprile 2005.

persone, sarebbero dovuti saltare fuori documenti e prove che dimostravano qualche legame tra Estermann e la Stasi.

Di Casaroli spesso in Italia si parla come di un "cardinale rosso". Credete che in qualche modo sia lecito dubitare della fedeltà del segretario di stato vaticano?

M.A. Il cardinale Casaroli non sempre era allineato, almeno inizialmente, alla politica di papa Giovanni Paolo II. Molte volte tuttavia si è detto che l'attività dei due personaggi alla fine si sia compenetrata, dando vita a una efficace politica estera. Casaroli era a fianco del papa nei momenti storici più difficili del suo pontificato e fu a lui fedele come uomo di Chiesa e rappresentante del suo governo.

Più volte avete avuto contatti con Ağca, sia diretti che per iscritto. Che opinione vi siete fatti di lui?

Y.T. Ali Ağca è una persona molto intelligente e ambiziosa. Ha sempre desiderato passare alla storia, a ogni costo. Questo era il suo obiettivo e progetto personale, a prescindere dalle ideologie che aveva sposato. Dedicò a questo obiettivo tutta la sua vita. Come terrorista si paragona a Carlos e forse pensa di sovrastarlo. Da questa, come da altre cose, possiamo capire la sua megalomania.

Proviene da una famiglia povera. Tutto ciò che ha ottenuto, lo deve a se stesso, poiché nessuno ha mai pagato per la sua educazione. Ha compiuto un attentato all'età di ventitré anni, dunque quando era piuttosto giovane.

Avendolo seguito per molti anni e avendolo incontrato diverse volte, posso dire che alcuni aspetti del suo carattere sono sconvolgenti. Passano gli anni, il mondo cambia, ma lui no. Di sé ha una alta opinione, si attribuisce la capacità di cambiare il mondo e la religione. Dichiara di essere un messia. Tratta il papa come un suo pari, vuole essere ricevuto dai presidenti. Ultimamente si è nuovamente proclamato Gesù Cristo.

La domanda sorge spontanea: fa finta oppure ci crede? L'uno e l'altro. Nel corso della ventennale permanenza nelle carceri italiane praticamente non è cambiato, ha assunto solo modi più pacati. In quanto persona intelligente dovrebbe rendersi conto che il mondo è cambiato, tuttavia possiede ancora una irrefrenabile necessità di piegare tutto ai propri scopi.

Penso sia un po' deluso perché tranne i suoi amici più cari e i compagni, adesso tutti lo hanno abbandonato. Ciò che dice e che fa non interessa più a nessuno. Era poco attendibile prima, ma oggi ha perso completamente credibilità. La stampa turca non pubblica le sue dichiarazioni in prima pagina, ma lui continua a raccontare le storie più disparate, contando di potere attirare l'attenzione su di sé. Pensa di essere uno scrittore migliore di Dan Brown e di avere scritto il più grande dei bestseller.

Avete accompagnato anche Pietro Orlandi, che è venuto in Turchia per incontrare Ağca, sperando di riuscire a scoprire qualcosa su sua sorella. Ağca è stato di qualche aiuto? Cosa ne è stato, secondo voi, di Emanuela Orlandi?

Y.T. Quando Pietro è venuto a Istanbul, io mi trovavo nella mia città natale per altri motivi. Ci siamo sentiti parecchie volte, poiché noi indagavamo sul caso Orlandi come eventuale conseguenza dell'attentato. Ho conosciuto anche il padre di Emanuela, al quale a suo tempo Ağca scrisse una lettera. Pietro voleva incontrarsi con il turco. Da molti anni Ağca alimenta le speranze della famiglia Orlandi, sostenendo che Emanuela sia viva, ma a nostro parere lo fa solo in modo strumentale.

Nondimeno Pietro ha dovuto convincersene personalmente e tentare tutto il possibile per trovare la sorella.

L'incontro è avvenuto a Istanbul nel 2010. Ho accompagnato Pietro sul posto. Ağca, in compagnia dell'avvocato, ricevette Orlandi molto cordialmente, si mostrò molto ospitale e lasciò intendere di tenere molto a questo incontro. Tuttavia mi sembra che per lui sia stata solo l'ennesima occasione per esporsi all'attenzione mediatica e far parlare di sé. Ha dichiarato che Emanuela è viva e che forse si trova in qualche paese europeo, che nella vicenda sono coinvolti due cardinali. Volle parlare con suo fratello da solo, per rivelargli ulteriori segreti. Orlandi ha registrato la conversazione. Io l'ho ascoltata. Ağca chiama in causa un cardinale con il quale Pietro ha già avuto un incontro, ma senza citarlo. La faccenda si è chiusa lì[15].

Una delle piste prese in considerazione anche nel corso della terza indagine è la cosiddetta "pista interna". Ağca ha infatti accusato anche dei cardinali e indicato il Vaticano come mandante dell'attentato. Voi cosa ne pensate?

M.A. Nel nostro libro ne abbiamo scritto, poiché era una delle ipotesi. Per redigere un'opera completa sull'attentato, è stato necessario affrontare anche questo aspetto. All'interno della Chiesa ci sono diverse anime, forze e fazioni in contrapposizione – cose rese evidenti, per esempio, da Vatileaks o dallo scandalo della pedofilia. È così oggi ed era così trent'anni fa. Tuttavia l'idea che un qualsiasi cardinale o uomo di Chiesa arrivasse a voler attentare alla vita del vicario di Cristo mi sembra davvero improponibile. Quasi fanta-storia. Noi invece, nel nostro libro, abbiamo voluto

[15] Id., *Ali Ağca-Pietro Orlandi: il colloquio segreto. Questa storia nasce in Vaticano*, «la Repubblica», 22 giugno 2011.

ancorarci il più possibile alla realtà, non occuparci di cose che non sono state confermate da testimonianze o da fatti.

Viviamo un momento storico nel quale il mondo islamico ribolle e il fondamentalismo religioso è un tema all'ordine del giorno. Mehmet Ali Ağca, che aveva proclamato trent'anni fa che avrebbe ucciso "il comandante dei crociati", non è stato in qualche modo profetico? La pista islamica potrebbe risultare verosimile?

M.A. È una pista importante e interessante. La analizzò anche il giudice Priore. Quando ho parlato con Markus Wolf, gli ho chiesto qual era la pista che secondo lui bisognava seguire. Mi ha risposto: «Secondo me occorrerebbe indagare sul mondo islamico». Non so se avesse ragione o meno. Questo successe nel 2005, ancora sull'onda dell'attentato dell'11 settembre 2001. La paura del fondamentalismo islamico allora si era diffusa dappertutto.

Come risultato della nostra ricerca, siamo arrivati alla conclusione che l'elemento del radicalismo islamico c'entra qualcosa con l'attentato al papa, ma solo in relazione agli impulsi ideologici dei Lupi grigi e alla loro ostilità nei confronti dei leader della cristianità. Proprio queste furono le motivazioni che Ağca presentò nella sua lettera, quando dichiarò di voler uccidere papa Giovanni Paolo II a Istanbul. Ma a questo si unisce anche la sua mania di protagonismo, analoga a quella di tutta l'organizzazione dei Lupi grigi, e anche il fatto che tutti loro si sentivano frustrati, poiché dopo il colpo di stato in Turchia furono fermati e costretti a emigrare. E quindi volevano ritornare sulla scena, e farlo da eroi, ormai celebri in tutto il mondo. Per raggiungere questo obiettivo dovevano organizzare un attentato eclatante a una persona importante: a Kurt Waldheim, segretario generale dell'ONU, a Simone Veil, presidente del Parlamento europeo, a Margaret Thatcher, Jurij Andropov, Konstantin Černenko, alla regina d'Inghilterra o al papa. Alla fine il loro obiettivo divenne Giovanni Paolo II. C'erano anche delle ragioni religiose? È possibile, ma insieme agli altri elementi su menzionati.

Come commentate la pubblicazione del libro di Ağca Mi avevano promesso il paradiso*?*

M.A. È il solito Ağca, capace di mischiare frammenti di verità a montagne di bugie. Ma nel suo nuovo libro questi frammenti di verità emergono e dovrebbero essere analizzati. Dobbiamo dunque isolarli. L'attentatore non è credibile quando dice di essere stato chiamato a Teheran esattamente un anno prima, il 13 maggio 1980, dall'ayatollah Khomeini, che gli avrebbe ordinato di uccidere il papa.

Ma è credibile invece, quando oggi, da uomo libero, rivela finalmente di aver preso in giro i servizi segreti di tutto il mondo, i giornalisti e i giudici. Interessante è anche la descrizione di come ha fatto.

Istruttivo è anche comprendere oggi come, dopo la pubblicazione sulla rivista «Reader's Digest» dell'articolo di Claire Sterling, che descriveva il progetto della cosiddetta "pista bulgara", Ağca avesse manipolato le informazioni. «A me viene da ridere», scrive nel suo libro, «ma è grazie a questa ipotesi che mi balza alla mente una idea: inventò che durante il mio soggiorno a Sofia mi sia davvero incontrato con uomini dei servizi segreti bulgari legati all'Unione Sovietica»[16].

Ed è umiliante leggere ciò che Ağca adesso riconosce, e che molti dovevano comprendere molto prima: «Io dico che la pi-

[16] Ağca, *Mi avevano promesso il paradiso: la mia vita e la verità sull'attentato al papa*, Chiarelettere, Milano 2013, p. 146.

sta bulgara non esiste. Se qualcuno vuole dire che la pista bulgara esiste, deve presentare delle prove, non chiacchiere, altrimenti su quali basi si fonda un'accusa?»[17].

Penso che adesso sia chiaro che Ağca ha preso in giro tutti e che la pista bulgara fu una sua invenzione, una bugia, alla quale i giudici hanno creduto, invece di indirizzare le indagini su piste più serie.

[17] Ivi, p. 176. In questo libro l'attentatore si smarca completamente dalla pista bulgara e rivela in che modo aveva coinvolto nella vicenda i turchi e i bulgari, accusati successivamente nel secondo processo come suoi complici. Scrive anche che l'attentato a Lech Wałęsa, del quale si accusò insieme ad altre persone, lo aveva inventato guardando la televisione, dove spesso aveva sentito parlare del leader di Solidarność.

È facile cercare sotto il lampione, più difficile farlo al buio

Intervista con Christo Petrov

Christo Petrov è un giornalista bulgaro, da oltre trentasei anni corrispondente estero dall'Italia e dalla Santa Sede. Cominciò a lavorare al ministero degli Affari esteri di Sofia nel 1974 come analista strategico. Dal 1976 è corrispondente dell'agenzia bulgara BTA (Bulgarian News Agency), dove ha ricoperto i ruoli di redattore capo, vicedirettore e inviato speciale a Bruxelles e Lisbona e anche di corrispondente di guerra in Vietnam e Cambogia, Iraq ed ex Jugoslavia. È membro dell'Associazione della stampa estera in Italia.

Il 13 maggio 1981 lei era a Roma già come corrispondente estero dei media bulgari. Aveva seguito le indagini, la cosiddetta "pista bulgara" e il secondo processo riguardante l'attentato al papa, in cui furono accusati dei cittadini bulgari e turchi. Si ricorda come e quando è nata la pista bulgara?

Sono stato corrispondente della BTA in Italia la prima volta dal 1979 al 1986. Ho seguito fin dall'inizio l'intera vicenda dell'attentato a Giovanni Paolo II.

Il 18 agosto 1982 la Deutsche Welle mandò in onda la notizia anticipando un articolo della giornalista americana Claire Sterling (che all'epoca lavorava a Roma) poi è apparso sul numero di settembre della rivista mensile americana «Reader's Digest»[1].

Così nacque la *Bulgarian connection*, diventata in italiano la "pista bulgara".

Quale è la sua opinione sull'attentato e sulla pista bulgara?

Sono due cose separate.

La fuga degli attentatori doveva avvenire, secondo quanto dichiarato da Ali Ağca, in un TIR *diplomatico che sarebbe partito dall'ambasciata bulgara proprio il 13 maggio 1981. Era l'unica volta che veniva un* TIR *dalla Bulgaria?*

Non ci sono "attentatori bulgari". Un cittadino turco, Mehmet Ali Ağca, è stato condannato per l'attentato al sommo pontefice, mentre un altro suo connazionale, Ömer Bağcı, è stato riconosciuto colpevole per aver introdotto illegalmente in Italia l'arma del delitto[2], ma neanche lui è considerato "attentatore".

Vi sono oltre centoventi bugie di Ali Ağca documentate nelle carte processuali, bugie che il terrorista turco ha detto molto prima di incontrare i giudici bulgari, e che sono sotto gli occhi di tutti. Per la cronaca, il TIR in questione non era un mezzo "diplomatico" ma un camion che trasportava vini e superalcolici nazionali e faceva periodicamente il giro per diverse ambasciate bulgare in Europa dove la merce veniva sdoganata e destinata a un uso di rappresentanza. Lo stesso TIR fu ben

[1] Claire Sterling, *The Plot to Murder The Pope* ("Il complotto per uccidere il papa"), «Readers Digest», 1982, n. 9.

[2] Nella prima istanza del secondo processo Ömer Bağcı è stato condannato per possesso illegale di armi a tre anni e due mesi di carcere, e per lo stesso motivo Ali Ağca è stato condannato a un anno supplementare di carcere. Tutti gli altri accusati, Bekir Çelenk, Musa Serdar Çelebi, Oral Çelik, Sergej Ivanov Antonov, Todor Stoyanov Ayvazov, Jelio Kolev Vassilev, sono stati assolti per insufficienza di prove.

due volte ispezionato da doganieri italiani, alla presenza di sottufficiali della guardia di finanza, prima di essere sigillato.

Fece molto scalpore una fotografia nella quale vi era una persona simile ad Antonov…

L'unica presunta foto che "ritraeva" un presunto Antonov è quella scattata tra la folla in piazza San Pietro[3] e fu scartata già in fase istruttoria con la motivazione che rappresentava un ignaro turista americano di origine ungherese, mai rintracciato.

Alcuni ritengono che è la pista bulgara fu un'operazione di disinformazione messa in atto con grande successo dalla CIA*. Lei cosa ne pensa?*

La CIA non c'entra. Il coinvolgimento di cittadini americani nelle attività propagandistiche fu motivato da affiliazioni ideologiche nonché da interessi terzi e in ogni caso non è riconducibile a una operatività specifica e pianificata da parte della CIA. Comunque tale propaganda ebbe un grande successo in Occidente.

Sembra che i giudici Ormankov e Petkov, quelli che interrogarono Ali Ağca nella prigione italiana, fossero in realtà militari e agenti dei servizi segreti guidati dal KGB*. Avrebbero minacciato di morte Ağca e la sua famiglia, spingendo l'attentatore ad assumere un comportamento inaffidabile, che portò all'assoluzione degli accusati per insufficienza di prove. Cosa si diceva in Bulgaria in proposito?*

Io vivo in Italia e non posso sapere che cosa si dice in Bulgaria. Mi limito a esprimere la mia opinione personale

[3] Si riferisce alla nota inquadratura nella quale Ağca spara al papa e dove si vede una persona simile ad Antonov. La fotografia è stata oggetto di un'indagine anche da parte della Commissione Mitrokhin.

di conoscitore del vecchio sistema comunista in Bulgaria. Nessuno dei due era un militare. La scena di cui sopra mi sembra tratta da un pessimo film di spionaggio. Chiunque ha fatto una affermazione simile non è in grado di distinguere tra un vigile urbano e un carabiniere: entrambi portano la divisa, quindi sono militari. Oltre agli agenti bulgari "abbastanza segreti" e il terrorista turco, chi altri era presente per poter testimoniare? Perché di questo gravissimo episodio non si è mai sentita neanche mezza parola in aula, visto che durante tutto il processo era presente anche Ormankov? Allora si poteva ancora salvare il processo e il suo impianto accusatorio. Invece i bulgari sono stati assolti non soltanto in questa, ma anche in Corte d'appello e in Cassazione. Certo, per "insufficienza di prove", ossia con formula dubitativa, che all'epoca esisteva solo nell'ordinamento italiano e che sarebbe poi stata abolita nel giro di pochissimi anni perché nella giustizia non esiste "mezzo colpevole" oppure "mezzo innocente". Lo stesso pubblico ministero Antonio Marini, prima di chiedere l'assoluzione, definì l'istruttoria «piena zeppa di vuoti e di contraddizioni». Se fosse venuto a conoscenza dell'episodio delle presunte minacce all'attentatore Ağca da parte dei due magistrati bulgari, non era forse suo preciso dovere presentarlo alla corte? Non solo, ma sottrarre delle prove in un processo penale, per di più riguardante l'attentato alla vita del sommo pontefice, è un reato.

Ha mai sentito parlare dell'operazione Papa*?*

Non ne conosco i dettagli. Quindi non mi posso pronunciare.

All'epoca dei fatti il governo comunista bulgaro negò tutto. Dopo la caduta del Muro di Berlino in Bulgaria si sono svolte delle indagini? Gli archivi dei servizi segreti sono stati aperti? A quali verità e a quali conclusioni sull'attentato al papa è arrivata la Bulgaria?

Io faccio il giornalista e non sono il portavoce di nessun governo. Gli archivi dei vecchi servizi segreti a Sofia sono aperti e consultabili. Anzi, sono già stati consultati anche dai giornalisti italiani. Poi ognuno trae le proprie conclusioni.

Su libri e giornali si usano spesso le espressioni "pista bulgara", "attentato compiuto con l'aiuto dei bulgari". Come si sentono e reagiscono i suoi connazionali di fronte a queste espressioni?

In Italia tutte le cose che non vanno bene sono "cose bulgare". L'ignoranza e i pregiudizi non si combattono. Semplicemente si ignorano.

Dopo trent'anni la verità non si è ancora scoperta. Secondo lei perché?

Mi permetto di raccontare una vecchia barzelletta: un poliziotto in giro per il quartiere dopo mezzanotte vede un uomo sotto l'unico lampione nella piazzetta con le mani infangate dentro una pozzanghera:

«Buonasera, le serve aiuto?», chiede l'agente. «Grazie, signore», risponde il cittadino in evidente stato di ebbrezza, «ma ho perso le chiavi di casa e non riesco a trovarle, ho rovistato nella pozzanghera già tre volte». «Ma non si ricorda dove sono cadute esattamente?» «Certo che me lo ricordo, le ho perse dietro l'angolo lì, sull'altro lato della piazza!». «Allora perché le sta cercando qui?» «Perché lì non c'è il lampione e nel buio non si vede niente...».

Si arriverà mai alla verità sull'attentato e a quali condizioni?

Suggerisco una seconda lettura della barzelletta di cui sopra.

L'ultima cena di Roberto Calvi

Intervista con Philip Willan

Philip Willan è un giornalista britannico indipendente, corrispondente estero da Roma per diversi giornali inglesi e scrittore specializzato in scandali politici italiani. È membro dell'Associazione della stampa estera in Italia. È autore dei libri *I burattinai. Stragi e complotti in Italia* e *L'Italia dei poteri occulti* (quest'ultimo pubblicato da Newton Compton editori). In passato ha collaborato con David Yallop al bestseller *In nome di Dio* (Tullio Pironti, Napoli 1997) sulla misteriosa morte di papa Giovanni Paolo I e con Charles Raw all'analisi dei legami tra il Banco Ambrosiano e l'Istituto per le opere di religione.

L'omicidio del banchiere Roberto Calvi, l'attentato al papa Giovanni Paolo II e la scomparsa di Emanuela Orlandi sono alcuni dei fatti più misteriosi della storia contemporanea, fino ad oggi ancora non chiariti. La morte del "banchiere di Dio" non è solo un caso italiano. Nel contesto della guerra fredda, in questa vicenda entrano in gioco molti paesi. Proprio questo è l'argomento del suo libro The Last Supper[1]*, un*

[1] Philip Willan, *L'Italia dei poteri occulti. La mafia, la massoneria, la banda della Magliana e l'oscura morte di Roberto Calvi*, Newton Compton editori, Roma 2008.

importante compendio del caso Calvi. Perché, a suo avviso, il banchiere è stato ucciso?

A mio parere, la morte di Roberto Calvi si iscrive nel contesto della guerra fredda e della lotta al comunismo condotta dai servizi segreti dei paesi occidentali o da organizzazioni a essi legate, come la loggia massonica P2, alla quale apparteneva il "banchiere di Dio". Un ruolo lo ebbe anche il Vaticano, e sopratutto lo IOR, guidato dall'arcivescovo Paul Marcinkus, un americano di origini lituane, e dunque non insensibile alle vicende dei paesi dell'Est, così come Giovanni Paolo II. Quando Calvi si trovò in difficoltà per via della bancarotta del Banco Ambrosiano, molto probabilmente decise di ricattare quelli che fino a poco tempo prima erano i suoi soci, coloro che gli avevano voltato le spalle. Secondo me il banchiere è stato ucciso per evitare che trapelassero informazioni compromettenti.

Il corpo di Calvi è stato trovato all'alba del 18 giugno 1982 sotto il Blackfriars Bridge a Londra[2]*. Qual era la scena del delitto, come apparve alla polizia locale? Cosa appurò la prima indagine britannica?*

Roberto Calvi fu trovato impiccato ai ponteggi di metallo che venivano usati per dei lavori di ristrutturazione. All'inizio la polizia londinese sottovalutò il caso, come se si trattasse del suicidio di un barbone – indipendentemente dal fatto che il suicida era vestito come un uomo d'affari, con un abito italiano di buona fattura, ma sporco, e nelle tasche una grossa somma di denaro e alcuni mattoni. Questi ultimi, che si pensò si fosse messo in tasca da solo, furono considerati

[2] *Quando il banchiere di Dio divenne "uomo morto"*, «la Repubblica» Inchieste/Speciale, 2011.

una prova del suicidio. Venne ritrovato anche il passaporto falso intestato a Gian Roberto Calvini[3].

Non appena le autorità italiane capirono che si trattava di Roberto Calvi, presero il caso molto sul serio e mandarono a Londra magistrati e investigatori. In Italia si diffuse immediatamente la convinzione che si trattasse di omicidio. In Gran Bretagna invece per molti anni il caso venne classificato come suicidio.

Il fatto che Calvi fu ucciso venne confermato dalla terza autopsia condotta nel 1998[4], i cui risultati vennero resi pubblici quattro anni dopo[5]. Cosa stabiliva?

I nuovi e scrupolosi esami autoptici, condotti da specialisti sedici anni dopo la morte di Calvi, hanno stabilito che le sue mani non hanno toccato la costruzione di metallo alla quale si sarebbe dovuto arrampicare da solo, né i mattoni che avevano ritrovato nelle sue tasche. Come risulta dalle perizie, pubblicate nel 2002, le vertebre del collo non risultavano danneggiate. Se Calvi si fosse suicidato, il peso del corpo che cade nel vuoto [circa novanta chili, *n.d.a.*] avrebbe procurato lesioni del collo. Il "banchiere di Dio" venne impiccato, e non si impiccò.

[3] Willan, *op. cit.*, pp. 24-33.

[4] Ivi, p. 279.

[5] A ottobre del 2002 sono stati pubblicati i risultati della terza autopsia. «L'ipotesi dell'omicidio seguita subito dopo la morte del banchiere dai magistrati romani, prima dal pm Mario Almerighi e poi dai suoi colleghi Maria Monteleone e Luca Tescaroli, non è più un'ipotesi. Nelle undici pagine delle conclusioni dei tre periti, i professori Bernd Brinkmann, dell'Università di Munster, Luigi Capasso, specialista di Antropologia fisica all'Università di Chieti e Antonella Lopez, docente di chimica all'Università "La Sapienza" di Roma, è scritto chiaramente che Calvi fu assassinato, ucciso in un cantiere-discarica ad un centinaio di metri dal luogo dove fu poi ritrovato. Calvi fu strangolato poi il corpo fu trasportato sotto il ponte dei "Frati Neri" dove gli assassini inscenarono il "suicidio" impiccandolo». Fonte: Francesco Viviano, *Ecco le prove, Calvi fu suicidato*, «la Repubblica», 25 ottobre 2002.

I processi del caso Calvi durarono quasi trenta anni. L'ultimo verdetto della Corte di Cassazione nel 2011 confermò l'omicidio. Ma non ci sono ancora colpevoli. I tre imputati, Flavio Carboni, Pippo Calò ed Ernesto Diotallevi, sono stati assolti per insufficienza di prove[6]*. Nelle motivazioni della sentenza della Corte d'Assise d'Appello di Roma, pronunciata il 7 maggio 2010, pubblicate due mesi dopo, i giudici hanno sottolineato: «Troppi sono i moventi alternativi ipotizzabili, e troppi i soggetti e le organizzazioni che avrebbero avuto interesse all'eliminazione di Calvi: dalla mafia, alla camorra, alla P2, allo* IOR *e ai politici italiani (beneficiari delle tangenti o interessati a cambiare l'assetto del Banco Ambrosiano o a mutare gli equilibri di potere all'interno del Vaticano)»*[7]*. Perché tutti volevano la morte di Calvi?*

Purtroppo già nel corso del processo di primo grado, che durò dal 2005 al 2007, i giudici italiani hanno ritenuto che la posizione dell'accusa era confusa e per questo poco convincente. Sono stati presentati troppi elementi. Vennero utilizzate tutte le testimonianze dei pentiti di mafia anche in conflitto tra loro, cosa che rese difficoltoso indicare i mandanti e gli esecutori. Il processo di appello e la Corte di Cassazione confermarono tutti i dubbi e gli imputati vennero assolti per insufficienza di prove[8]. Il fatto che dopo tanti anni non si riesca a scoprire e condannare gli assassini di Roberto Calvi è un problema serio. Ma purtroppo chi avesse seguito i processi nella sala delle udienze, come me, si sarebbe reso

[6] *Assolti Carboni, Calò e Diotallevi, sentenza confermata in appello*, «la Repubblica», 7 maggio 2010.

[7] Fonte: *Calvi, per la Corte d'appello non si suicidò ma è stato ucciso*, «la Repubblica», 15 luglio 2010.

[8] La Corte di Cassazione confermò la sentenza di assoluzione il 17 novembre 2011. Fonte: Elsa Vinci, *Calvi, nessun colpevole: il processo non si riapre*, «la Repubblica», 18 novembre 2011.

conto che molti pentiti erano poco credibili, e altri testimoni imparziali non ricordavano più fatti o si sbagliavano. Dopo un quarto di secolo è molto difficile stabilire se qualcuno non dice la verità, perché magari ha paura, o semplicemente non ricorda, considerando soprattutto che ne ha diritto, visto che la maggior parte delle persone che testimoniarono nel corso del processo aveva già una certa età. Dopo che è trascorso parecchio tempo è praticamente impossibile stabilire i mandanti e gli esecutori fattuali di un omicidio.

Perché nel 1982 tutti volevano la morte di Calvi? Perché era a conoscenza di segreti che avrebbero potuto compromettere diverse persone, e aveva l'intenzione di rivelarli, agendo per la propria difesa.

Chi sono gli imputati prosciolti: Carboni, Calò e Diotallevi? Cosa li legava al "banchiere di Dio"?

Tra quelle tre persone più legato a Calvi fu certamente Flavio Carboni – lo aveva accompagnato nel suo ultimo viaggio ed era fisicamente presente a Londra nel giorno dell'omicidio[9]. Carboni era il classico "faccendiere" che operava nel sottobosco politico e aveva agganci con i servizi segreti e contatti con la criminalità organizzata. Pippo Calò fu un importante boss legato a Cosa Nostra, l'uomo che spesso viene descritto l'ambasciatore romano e il cassiere della mafia siciliana, un individuo accusato di molti omicidi e condannato all'ergastolo. Ernesto Diotallevi è stato considerato dai media un affarista legato alla banda della Magliana, tuttavia accusò «la Repubblica» di diffamazione e vinse il processo.

Durante il processo Diotallevi aveva un avvocato molto bravo che chiese a ogni testimone semplicemente: «Lei ha

[9] Willan, *op. cit.*, pp. 233-244.

prove inconfutabili che il mio cliente abbia preso parte all'omicidio di Roberto Calvi?». Rispondevano tutti di no.

Nel processo di primo grado, oltre a Carboni, Calò e Diotallevi vennero accusati anche l'ex contrabbandiere Silvano Vittor e Manuela Kleinszig, la fidanzata di Carboni. Furono entrambi subito prosciolti. Quale sarebbe stato il loro ruolo in questa vicenda?

Secondo la ricostruzione del procuratore Luca Tescaroli tutti gli accusati avevano avuto contatti con Calvi nell'ultimo periodo della sua vita, erano "soci" e avrebbero avuto dalla morte del banchiere vantaggi diretti e indiretti. Silvano Vittor fu l'angelo custode di Calvi – lo portò con una barca da Trieste alla Jugoslavia e lo accompagnò nel viaggio a Londra attraverso l'Austria. Qui Calvi si fermò in casa della famiglia Kleinszig (una delle sorellle era la fidanzata di Carboni mentre l'altra stava con Vittor). Poi volarono a Londra a bordo di un aereo privato. Il quartetto si trovava nella capitale britannica al momento dell'omicidio del "banchiere di Dio". Dunque secondo la tesi dell'accusa Carboni fu il potenziale organizzatore dell'ultimo viaggio di Calvi, Diotallevi fornì i documenti e Calò rappresentò i mandanti, cioè la mafia, che voleva punire il banchiere e avere indietro i soldi sporchi investiti nel Banco Ambrosiano, soldi che erano momentaneamente destinati ad altri fini, ovvero alla lotta al comunismo. Vittor e Kleinszig avrebbero ricoperto solo il ruolo di aiutanti, per questo sono stati subito esclusi dal processo.

Quattro anni dopo l'omicidio Calvi, il 22 marzo 1986, in circostanze sospette è morto anche Michele Sindona[10]*. Estra-*

[10] La morte di Sindona: suicidio o omicidio?, www.misteriditalia.it/casosindona/.

dato dagli Stati Uniti, dove scontava la pena per bancarotta fraudolenta, Sindona morì improvvisamente nel carcere di Voghera dopo aver bevuto un caffè avvelenato. Nel corso del pontificato di Paolo VI Sindona ebbe contatti con la banca della Santa Sede e controllò gli investimenti esteri del Vaticano per conto dello IOR. Aveva legami con Roberto Calvi e con l'arcivescovo Paul Marcinkus. In cosa consistevano le loro relazioni?

Michele Sindona veniva dalla Sicilia e secondo le testimonianze di molti pentiti mafiosi si occupava del riciclaggio del denaro sporco di Cosa Nostra. In Vaticano il suo ruolo era quello di spostare sul mercato internazionale i capitali ecclesiastici investiti nelle società italiane. La Santa Sede non voleva partecipare più agli affari in Italia, perché era un periodo di forti turbolenze politico-sociali. Inoltre lo stato italiano voleva aumentare le tasse, e dunque gli investimenti non erano più convenienti.

Probabilmente fu proprio Sindona a introdurre Calvi nel mondo dei grandi affari. A metà degli anni Settanta gli presentò il venerabile maestro Licio Gelli, che lo fece entrare nella loggia massonica P2. Poi Calvi conobbe l'arcivescovo Marcinkus ed ereditò da Sindona i contatti con la mafia. Si dice che abbia preso il suo posto quando questi fece bancarotta e finì in carcere.

Se così effettivamente fu, non ci si deve stupire se entrambi i banchieri sono morti in circostanze misteriose e mai chiarite.

Esiste l'ipotesi, avanzata anche dal procuratore Luca Tescaroli, che Calvi sia stato punito con la morte perché entrato in possesso di una somma importante di Cosa Nostra, che successivamente passò per il banco vaticano e venne destinata alla lotta al comunismo, e dunque anche al finanziamento di Solidarność[11]*. Cosa ne pensa?*

È un'ipotesi plausibile anche se non è mai stato dimostrato quanti soldi, attraverso quali conti, quando e a chi furono destinati. La bancarotta del Banco Ambrosiano, il quale, grazie alle filiali nei paradisi fiscali controllate dallo IOR, fece sparire enormi somme, coincide con il periodo in cui Giovanni Paolo II voleva aiutare Solidarność.

Francesco Pazienza dichiarò nel corso del processo di aver trasportato personalmente in Polonia lingotti d'oro nascosti nel doppio fondo del portabagagli di una Lada[12]. E anche alcuni pentiti hanno dichiarato che attraverso il Banco Ambrosiano la mafia riciclava il denaro sporco e poi lo destinava a cosiddetti "nobili scopi".

Nelle motivazioni della sentenza si legge anche che la morte di Calvi non sarebbe dispiaciuta nemmeno ai servizi segreti britannici «essendosi acclarato che Calvi aveva, tra l'altro, finanziato l'invio di armi ai dittatori argentini nel periodo in cui era in atto il conflitto bellico per le isole Falkland»[13]*. Alla leggenda di questo misterioso omicidio appartiene anche il fatto che il ponte dei frati neri allora era*

[11] Giacomo Galeazzi, Ferruccio Pinotti, *Wojtyla segreto*, Chiarelettere, Milano 2011, pp. 105-156.

[12] Come scrive Willan nel suo libro, Francesco Pazienza nel corso del processo per l'omicidio di Roberto Calvi nel 2006 disse di avere trasportato in Polonia dei lingotti d'oro. Fonte: Willan, *op. cit.*, p. 148. Pazienza lo ha confermato anche ai giornalisti Galeazzi e Pinotti in *op. cit.*, p. 125. Tuttavia nel loro libro si dice che nell'atto di accusa del processo per il caso dell'omicidio Calvi del 2007 il procuratore Luca Tescaroli scrisse: «Pazienza ha ammesso che si occopò nel 1982 del trasporto di dieci milioni di dollari in lingotti d'oro destinati a Solidarność». Nell'intervista con la giornalista Milena Gabanelli alla domanda: «Di chi erano quei soldi mandati in Polonia?», Pazienza ha risposto: «Provenivano da conti comuni del Banco Ambrosiano e dello IOR. L'organizzatore fu Marcinkus d'intesa con papa Wojtyła. Io trasportai quattro milioni in Polonia». Fonte: Milena Gabanelli, *"Io, Gelli e la strage di Bologna". Ecco le verità della super-spia*, «la Repubblica», 30 gennaio 2009.

[13] Fonte: *Calvi, per la Corte…, op. cit.*

dipinto di strisce bianche e azzurre, come quelle della bandiera argentina.

Il fatto che i colori della bandiera argentina del Blackfriars Bridge dovrebbero costituire una prova dell'intervento degli 007 britannici è una ricostruzione fantasiosa. Invece è vero che si parlò molto della simbologia massonica dell'omicidio, che si sarebbe espressa già nella scelta di quel ponte, nell'impiccagione della vittima con i piedi in acqua o nel ritrovamento di quei mattoni nascosti nelle tasche di Calvi. Questi segnali indicavano la loggia massonica P2, alla quale apparteneva anche l'ammiraglio argentino Emilio Eduardo Massera.

Il fatto è che la Gran Bretagna ha condotto delle indagini superficiali, e soprattutto le ha chiuse subito qualificando il caso come un suicidio. Difficile credere che a Londra non sapessero chi fosse Calvi e quale fosse il suo ruolo nello scenario internazionale della guerra fredda. Sapevano invece che aveva finanziato l'acquisto dei missili Exocet destinati all'Argentina, perché era un fatto acclarato. Quindi non è escluso che anche il servizio segreto britannico fosse interessato a punire il "banchiere di Dio" e a impedirgli di rivelare alcuni segreti che riguardavano tutto il Patto atlantico. Non dimentichiamo che era il periodo della corsa agli armamenti.

«E così anche i servizi segreti italiani, che hanno mostrato (avvalendosi pure del loro ambiguo collaboratore Pazienza) di essere sempre informati di tutto e di aver seguito sino all'ultimo le mosse di Carboni e Calvi...»[14]*, si legge nelle motivazioni della sentenza. Chi era Francesco Pazienza e quale fu il suo ruolo nel caso Calvi?*

[14] *Ibidem.*

Francesco Pazienza lavorò prima per il SISMI e fu vicino al suo capo, il generale Santovito, che apparteneva alla loggia massonica P2. Successivamente divenne consulente di Calvi. Aveva molti contatti internazionali, sia in Francia che negli Stati Uniti. È stato in carcere per diversi anni. Fu condannato anche per il ruolo svolto nella bancarotta dell'Ambrosiano. Sembrava fosse rivale e nemico di Flavio Carboni, poiché entrambi si contendevano la fiducia del "banchiere di Dio". Ma dal momento che agivano nello stesso campo e avevano interessi simili, si può supporre che in qualche modo furono alleati. Francesco Pazienza non era a Londra quando Calvi fu uccciso. La moglie del banchiere ha detto che ha avuto uno strano modus operandi: si trovava sempre il più lontano possibile da ciò che stava per succedere. Il ruolo che giocò questo ex consulente dei servizi segreti nella vicenda Calvi non è chiaro. Malgrado i sospetti non è stato mai né accusato né processato. Bisogna pertanto riconoscere la sua innocenza, così come quella dei tre protagonisti di questa vicenda, prosciolti dal tribunale.

Il pentito Vincenzo Calcara, che ha preso parte a molti processi, ha dichiarato che Calvi era stato ucciso dalla mafia, poiché voleva rivelare il meccanismo del riciclaggio dei soldi sporchi attraverso lo IOR, cosa che sarebbe andata contro gli interessi di Cosa Nostra. Allo stesso modo Calcara ha confessato davanti alla Procura di Palermo nel 1993 che l'attentato a Giovanni Paolo II venne commissionato dalla cupola della mafia perché «quel papa stava rompendo tutti gli equilibri politici e economici. Così come per gli stessi motivi era stato eliminato papa Luciani». Lei cosa ne pensa?

Penso che Vincenzo Calcara non sia un pentito del tutto affidabile. Ricordo quando testimoniava al processo e devo dire che non era molto convincente. Appartiene a quella categoria di collaboratori di giustizia che vogliono fare colpo sui giudici e sui pubblici ministeri, sperando di ottenere qualche privilegio. Bisogna tuttavia riconoscere che le testimonianze di Calcara hanno sempre riportato alcuni elementi utili per la ricostruzione della storia, ma non si sa fino a che punto siano credibili.

Il fatto che l'attentato al papa sia stato commissionato dalla mafia è un'ipotesi molto affascinante. Il giudice istruttore Rosario Priore nella terza indagine investigò anche sulla pista interna, legata proprio al Vaticano e al riciclaggio del denaro sporco. Secondo Calcara, l'attentato doveva essere un avvertimento mafioso per Giovanni Paolo II, poiché questi voleva riformare lo IOR e rimuovere Marcinkus. Ma non sembra molto verosimile. Penso che Wojtyła e Marcinkus fin dall'inizio fossero legati da una reciproca simpatia, anche in relazione alla loro origine, e che il papa non avesse nessuna intenzione di rimuovere il vescovo di Chicago, poiché gli era necessario.

L'ipotesi che vede come movente del tentato omicidio del papa la sua volontà di riformare lo IOR non è nuova. Lei ha collaborato con David Yallop per il suo celebre libro In nome di Dio[15]. *Cosa ne pensa dell'improvvisa scomparsa di Giovanni Paolo I, il predecessore di Karol Wojtyła?*

In relazione alla morte di papa Albino Luciani, avvenuta dopo appena trentatré giorni di pontificato, nel libro di Yallop vengono avanzate diverse ipotesi, anche contraddittorie. Secondo me la più plausibile è proprio quella secondo cui

[15] David Yallop, *In nome di Dio. La morte di Papa Luciani*, Tullio Pironti, Napoli 1997.

Luciani venne tolto di mezzo perché voleva riformare lo IOR e rimuovere Marcinkus. Questo fu il motivo della sua misteriosa morte. Tuttavia se e come questo sia avvenuto non lo sappiamo. È un fatto, comunque, che Giovanni Paolo I fosse molto rigoroso dal punto di vista finanziario e che, prima di diventare papa, ebbe dei forti contrasti con il capo del banco vaticano. Quando era ancora patriarca di Venezia, Marcinkus vendette la Banca Cattolica del Veneto a Calvi senza nemmeno consultare Luciani. Vi fu un serio scontro in Vaticano, poiché Marcinkus trattò molto male l'allora cardinale Luciani. Quando questi divenne papa, il vescovo di Chicago avrebbe avuto motivo di temere per la sua posizione di presidente dell'Istituto per le opere di religione.

Secondo alcuni pentiti anche il rapimento di Emanuela Orlandi doveva essere un ricatto mafioso che aveva lo scopo di costringere il Vaticano a restituire i soldi che erano stati destinati alla lotta al comunismo[16]. *È un'ipotesi in qualche modo credibile?*

Questa teoria ha i suoi sostenitori ed è verosimile. Il rapimento di Emanuela Orlandi – anche se sono trascorsi trent'anni – è una vicenda estremamente complicata e poco chiara. La Procura di Roma ha seguito la pista della banda della Magliana, basandosi sulle dichiarazioni di Sabrina Minardi, ex amante del boss Enrico De Pedis. Dichiarazioni che

[16] «Sono sicuro che la scomparsa di Emanuela Orlandi è opera sua. Io l'ho saputo, perché dovevo saperlo, perché a me non si potevano nascondere certe notizie. Il motivo è una questione di denaro. Prima ci fu l'attentato a Roberto Rosone, il vicepresidente dell'Ambrosiano, che si doveva "addolcire" perché metteva i bastoni tra le ruote a Calvi. Poi furono fatte avere delle fotografie al Papa: lo ritraevano in una piscina attorniato da suore. Gliele avrebbe portate Licio Gelli, ma non ebbero effetto. Infine l'impiccagione di Calvi. Visto che il denaro non rientrava De Pedis decise di portar via la ragazzina». Sono le parole di Antonio Mancini, uno dei pentiti della banda della Magliana. Fonte: Angela Camuso, *«Questa è la prova che la Banda della Magliana fa ancora affari». Intervista con Antonio Mancini*, «l'Unità», 26 febbraio 2010.

tuttavia sono molto caotiche. Minardi sostiene che Emanuela sarebbe stata rapita da De Pedis e che addirittura sarebbe stata consegnata nelle mani di Marcinkus. Se dunque la mafia avesse dovuto sequestrare la ragazza per ricattare Marcinkus e ottenere i soldi investiti, perché avrebbe cooperato con il capo dello IOR? Di questa ipotesi si parla spesso, ma penso che per ora non sia confermata dai fatti.

Per il suo libro lei ha intervistato Licio Gelli[17]. *Quale ruolo aveva la loggia massonica Propaganda 2 e il suo venerabile maestro nella guerra fredda?*

La P2 era una loggia segreta che ebbe un ruolo fondamentale nella lotta al comunismo. Aveva contatti con i servizi segreti occidentali e con le forze armate, su cui praticamente esercitava una sorta di controllo, dal momento che molti generali italiani erano suoi membri. Alla loggia apparteneva anche Calvi. Non è escluso che la P2 avesse avuto un ruolo nel finanziamento di Solidarność, tenendo conto che fu un'operazione molto importante nel contesto della guerra fredda e della lotta all'"Impero del Male"[18]. La rivelazione di questi fatti da parte di Calvi sarebbe stata molto dannosa per tutti.

Licio Gelli è ritenuto il capo della Propaganda 2. Nella vita privata il maestro venerabile si occupava della produzione e della vendita di materassi. Tuttavia aveva connessioni politiche in Italia e negli USA. Fu amico del più volte presidente del consiglio Giulio Andreotti.

Nel corso di una perquisizione compiuta il 17 marzo 1981 a Castiglion Fibocchi, vicino ad Arezzo, la guardia di finanza trovò una lista di membri della loggia P2. Fino a oggi non si

[17] Willan, *op. cit.*, p. 120.
[18] Galeazzi, Pinotti, *op. cit.*, pp. 115-116.

è ancora stabilito se si tratta della lista completa o se vi appartenevano anche altre persone, i cui cognomi vennero occultati.

Nel suo libro lei racconta un episodio misterioso dal quale ha tratto il titolo dell'edizione inglese The Last Supper, *"l'ultima cena". Di cosa si tratta?*

Un cameriere sardo dell'esclusivo ristorante San Lorenzo a Londra dichiarò a vent'anni dall'omicidio Calvi che aveva visto il banchiere poco prima della sua morte a cena proprio in quel locale, in compagnia di altre persone. Purtroppo non è stato in grado di identificare i commensali della vittima. L'episodio mostra anche che la polizia inglese trascurò le indagini, e non ha ricostruito gli ultimi momenti della vita del banchiere. Per conoscere la verità, occorreva condurre un'indagine scrupolosa. Non si sa per quale motivo, ma evidentemente mancò la volontà per farlo.

Dalla pubblicazione di The Last Supper, *nel 2007, praticamente non è cambiato nulla. I verdetti di assoluzione sono stati confermati dalla Corte di Cassazione. Si è definitivamente stabilito che Calvi non si impiccò, ma venne strangolato. Gli assassini però sono ancora sconosciuti. L'edizione italiana del suo libro è provocatoriamente intitolata* L'Italia dei poteri occulti. *Come è possibile che degli enigmi criminali rimangano senza soluzione per così tanto tempo? Veramente esiste un gruppo segreto e potente che controlla tutto?*

La gente fantastica volentieri sul tema dei poteri occulti o dei gruppi segreti che li esercitano. Ma in effetti non sappiamo nemmeno se esistano.

Tuttavia, è vero che la storia italiana del dopoguerra è piena di misteri irrisolti: attentati, assassini, rapimenti, di cui non si sa chi furono i mandanti e gli esecutori materiali. Penso che l'Italia sia uno dei pochi paesi nel quale così tante vicende importanti non sono state mai chiarite. Si tratta di un grosso fardello per tutta la nazione, influisce sulla politica e costituisce ancora oggetto di ricatto, come ad esempio nel caso del rapimento e dell'uccisione di Aldo Moro.

L'omicidio di Roberto Calvi senza dubbio è uno di quei misteri che non si risolvono perché è meglio non risolverli.

Cosa sappiamo sulla morte di Calvi?

Intervista con Maurizio Turco

Maurizio Turco è un politico del Partito radicale. È stato deputato al Parlamento europeo negli anni 1999-2004 e 2006-2013.

È stato eletto alla Camera dei deputati nella XV e XVI legislatura. Insieme con Carlo Pontesilli e Gabriele Di Battista ha scritto il libro *Paradiso IOR*, pubblicato da Castelvecchi nel 2013.

Nel maggio del 2010 la Corte d'Assise d'appello di Roma ha sancito che Roberto Calvi «è stato ucciso». Ma non c'è nessun colpevole. E nel novembre 2011 la Corte di Cassazione ha respinto il ricorso contro il proscioglimento dei tre accusati: Flavio Carboni, Pippo Calò ed Ernesto Diotallevi. Il caso è definitivamente chiuso?

Fino a quando non emergeranno nuovi elementi d'indagine riguardo all'omicidio di Roberto Calvi, le indagini sono state temporaneamente chiuse[1]. Anche perché Flavio Carboni,

[1] Poco tempo dopo che l'onorevole Maurizio Turco mi ha rilasciato l'intervista, è stata pubblicamente annunciata l'apertura di una nuova indagine relativa almeno a quattro persone sul caso dell'omicidio di Roberto Calvi. Gianluigi Nuzzi ne ha parlato nella puntata de *L'Infedele* andata in onda il 26 novembre 2012. Le nuove indagini sono avvolte dal massimo riserbo.

Pippo Calò ed Ernesto Diotallevi sono stati assolti per insufficienza di prove.

La verità giudiziaria, ad oggi e a meno di fatti nuovi, è che Calvi non si è suicidato, è stato ucciso, ma non si sono trovati gli assassini, o meglio non ci sono gli elementi necessari per condannarli.

Questa è l'ultima di una lunga e contradditoria verità giudiziaria. Calvi fu trovato impiccato sotto il Blackfriars Bridge a Londra il 17 giugno 1982 e la prima sentenza parlò di suicidio; nel 1992 il caso venne riaperto e nel 1997 arrivò il primo ordine di custodia cautelare. Nel 1998 una perizia stabilisce l'infondatezza dell'ipotesi del suicidio; nel 2005 inizia il processo; nel 2007 la Corte d'Assise di Roma assolve tutti gli imputati; nel 2010 la sentenza viene confermata in appello ma nelle motivazioni si legge: «Roberto Calvi è stato ammazzato, non si è ucciso». Secondo il pubblico ministero Luca Tescaroli tre sarebbero i moventi alla base del delitto: il banchiere aveva amministrato male il denaro di Cosa Nostra; si temevano rivelazioni sul sistema di riciclaggio messo in piedi attraverso il Banco Ambrosiano; uccidendo Calvi si pensava di poter mettere maggiore pressione nei confronti dei suoi "soci"[2].

Nel 1998 è stata condotta una approfondita autopsia, che ha indicato come causa della morte lo strangolamento e non l'impiccagione[3]*. Cosa sappiamo dell'omicidio di Roberto Calvi?*

Su questo non possiamo che rifarci ai risultati delle inchieste giudiziarie. Come si è detto, nel 1982 la polizia di Londra chiuse il caso come suicidio. Nel 2005 è stato stabilito che

[2] *IOR, il silenzio del Vaticano*, «la Repubblica» Inchieste/Speciale, 2011.
[3] *Francesco Viviano, Ecco le prove, Calvi fu suicidato*, «la Repubblica», 25 ottobre 2002.

fu omicidio: Calvi venne strangolato da due o più persone con una corda in un cantiere-discarica, più tardi il suo corpo venne appeso all'impalcatura del ponte dei Frati Neri a Londra per simularne il suicidio. Sempre nel 2005 ci fu una inchiesta stralcio in cui venne coinvolto anche il "guardiano" del "banchiere di Dio", Silvano Vittor, ex contrabbandiere triestino, indagato per concorso in omicidio. Silvano Vittor ammise di avere accompagnato Roberto Calvi in hotel a Londra, aggiungendo però «l'ho lasciato alle otto per andare in aeroporto e rientrare a Vienna».

Secondo i magistrati[4], invece, le direttive impartite da Flavio Carboni a Vittor sarebbero state «finalizzate ad assicurare ospitalità a Calvi nell'abitazione triestina, nel predisporre e curare la fuga del banchiere in Austria e il successivo trasferimento a Londra, dove l'ex contrabbandiere avrebbe controllato Calvi sino al momento del delitto, commesso con altre»[5] che, secondo i pubblici ministeri, «avvalendosi di Cosa Nostra e della Camorra cagionavano la morte di Roberto Calvi per punirlo di essersi impadronito di denaro appartenente a quelle organizzazioni e conseguire l'impunità». Inoltre avrebbero ucciso il banchiere «per impedirgli di esercitare potere ricattatorio nei confronti dei referenti politico istituzionali della massoneria, della Loggia P2 e dello IOR (la banca vaticana), con i quali (gli indagati) avevano gestito investimenti e finanziamenti di cospicue somme di denaro».

[4] Nel 1997 il giudice istruttore del tribunale di Roma Mario Almerighi, su richiesta del procuratore Giovanni Salvi spiccò un mandato di arresto con l'accusa di omicidio. La nuova autopsia, nell'ambito delle indagini, è stata disposta nel 1998 dal giudice istruttore Otello Lupacchini, che sostituì Almerighi. Poiché questi era stato eletto al Consiglio superiore della magistratura, le indagini furono assegnate (dal 2003) ai procuratori Luca Tescaroli e Maria Monteleone, sostituita alle udienze dal sostituto procuratore Giancarlo Capaldo.

[5] Atto di accusa dei procuratori Luca Tescaroli e Maria Monteleone. Fonte: Maria Loi, *Tutti i "nemici" del Presidente. L'assassinio di Roberto Calvi: inizia il processo*, «ANTIMAFIADuemila», n. 47, 2005.

La Procura ha aperto una seconda indagine, nella quale furono coinvolte dieci persone, e tra loro Licio Gelli, ritenuto il mandante dell'omicidio Calvi, il quale venne interrogato dalla Procura.

Nelle motivazioni della sentenza di assoluzione i giudici hanno sottolineato la presenza di molti possibili moventi per la morte di Roberto Calvi. Perché così tante persone volevano Calvi morto?

Evidentemente Roberto Calvi, nel gestire i soldi delle diverse mafie (Cosa Nostra, P2 ecc.), avendo sostituito Michele Sindona nel ruolo di consulente finanziario del Vaticano e dello IOR in particolare, avendo finanziato occultamente quasi tutti i partiti politici italiani, si era procurato numerosi nemici, o comunque era in grado di ricattare tutte le persone che in modo più o meno occulto gli avevano affidato ingenti quantità di denaro. Un criminale – sia esso "comune", "politico" o "mafioso" (e in Italia le tre categorie spesso coincidono) – normalmente ha interesse a mantenere il debitore quanto più a lungo possibile in vita; viceversa, ha tutto l'interesse a che il creditore (sia di soldi che di informazioni), una volta che "ha aperto bocca", sparisca di scena il più in fretta possibile.

Per esempio, fra la metà degli anni Settanta e l'inizio degli anni Ottanta Roberto Calvi aveva iniziato a finanziare i partiti politici. Il primo era stato il Partito socialista, nel gennaio 1975, in seguito il Partito socialdemocratico nel 1977 e il Partito repubblicano nel 1979; l'apertura di credito verso i repubblicani venne poi estinta perché non utilizzata. Anche il Partito comunista, a partire dal luglio del 1980, ricevette finanziamenti dal Banco.

Nella sentenza del 7 maggio 2010, si legge anche: «Cosa Nostra impiegava il Banco Ambrosiano e lo IOR come tramite per massicce operazioni di riciclaggio. Il fatto nuovo emerso è che avvenivano quanto meno anche ad opera di Vito Ciancimino oltre che di Giuseppe Calò». Che cosa ci dice questo? Significa che il fatto che lo IOR riciclava soldi sporchi della mafia è stato accertato ed è la verità giudiziaria?

Sì, fino a prova del contrario o del falso. Oltre a quello che l'autorità giudiziaria ha accertato, esistono anche alcune dichiarazioni di mafiosi che, dopo essersi "pentiti", hanno iniziato a collaborare con la giustizia.

Fra questi, Francesco Marino Mannoia ha raccontato: «Avevo sentito dire da Stefano Bontade e da altri uomini d'onore della mia famiglia che Pippo Calò, Salvatore Riina, Francesco Madonia e altri dello stesso gruppo corleonese avevano investito somme di denaro a Roma attraverso Licio Gelli che ne curava gli investimenti e che parte del denaro veniva investito nella "banca del Vaticano"»[6].

Un altro pentito, Vincenzo Calcara, ha raccontato la vicenda dei dieci miliardi del capomafia Francesco Messina Denaro (padre del latitante Matteo, l'attuale capo dei capi di Cosa Nostra) consegnati a monsignor Marcinkus. «Quei soldi furono prelevati da me, dall'ex sindaco di Castelvetrano Antonio Vaccarino e da altre tre persone dall'abitazione di Ciccio Messina Denaro a Castelvetrano e messi dentro due valige. In aereo, dove ci eravamo imbarcati con nomi falsi, raggiungemmo Fiumicino e qui ad attenderci c'erano due automobili con targa straniera. In una c'era il cardinale Marcinkus e il suo autista, nell'altra un altro prelato pure

[6] Dichiarazione di Francesco Marino Mannoia nel corso del dibattimento del 4 novembre 1996, citate in Giuseppe D'Avanzo, *I due banchieri e l'oro dei boss*, «la Repubblica», 10 aprile 1997.

con autista. Tutti raggiungemmo lo studio del notaio Albano. Mentre gli altri salivano nello studio, io rimasi in strada ad attendere e dopo alcuni minuti vidi arrivare quell'uomo calvo e con i baffi che salì a sua volta e che avevo visto qualche mese prima all'aeroporto di Linate»[7].

Consegnati i soldi, Calcara rientrò a Milano, dove lavorava all'aeroporto di Linate controllato dal boss Michele Lucchese, che gestiva il traffico di eroina e cocaina e la spedizione dei soldi da riciclare. «Quando incontrai Lucchese gli dissi che a Roma avevo visto quella persona importante che un mese prima io e lui avevamo atteso all'aeroporto dov'era giunto con un aereo privato». E quando Calcara chiese chi era quell'uomo importante, il boss gli rispose: «Non puoi immaginare chi è e cosa fa quell'uomo, quello è il dottor Roberto Calvi, lui "tiene i soldi di tutte le famiglie di Cosa Nostra"».

In dieci anni la Procura italiana mandò alla Santa Sede tre rogatorie riguardanti riciclaggio di denaro sporco[8]*, alle quali non è arrivata la risposta. Può dire di che cosa esattamente si trattava?*

Con la prima rogatoria, del 28 novembre 2002, il procuratore Salvatore Vecchione chiede al Vaticano di poter consultare e acquisire documentazione bancaria al fine di verificare «i flussi finanziari intercorsi nel periodo 1976-1982: tra il Banco di Sicilia, la Sicilcassa di Palermo e lo IOR; tra lo IOR e il Banco Ambrosiano [...]; tra lo IOR, la Banca del Gottardo, le sedi estere del Banco Ambrosiano [...] e le società

[7] Francesco Viviano, *Portai a Marcinkus e a Calvi due valigie con 10 miliardi dei clan*, «la Repubblica», 15 novembre 2002.
[8] Fabio Tonacci, Francesco Viviano, *Tre rogatorie sul riciclaggio ma la Santa Sede non risponde*, «la Repubblica», 5 gennaio 2012.

estere collegate» e per «individuare quali fossero le società riconducibili allo IOR nel periodo compreso tra il 1975 e il 1982». Con la seconda, del 23 gennaio 2004, la Procura – premesso che, secondo Francesco Pazienza, Roberto Calvi si sarebbe «avvalso del sistema di comunicazione e dei telex in Vaticano ogni qualvolta aveva bisogno di muovere capitali di sua competenza all'estero» – chiede di poter ottenere la documentazione riguardo «i telex afferenti a operazioni effettuate da Roberto Calvi sull'estero sfruttando le strutture materiali della Città del Vaticano». Con l'ultima, del 20 novembre 2008, il sostituto procuratore Luca Tescaroli chiede se risulti traccia documentale della ricezione delle lettere che Calvi indirizzò a Giovanni Paolo II e al cardinale Pietro Palazzini, pochi giorni prima di morire.

Va detto che purtroppo non solo queste ma tutte le rogatorie sono finora rimaste inascoltate perché la Santa Sede si rifiuta di rispondere a tutte le richieste della magistratura italiana che hanno a che fare con lo IOR. La Santa Sede sostiene che lo IOR è uno degli enti centrali della Chiesa «esenti da ogni ingerenza da parte dello stato italiano» in base all'articolo 11 del Concordato. Ma lo IOR non è un ente centrale della Chiesa e la Repubblica italiana non l'ha mai contestato. Solo il 7 agosto 2012 rispondendo a una mia interrogazione sono riuscito a far mettere per iscritto dal governo che lo IOR non è annoverato fra gli organismi della Curia romana, pertanto l'articolo 11 non è applicabile, e quindi le sue attività non sono immuni da ingerenze da parte dello stato italiano. Quanto accaduto è un fatto giuridico di una gravità enorme, ma nessun organo di stampa ha nemmeno dato la notizia[9].

[9] Testo dell'interrogazione parlamentare. Fonte: www.parlamento.openpolis.it.

Quando pensa al caso di Calvi, quali sono le sue riflessioni?

Che lo IOR è stato per decenni una centrale di riciclaggio nel cuore dell'Europa e che nessuna istituzione preposta a controllare ha voluto "vedere, sentire e parlare" che è la regola fondamentale delle associazioni criminali di stampo mafioso. Ma deve essere una attitudine che riguarda non solo il denaro.

E resta una questione di fondo. Com'è stato possibile che i seguaci di chi urlava "fuori i mercanti dal tempio", nel tempio hanno fatto una banca frequentata da gente poco raccomandabile?

Perché fu ucciso mio padre?

Intervista con Carlo Calvi

Carlo Calvi, il figlio di Roberto, il cosiddetto "banchiere di Dio", vive oggi a Montreal. Da trent'anni si batte affinché sia fatta luce sull'omicidio del padre.

Suo padre è stato assassinato, il 17 giugno 1982, a Londra. Perché aveva scelto quella destinazione, fuggendo dall'Italia?

Mio padre perse definitivamente la disponibilità del passaporto nell'inverno 1981. La possibilità di viaggiare era per lui essenziale per rassicurare le banche estere corrispondenti dell'Ambrosiano. Le scadenze per i pagamenti al Banco Ambrosiano Holding del Lussemburgo si avvicinavano. Bruno Tassan Din, allora amministratore delegato di Rizzoli, aveva movimentato le disponibilità presso la Rothschild di Zurigo, che dovevano servire per la ricapitalizzazione della casa editrice verso destinazioni indicate da Ortolani[1]. La Banca d'Italia imponeva lo scorporo delle partecipazioni non bancarie e il rientro delle azioni del Banco parcheggiate

[1] Umberto Ortolani, uomo d'affari di area cattolica, è morto il 17 gennaio 2002. Viene considerato la vera "mente" della loggia P2, colui che favorì lo sviluppo degli affari di Licio Gelli in Sud America e in Vaticano, tramite l'Istituto per le opere di religione.

all'estero. Già da qualche anno si erano avvicinati a mio padre degli individui che facevano da tramite fra i politici e il crimine e che avevano lo scopo di controllarne i movimenti. Lui chiese aiuto a loro per lasciare l'Italia e recarsi a Zurigo, ma i suoi accompagnatori scelsero Londra, dove avevano dei collegamenti con la criminalità organizzata di origine italiana. Ricorsero alla denuncia della sua scomparsa fatta dai suoi avvocati romani per convincerlo che non poteva passare il confine svizzero e che doveva andare a Londra con un aereo privato. Mio padre intendeva ritornare in Italia per testimoniare all'imminente appello del processo per reati valutari[2]. In prima istanza il tribunale aveva rifiutato la risposta parziale alle rogatorie inviate alla Banca del Gottardo di Lugano. Per difendersi avrebbe dovuto spingersi oltre e rivelare la rete segreta delle società usate dal Banco Ambrosiano e dallo IOR.

Potrebbe ripercorrere in sintesi la vicenda dei processi per la morte di Roberto Calvi?

Si è giunti al processo romano per omicidio attraverso una serie di tappe fondamentali.

Il coroner, a Londra nel 1983, aveva emesso un "verdetto aperto". Seguì la sentenza nella causa civile contro le Assicurazioni Generali nel 1989, che riconobbe, a seguito di un elaborato esperimento giudiziario, che si era trattato di omicidio. Alla fine del 1991, i pentiti Francesco Marino Mannoia e Tommaso Buscetta indicarono in Francesco Di Carlo, poi divenuto a sua volta collaboratore, il responsabile

[2] Nel maggio del 1981 Roberto Calvi venne arrestato per esportazione illegale di capitali e detenuto nel carcere di Lodi. Condannato in prima istanza a quattro anni di detenzione, uscì in libertà condizionata. Perché non potesse lasciare l'Italia in attesa del processo d'appello, gli venne ritirato il passaporto.

dell'omicidio. Queste dichiarazioni portarono all'apertura di un procedimento per omicidio a Roma. Nello stesso periodo il giudice istruttore Mario Almerighi diede l'avvio a un'inchiesta per ricettazione della borsa di mio padre che sfociò in due processi durati per buona parte degli anni Novanta. Lo stesso giudice Almerighi rinviò poi a giudizio Flavio Carboni e altri per omicidio.

Questo processo non cominciò che alla fine del 2005 e durò due anni. Nel 2010 ci fu l'appello e nel 2011 la Cassazione. Si concluse in maniera inequivocabile che si era trattato di omicidio. Alla stessa conclusione era giunta la polizia britannica negli anni precedenti.

Il boss Pippo Calò (considerato il cassiere di Cosa Nostra), il noto uomo d'affari Flavio Carboni e Ernesto Diotallevi, ritenuto dalla stampa vicino alla banda della Magliana, sono stati assolti per insufficienza di prove. Quali sono le sue riflessioni sull'esito del processo?

In questo processo si è badato più alla quantità che alla qualità. Si sono avvicendati un gran numero di pentiti di mafia e camorra che hanno riferito in termini molto generici informazioni apprese da persone decedute. Auspico che si adotti un comportamento investigativo più empirico con le dichiarazioni dei collaboratori di giustizia. Insistendo sul tema del riciclaggio, si è voluto isolare il movente mafioso da quello politico. La mafia gioca un ruolo in questi accordi di potere, poiché ne trae l'opportunità di riciclare il denaro sporco. Poche testimonianze si sono concentrate sul funzionamento dei conti IOR, e più in generale, sul lavoro svolto dalle liquidazioni e dai procedimenti a esse connessi nel corso di trent'anni. I fondi detenuti in Svizzera da Flavio Carboni e Ernesto Diotallevi, che originavano da Ambrosiano Nassau e Managua, avrebbero potuto ancora costituire il movente specifico più probabile almeno per questi due individui, che volevano assicurarsene la disponibilità.

Il capo d'imputazione nel processo recitava: «Gli imputati, avvalendosi delle organizzazioni di tipo mafioso denominate Cosa Nostra e camorra, cagionavano la morte di Roberto Calvi al fine di: punirlo per essersi impadronito di notevoli quantitativi di denaro appartenenti alle predette organizzazioni; conseguire l'impunità; ottenere e conservare il profitto dei crimini connessi all'impiego e alla sostituzione di denaro di provenienza delittuosa; impedire a Calvi di esercitare il potere ricattatorio nei confronti dei referenti politico-istituzionali della massoneria, della Loggia P2 e dello IOR*, con i quali avevano gestito investimenti e finanziamenti di cospicue somme di denaro»*[3]*. Lei, visto questo "groviglio d'ipotesi", che convinzione si è fatto sul motivo dell'uccisione di suo padre?*

Io ho sempre privilegiato il movente ricattatorio sul riciclaggio. Mio padre era venuto in contatto con i politici per far fronte alle rivalità con altri interessi economici. Al processo per reati valutari avrebbe dovuto rivelare l'utilizzo dei conti IOR per conto dei suoi referenti istituzionali. Per questo motivo era considerato ormai inaffidabile. La Banca d'Italia aveva imposto la cessione delle attività non bancarie del gruppo, che poteva essere realizzata con la fusione con un'entità come Italmobiliare. E questa fusione era avversata da Giulio Andreotti che, a detta di mio padre, rappresentava per lui la principale minaccia, anche fisica.

[3] Requisitoria finale nella quale il pubblico ministero Luca Tescaroli ha richiesto l'ergastolo per gli accusati.

Il processo conclusosi a Roma nel 2009 confermò definitivamente l'omicidio, ma non ha dato nessuna risposta relativa alle modalità e agli effettivi responsabili. Lei ha qualche ipotesi sull'identità degli assassini?

Esisteva una manovalanza formata da criminali ed estremisti che agiva da braccio armato del potere. Mio padre frequentava le cerchie di Carboni e Pazienza, in quanto, seppur inesplicabilmente, facevano parte dell'alta società. Incontrai Carboni a Drezzo e ne ebbi una impressione inquietante.

Esisteva un gruppo con caratteristiche analoghe anche a Londra. E proprio per questo Carboni scelse la capitale inglese come destinazione del viaggio di mio padre. Lì infatti esisteva una vasta base criminosa di espatriati appartenenti alla Magliana e all'estremismo di destra.

Che rapporti legavano suo padre al cardinale Marcinkus, a Francesco Pazienza e a Flavio Carboni?

Il rapporto tra mio padre e l'arcivescovo Marcinkus risale all'inizio degli anni Settanta e quello con Mennini ad ancora prima. La banca aveva uno statuto di azienda cattolica ed era stata fondata da un prete, monsignor Giuseppe Tovini, nel diciannovesimo secolo. Gli scambi con il Vaticano preesistevano quindi alla presidenza di mio padre. La prima documentazione in cui ho visto le firme sia di mio padre che di Marcinkus risale al 1971. La prima volta che incontrai monsignor Marcinkus fu a casa di Pier Sandro Magnoni, che era sposato con una figlia di Michele Sindona. Vedevo Marcinkus principalmente a causa della sua partecipazione ai consigli di amministrazione del Banco Ambrosiano Overseas di Nassau, alle Bahamas. Durante queste visite frequentava casa nostra. I rapporti tra lui e mio padre erano di deferenza, non di familiarità. Parlai con Marcinkus in varie occasioni durante il processo per reati valutari del 1981. Si mostrò allarmato e usò spesso un tono aggressivo.

Francesco Pazienza fu presentato a mio padre dall'onorevole Flaminio Piccoli intorno al 1980. Aveva lavorato anche per Loris Corbi della Condotte d'Acqua. Come evidenziato dal giudice Misiani, Pazienza aveva una notevole propensione criminale. Si dette molto da fare durante il processo per reati valutari per presentare mia madre ai politici, ma si rivelò ben presto un problema per i suoi modi spavaldi e superficiali. Lo incontrai alle Bahamas e constatai che aveva una scarsa conoscenza della rogatoria svizzera. I miei genitori dovettero gradualmente prendere le distanze a partire dalle vacanze estive in Sardegna, nel 1981. Fu in questa occasione che entrò in scena Flavio Carboni. Carboni frequentava l'onorevole Ciriaco De Mita e l'editore Carlo Caracciolo ma tendo a scontarne i reali contatti con le alte sfere del Vaticano. Credo fu messo vicino a mio padre per controllarlo e dirigerne i movimenti.

Che rapporti legavano suo padre a Licio Gelli e alla loggia massonica P2?

Il Banco Ambrosiano doveva prima o poi essere oggetto di acquisizione, poiché era cresciuto a dismisura negli anni del boom economico. I dirigenti maturati al suo interno erano troppo provinciali e sprovveduti per gestirlo e lo sapevano, tuttavia fecero l'errore di restare in sella invece di accelerare l'acquisizione. Licio Gelli (il cui nome non veniva mai fatto) e Umberto Ortolani (che viveva in una casa a Ginevra piena di mummie) svolgevano un ruolo di estorsione-intermediazione e costringevano mio padre a un gran numero di esborsi, anche di natura politica, servendosi proprio della rete creata con il Vaticano. Mio padre, nella seconda metà degli anni Settanta, aveva deciso di iscriversi alla P2 per far fronte alle rivalità con altri gruppi economici e per riuscire ad avere maggiori contatti con i politici.

Lei pensa che l'omicidio di Roberto Calvi sia collegato alla scomparsa di Emanuela Orlandi? E se sì, in che modo?

Il Vaticano, come ho potuto constatare, non faceva troppa selezione sulla clientela. Si prestava a fare da tramite e si esponeva a rappresaglie e ricatti. Sembrava prediligesse i delinquenti. Il sistema di conti esistente in Italia tra Ambrosiano e IOR ha continuato a esistere fino a un'epoca recente. Questo *è* stato possibile perché si *è* consentito allo IOR di rimborsare al vecchio Ambrosiano i saldi debitori su conti italiani subito dopo la morte di mio padre e di riprendere i rapporti con il Nuovo Banco. Il Vaticano raggiunse una transazione con le banche creditrici estere solo nel 1984[4]. I fondi vi circolavano in maniera indistinguibile essendo conti di transito in nome IOR, con un sistema che Charles Raw[5] ha definito *lira back to back*[6].

Di Carboni sappiamo che ha svolto attività di propaganda per alcuni prelati. Sappiamo che questi conti delle società in cui operava sono stati usati in maniera impropria e che si faceva ricorso alla banda della Magliana per operazioni di ricatto. Carboni, in base a quanto emerso dai processi e a quanto reso noto dai collaboratori di giustizia, avrebbe fatto da tramite. Ho motivo di ritenere che il rapimento di Emanuela Orlandi sia stato organizzato da questo ambiente criminoso in quanto rappresentava un mezzo facile per ricattare coloro

[4] Il riferimento è all'assegno dell'importo di duecentoquarantadue milioni di dollari che il Vaticano offrì volontariamente per chiudere il caso e tutelarsi da altre richieste finanziarie.

[5] Charles Raw, *La grande truffa: il caso Calvi e il crack del Banco Ambrosiano*, Mondadori, Milano 1993.

[6] Si trattava di un sistema di conti nello IOR, nel Banco Ambrosiano e in altre banche attraverso il quale i capitali arrivavano in modo incontrollato, cosa che offriva la possibilità di riciclare il denaro sporco.

che avrebbero potuto assicurare la continuità di questo uso improprio dei conti *lira back to back*. Un sequestro che si inquadra sempre nelle lotte interne al Vaticano. Si è avuto l'opportunità di ottenere parziale retroattività nelle risposte IOR alle rogatorie ma sviluppi come il trasferimento di parte dell'inchiesta Finmeccanica, che riguarda Ettore Gotti Tedeschi[7], a Busto Arsizio, hanno ridotto i mezzi di pressione.

Cosa sappiamo dei presunti "soldi sporchi" destinati a Solidarność? Potrebbero essere legati all'omicidio di suo padre?

Esistevano in Vaticano due schieramenti, uno prossimo al cardinale Casaroli, di origine montiniana e a favore dell'Ostpolitik, l'altro, sostenuto dall'Opus Dei, a favore di una linea più ferma con i paesi dell'Est. Il papa voleva piazzare persone sue all'interno delle strutture vaticane e questo avrebbe inevitabilmente ridotto l'impenetrabilità dello IOR. La posizione di Marcinkus sarebbe allora risultata a rischio. I trasferimenti al sindacato polacco sono probabilmente avvenuti attraverso gli stessi conti *lira back to back* già menzionati parlando di Emanuela Orlandi. Il processo per la bancarotta dell'Ambrosiano, tenutosi a Milano negli anni Novanta, ha stabilito che il Vaticano si serviva proprio di questi conti per trasferire fondi verso banche del Gruppo Pesenti, come Credito Commerciale, e da lì a professionisti svizzeri che li dirigevano a destinazione.

Nel libro Wojtyla segreto *di Galeazzi e Pinotti è pubblicata una lettera di Roberto Calvi a papa Giovanni Paolo II datata 5 giugno 1982*[8]*. Lei ritiene che sia autentica?*

[7] Guido Ruotolo, *Caso Finmeccanica, Gotti Tedeschi: "False consulenze alla moglie di Grilli"*, «La Stampa», 5 settembre 2012.

[8] Giacomo Galeazzi, Ferruccio Pinotti, *Wojtyla segreto*, Chiarelettere, Milano 2011, pp. 280-282.

Come ha dichiarato Ferruccio Pinotti all'agenzia Bloomberg, la lettera non *è* stata affatto fornita da me. Fu formalmente prodotta nel procedimento per ricettazione della borsa dall'avvocato Roberto De Felice che rappresentava il vescovo slovacco Pavel Hnilica, agli inizi degli anni Novanta. Il dottor Mario Almerighi, allora giudice istruttore, la fece sequestrare poco dopo dall'ispettore Sergio Sciacca nell'appartamento di Hnilica. Non proviene né da mia madre né da me. Non era tra i documenti contenuti nella borsa a noi mostrati dal giudice Matteo Mazziotti a Londra e comunque noi non abbiamo riconosciuto tutto quello che vi era all'interno come autentico.

Il primo a parlarmi della lettera fu il senatore Giorgio Pisanò, nella primavera del 1986.

In questa lettera ci sono due passaggi molto significativi: «Santità, sono stato io ad addossarmi il pesante fardello degli errori nonché delle colpe commesse dagli attuali e precedenti rappresentanti dello IOR*, comprese le malefatte di Sindona, di cui ancora subisco le conseguenze; sono stato io che, su preciso incarico dei Suoi autorevoli rappresentanti, ho disposto cospicui finanziamenti in favore di molti paesi e associazioni politico-religiose dell'Est e dell'Ovest; sono stato io che, di concerto con autorità vaticane, ho coordinato in tutto il Centro-Sudamerica la creazione di numerose entità bancarie, soprattutto allo scopo di contrastare la penetrazione e l'espandersi di ideologie filomarxiste; e sono io infine che oggi vengo tradito e abbandonato proprio da queste stesse autorità a cui ho rivolto sempre il massimo rispetto e obbedienza [...] Molti sono coloro che mi fanno allettanti promesse di aiuto a condizione che io parli delle attività da me svolte nell'interesse della Chiesa... vorrebbero sapere se* *ho fornito armi ad alcuni regimi di paesi del Sudamerica per aiutarli a combattere i nostri comuni nemici, e se ho fornito mezzi economici a Solidarność o ad altri paesi dell'Est; ma io non mi faccio ricattare...»*[9]. *Come dobbiamo interpretare queste parole?*

La lettera riflette comunque alcuni dei temi di cui si parlava all'epoca. Esisteva una fonte all'interno della Massoneria inglese, la quale sosteneva che nella loggia P2 vi erano infiltrazioni dei servizi dell'Est. La scoperta della lista dei membri della P2 nella villa di Gelli a Castiglion Fibocchi[10] non fu casuale così come non lo fu il processo valutario. Dietro le insignificanti operazioni *Toro* e *Varesino* si celavano le società patrocinate dallo IOR. Le violazioni valutarie all'origine del processo del 1981 portavano alla lussemburghese Manic, la madre delle panamensi delle lettere di patronage. Un "cordone che, se si tira, viene giù tutto", come lo definii io stesso.

Tutti questi eventi colpivano il tallone di Achille del Vaticano. Il processo valutario avvenne nello stesso periodo dell'attentato al papa. Fazioni interne al Vaticano avversavano la perdita dell'impenetrabilità dello IOR e volevano sostituire mio padre alla testa della finanza cattolica. E i governi dei paesi dell'Est avevano tutto l'interesse ad acuire questi conflitti.

[9] *Ibidem*.

[10] La lista dei nomi e cognomi dei membri della loggia massonica P2 venne scoperta il 17 marzo 1981 nella fabbrica la Giole a Castiglion Fibocchi ad Arezzo, appartenente a Licio Gelli, nel corso di una perquisizione eseguita nel quadro delle indagini per il presunto rapimento di Michele Sindona. Venne pubblicata dalla presidenza del Consiglio dei ministri il 21 maggio 1981. Tra i 962 che si trovano sulla lista vi erano i cognomi di quarantaquattro deputati, due ministri del governo in carica, un segretario di partito, dodici generali dei carabinieri, cinque generali della guardia di finanza, ventidue generali dell'esercito italiano, cinque generali dell'aviazione, otto ammiragli, la maggioranza dei direttori dei servizi segreti, parecchi giudici, alti funzionari e imprenditori.

Tra le questioni più imbarazzanti c'è anche la storia della borsa che Roberto Calvi portava sempre con sé[11] *e nella quale erano custoditi tutti i suoi più importanti documenti. Flavio Carboni provò a vendere alcuni di essi al vescovo Pavel Hnilica. La storia finì con l'assoluzione degli imputati per il reato di ricettazione. Lei che opinione si è fatto in merito a questa vicenda?*

Carboni all'inizio degli anni Novanta si era impegnato in una manovra di propaganda per conto di alcuni prelati. In quel periodo era agli arresti domiciliari a Roma e noi inviammo l'avvocato Paul Terzeon di Londra a raccoglierne le dichiarazioni. Il processo per bancarotta non era ancora concluso e Carboni voleva in qualche modo attenuarne le conseguenze. Il processo per ricettazione *è* stato utile a spianare il terreno a quello per l'omicidio ma ha subito molte delle stesse limitazioni che hanno nuociuto a quest'ultimo. Il procedimento che aveva aperto una vera breccia e che avrebbe dovuto concludersi con delle condanne, in quanto solido, fu quello per l'attentato al vicepresidente del Banco Ambrosiano Roberto Rosone[12], in cui erano imputati Carboni e Diotallevi. *È* incredibile che non siano stati condannati a fronte di un quadro accusatorio tanto pesante. Il giudice Otello Lupacchini e altri magistrati, durante la fase investigativa, inviarono a Milano delle informazioni che attribuivano correttamente l'attentato al gruppo Bergamelli, Berenguer, Turatello[13].

[11] Ad aprile del 1986, nel corso del popolare programma televisivo di Enzo Biagi, il senatore Giorgio Pisanò aprì la borsa nera di Calvi. Pisanò sostenne che questa gli era stata recapitata da anonimi e giunse allo studio televisivo in compagnia di Flavio Carboni, che doveva testimoniarne l'autenticità.

[12] L'attentato al vicepresidente del Banco Ambrosiano Roberto Rosone ha avuto luogo il 27 aprile 1982. A spararGli fu Danilo Abbruciati, membro della banda della Magliana, amico di Enrico De Pedis e presunto uomo di Fabiola Moretti.

[13] Il clan dei marsigliesi, un'organizzazione criminale nata a Roma e operante tra la Francia e l'Italia.

Furono ignorate e Pazienza non fu processato mentre Carboni e Diotallevi furono assolti. Durante il secondo processo per ricettazione della borsa[14], in cui io e mia madre abbiamo testimoniato a Roma su richiesta del dottor Giovanni Salvi, lo stesso avvocato Borzone vi fece allusione.

Che cosa poteva contenere di così importante la borsa di suo padre? C'erano anche dei documenti compromettenti riguardanti i finanziamenti a Solidarność e alle dittature militari dell'America Latina? La cosiddetta "lista dei 500"?

Il contenuto della borsa ci fu mostrato a Londra dal giudice Matteo Mazziotti. Noi avevamo contribuito a riferire alla magistratura i contatti esistenti fra Flavio Carboni e il senatore Giorgio Pisanò, nel periodo in cui Carboni sperava di ottenerne un guadagno.

La cosiddetta "corrispondenza parallela"[15], così come descritta dalla Commissione Mista, costituisce un carteggio non ufficiale tra mio padre e il Vaticano. Le lettere di patronage sono l'ultimo esempio in ordine di tempo di uno scambio di

[14] La seconda sezione della Corte di appello di Roma ha annullato, per un vizio di procedura, la sentenza con la quale il tribunale di Roma, il 23 marzo 1993, condannò Flavio Carboni (cinque anni) e il vescovo cecoslovacco Pavel Hnilica (tre anni) per la ricettazione della borsa del banchiere. La Corte d' appello ha accolto il principio secondo il quale il processo avrebbe dovuto celebrarsi secondo le nuove norme del codice di procedura penale (in vigore dall'ottobre del 1989) e non con il rito previsto dal codice Rocco. Il secondo processo si concluse con la condanna di Carboni, ed assoluzione di monsignor Hnilica. Fonte: *La borsa di Calvi "venduta", annullato il processo*, «la Repubblica», 6 luglio 1994, e *Affare Calvi condannato Flavio Carboni,* «la Repubblica», 9 marzo 2000.

[15] Si tratta delle lettere di patronage che lo IOR aveva concesso nel 1981 a Calvi, con le quali confermava che «direttamente o indirettamente» esercitava il controllo su Manic S.A. (Lussemburgo), Astolfine SA. (Panama), Nordeurop Establishment (Liechtenstein), UTC. United Trading Corporation (Panama), Erin SA. (Panama), Bellatrix SA. (Panama), Belrosa SA. (Panama), Starfield SA. (Panama), società fantasma con sede in noti paradisi fiscali, che avevano fatto da "paravento" alla destinazione dell'ingarbugliato flusso di denaro che aveva drenato duemila miliardi di lire dalle casse dell'Ambrosiano. Fonte: Sergio Bocconi, *Dalle lettere di patronage all'"esilio" di Marcinkus*, «Corriere della Sera», 19 aprile 1992.

oltre dieci anni. Io ne posseggo alcuni esemplari in originale. Ai membri della Commissione furono mostrati, ma non fu loro concesso di copiarli. Caratteristica essenziale di questa corrispondenza *è* che aveva solo uso interno, vale a dire serviva a rassicurare i funzionari del Banco, in quanto testimoniava dell'esistenza di un rapporto fiduciario sia pure informale. All'interno del Vaticano le lettere servivano ad allontanare controlli indiscreti e a preservare l'impenetrabilità dello IOR. Comunque nella borsa non c'era niente di tutto ciò. Era semivuota, salvo un dossier sulla cittadinanza nicaraguense e uno sull'estorsione Sindona. L'estorsione Sindona effettivamente *è collegata* anche alla "lista dei 500". Quest'ultima è una lista di evasori di cui si parlò quando l'impero di Michele Sindona cominciò a traballare. In seguito a varie vicissitudini, l'elenco finì per essere in parte rivelato. Certo *è* che mio padre nel 1982 evidentemente considerava ancora l'estorsione una minaccia. Conservava documenti in proposito nelle sue casseforti delle Bahamas. Nella borsa si trovava anche una copia della lettera di Luigi Cavallo[16] in cui si parla dei due scorpioni e della bottiglia[17], di cui mio padre conservava l'originale alle Bahamas. Quello che mancava era la contabilità dei *lira back to back* con il Vaticano, che lui teneva sempre con sé, aggiornata.

Suo padre raccontava in famiglia i suoi problemi e spiegava che cosa succedeva con il Banco Ambrosiano e con lo IOR? Cosa diceva? Temeva per la sua vita? Di chi aveva più timore?

Mio padre riteneva che la maggiore minaccia alla sua incolumità venisse dall'opposizione da parte di Andreotti al

[16] Condannato per estorsione ai danni di Roberto Calvi per conto di Michele Sindona. Vedi anche: Andrea Garibaldi, *Luigi Cavallo, uomo dei misteri da Togliatti a Sogno*, «Corriere della Sera», 13 settembre 2005.

[17] Una lettera inquietante, popolata da simboli di morte e misteriosamente profetica. I due scorpioni della metafora, destinati a uccidersi a vicenda, sarebbero Calvi e Sindona.

progetto di fusione del Banco Ambrosiano con l'Italmobiliare di Pesenti. La fusione rispondeva alle richieste della Banca d'Italia in materia di rimpatrio delle azioni dell'Ambrosiano che si trovavano all'estero e di controllo del gruppo da parte di una holding non bancaria. Mio padre aveva investimenti nella provincia canadese dell'Alberta. Aveva da qualche tempo cominciato le pratiche per trasferirsi in Canada, e faceva particolari pressioni affinché mia madre e mia sorella si decidessero a precederlo, ma loro volevano restare con lui a Milano. Mi parlava spesso delle sue preoccupazioni durante le sue visite, perché sperava le persuadessi. Era preoccupato in particolare del ruolo del Partito socialista, che attraverso BNL ed ENI sosteneva le entità estere del Banco, imponendogli di fare da tramite per le attività offshore.

Come sintetizzerebbe i rapporti tra politica, economia, massoneria, chiesa, giustizia e crimine?
Il crimine agisce come garante degli accordi di collusione tra interessi economici e politici e ne trae vantaggi indiretti in termine di opportunità di riciclaggio. Ha anche un ruolo di intermediario discreto in attività che non possono essere condotte in prima persona dai politici o dagli uomini d'affari. A tutto questo si aggiunge il ruolo sempre più importante dei gruppi di interesse che manipolano la democrazia e finiscono per snaturarla. La loggia P2 *è* un prodromo di questi gruppi, oggi più che mai diffusi un po' ovunque.

Che valutazione morale e umana dà a tutta questa dolorosa vicenda?
Il Vaticano ha una responsabilità morale e legale enorme. Esistono rapporti fiduciari informali ma questi conducono molto spesso a gravi conseguenze. La Commissione Mista

ha assai ben evidenziato l'esistenza di tale ambiguità nei rapporti IOR-Ambrosiano. È spesso difficile discernere chi agiva per conto proprio e chi per conto di altri. Questo tipo di comportamenti ha inevitabilmente conseguenze su terzi. Le controparti di mio padre erano le banche estere che avevano esteso i prestiti sindacati a Banco Ambrosiano Holding del Lussemburgo. In nessun caso queste banche dovevano venire a sapere dei rapporti tra Banco Ambrosiano e Vaticano. Di qui la crisi causata nel 1977 dai revisori della banca di Nassau, che volevano esplicitarli nei bilanci. Una tale rivelazione avrebbe causato una chiusura totale e immediata da parte delle banche estere. Il Banco non avrebbe potuto operare all'estero senza questa copertura di cui il Vaticano è interamente responsabile.

Quali sono le sue speranze future riguardo a questa storia?
Non sono preoccupato dal passare del tempo. La vicenda del Banco Ambrosiano ha un valore emblematico e ha quindi trovato il suo posto nel campo della trasparenza e regolamentazione bancaria. Le istituzioni giudiziarie di vari paesi interessati si muovono in modo imperfetto, ma per chi segue regolarmente le vicende connesse vi sono sempre delle opportunità. La polizia inglese fu più che contenta di liberarsi del caso e trasferirlo a Roma, nel 2002. L'incredibile inettitudine del Vaticano nel campo delle pubbliche relazioni durante il pontificato di Benedetto XVI ha subito un capovolgimento drastico. Non tutto è controllato e la manipolazione a volte sfugge di mano.

La tomba di De Pedis e altri segreti

Raffaella Notariale

Raffaella Notariale è scrittrice e giornalista televisiva della RAI. Per diversi anni ha lavorato per il programma *Chi l'ha visto?* È autrice di alcuni materiali riguardanti il caso Orlandi, che hanno indirizzato le indagini della Procura sulle tracce della banda della Magliana. Ha scritto due libri: *Segreto criminale*, insieme a Sabrina Minardi e *Il boss della banda della Magliana*, entrambi editi da Newton Compton editori.

Nel 2005 alla redazione del programma televisivo di Rai Tre Chi l'ha visto? *arrivò una chiamata anonima: «Riguardo al fatto di Emanuela Orlandi, per trovare la soluzione del caso andate a vedere chi è sepolto nella cripta della basilica di Sant'Apollinare, e del favore che Renatino fece al cardinale Poletti all'epoca. E chiedete al barista di via Montebello, che pure la figlia stava con lei, con l'altra Emanuela»*[1]*. Al seguito di questa telefonata lei è riuscita a trovare le foto e i documenti riguardanti la tomba di De Pedis. Può in breve raccontare la storia della sua sepoltura in questa basilica?*

All'epoca lavoro nella redazione del programma *Chi l'ha visto?* e l'autore, Pier Giuseppe Murgia, mi chiede di occu-

[1] La trasmissione è andata in onda su Rai Tre il 19 settembre 2005.

parmi della sparizione di Emanuela Orlandi. Conosco solo i dettagli salienti sulla sua scomparsa e, per cercare di capire che cosa possa esserle accaduto, comincio dall'inizio, dai lanci d'agenzia; continuo con i giornali dell'epoca, che recupero in emeroteca, proseguo con i libri riguardanti la sua sparizione, ma anche con i saggi riguardanti la P2, il Vaticano, il fallimento del Banco Ambrosiano, la vicenda di Roberto Calvi, l'attentato a Giovanni Paolo II. Contatto poi investigatori e magistrati e, nel mentre, nel mese di giugno, arriva una chiamata anonima alla segreteria telefonica della redazione. Un uomo dice che se vogliamo capire che cosa è realmente accaduto a Emanuela Orlandi, dobbiamo verificare chi c'è sepolto nella cripta della basilica di Sant'Apollinare e arrivare a conoscere il favore che Renatino, al secolo Enrico De Pedis, aveva fatto al cardinale Ugo Poletti.

Verifico che nella cripta è seppellito De Pedis e riesco a entrare in possesso di documenti inediti. In un filmato che realizzo e che va in onda nel settembre successivo, aprendo la stagione televisiva di *Chi l'ha visto?*, mostro i certificati che attestano il trasferimento della salma di Enrico De Pedis dal cimitero del Verano alla cripta della basilica di Sant'Apollinare, oltre alla richiesta di monsignor Vergari (allora, cioè nel 1990, rettore della basilica) che definisce De Pedis un "benefattore" e la risposta autografa del cardinale Poletti, all'epoca dei fatti vicario del papa e presidente della CEI. Inoltre, mostro le foto esclusive del sarcofago, la richiesta della vedova di Renatino, il nulla osta del Comune di Roma, il successivo verbale della Direzione investigativa antimafia[2].

[2] I documenti sono stati pubblicati anche in: Raffaella Notariale, Sabrina Minardi, *Segreto criminale: la vera storia della banda della Magliana*, Newton Compton editori, Roma 2012, pp. 45-51.

La notizia ha un risalto incredibile. La visione e la diffusione di documenti inediti e compromettenti dà alla vicenda un'eco senza pari.

Ma davvero la banda della Magliana e, più in particolare i Testaccini, cioè la frangia più pericolosa e potente della holding criminale capitolina, hanno avuto un ruolo nell'*affaire* Orlandi?

Dei nessi non mancano. E non mancano neppure i sospetti. Ne hanno diverse persone, tra cui investigatori e inquirenti. Tra i lanci e i giornali che visiono, mi soffermo sulla notizia riguardante uno degli arresti di Enrico De Pedis. Per rintracciare lui, latitante, la squadra mobile pedina e intercetta Sabrina Minardi, ex moglie del calciatore Bruno Giordano e poi amante di Renatino. L'arresto avviene nel 1984, De Pedis finisce in carcere, la Minardi ai domiciliari.

Lei è stata l'unica giornalista che è riuscita ad avvicinare e a intervistare Sabrina Minardi. Avete scritto insieme anche il libro Segreto criminale. *Chi è Sabrina Minardi? Come l'ha trovata, quante volte avete parlato e a quali conseguenze hanno portato le interviste?*

Se c'è qualcuno che può raccontare qualcosa delle malefatte dei Testaccini e del ruolo che potrebbe aver avuto Renatino, è la sua amante. I collaboratori di giustizia provengono infatti dalle fila della banda della Magliana. Non esiste nessun pentito, invece, che sia appartenuto ai Testaccini. Questi ultimi sono quasi tutti morti o irriducibili. È un fatto che i maggiori pentiti non abbiano mai detto agli inquirenti che Enrico De Pedis era sepolto in una bellissima basilica vaticana. Eppure, De Pedis riposava in pace proprio in un luogo sacro. Questo è solo un esempio che, però, rende bene l'idea: i "maglianesi" non erano a conoscenza di tutto quel che facevano i

Testaccini. E, allora, chi meglio di una donna, di un'amante, poteva aiutarmi nella ricerca dei tasselli mancanti?

Il problema, a quel punto, è rintracciare Sabrina Minardi.

Che fine aveva fatto? Era stata l'amante di Renatino, come raccontavano le cronache e come ritennero gli investigatori che usarono lei per arrivare a lui, dunque non poteva che sapere molte cose. Però il suo nome non risultava in nessun atto processuale sulla banda della Magliana. Perché? Perché nessuno l'aveva mai interrogata?

Non so neppure se sia ancora viva quando mi metto a cercarla. Non è cosa facile trovarla, ma alla fine ci riesco.

Trovo una donna malata, accorta, diffidente, ma gentile. Ho parlato con lei in svariate occasioni prima di riuscire a intervistarla per il programma *Chi l'ha visto?*

L'intervista va in onda nell'autunno del 2006 e il giorno dopo vengo convocata in Procura dal PM Luca Tescaroli che lavora al processo per l'omicidio Roberto Calvi. Vuole saperne di più, gli dico quel che so e vengo poi a sapere che il magistrato vuole che Sabrina Minardi testimoni al processo per l'omicidio del presidente del Banco Ambrosiano. Tuttavia, il presidente della Corte rifiuta di ascoltare altri teste. La Minardi viene minacciata per la sua intervista: ne approfitta per allontanarsi da Roma, si rifugia in una casa d'accoglienza per disintossicarsi, cambia numero di telefono. Non riesco a rintracciarla fino al 2008, e stavolta è lei a chiamarmi. Lo fa dopo aver parlato con i magistrati che si occupano dell'inchiesta sulla sparizione di Emanuela Orlandi[3]. Una confessione che la Minardi mi ripete in occasione delle interviste necessarie alla stesura del libro. Un libro che

[3] Marino Bisso, Giovanni Gagliardi, *Caso Orlandi, parla la superteste "Rapita per ordine di Marcinkus"*, «la Repubblica», 23 giugno 2008.

lei mi chiederà di scrivere per poter dire la sua visto che, a suo dire, in seguito alla confessione ai magistrati, una parte della stampa l'aveva trattata male e lei intendeva fissare i suoi ricordi nero su bianco.

Quando la incontro nuovamente, le sue condizioni di salute sono ulteriormente peggiorate. Un declino lento, ma inarrestabile cominciato con un incidente avvenuto nel 2002 che la lascia in coma per diversi mesi e, a seguito del quale, perde l'uso del braccio destro. Di qui una forte depressione e l'uso, anzi l'abuso, di psicofarmaci e sostanze stupefacenti.

Una confessione, la sua, chiaramente minata dal precario stato di salute, non c'è dubbio. Ma incredibilmente lucida su certi particolari. Mi chiedo spesso cosa avrebbe potuto raccontare se fosse stata interrogata prima di quell'incidente, magari nel 1984, quando venne arrestata per favoreggiamento nei confronti del latitante Enrico De Pedis.

Che cosa ha detto Sabrina Minardi in relazione alla scomparsa di Emanuela Orlandi e al suo ruolo in questa vicenda?

Nel libro la Minardi racconta che i Testaccini ebbero un ruolo nel sequestro Orlandi, ma un ruolo di manovalanza perché il mandante era un altro e apparteneva al Vaticano. Dice insomma che si tratta di una sparizione organizzata dalla *Vatican Connection*. Si trattò, in pratica, di un favore reso ad alti prelati e organizzato con la loro complicità.

La donna spiega che, mentre si trova con Renatino nei pressi del Laghetto dell'EUR, sopraggiunge un uomo di nome Sergio a bordo di un'auto nella quale c'è una ragazzina. De Pedis le chiede di poter portare l'adolescente nell'appartamento della famiglia Minardi situato a Torvajanica. A malincuore, la donna acconsente visto che De Pedis la rassicura che si tratta soltanto di una notte. La ragazzina, però, resta svariati giorni in quell'appartamento sul mare prima di essere trasferita in un'abitazione di proprietà di Daniela Mobili ubicato in via Antonio Pignatelli 13, a Monteverde. La Minardi spiega che da quell'appartamento, abbattendo un muro, si arriva a delle stanze segrete che conducono poi a un sotterraneo immenso che arriva quasi fino all'Ospedale San Camillo. Aggiunge che fu Teresina, la governante della Mobili, ad accudire la piccola Emanuela.

In effetti, la Procura trova poi l'appartamento e constata che tutto corrisponde alla descrizione della Minardi.

Infine, la donna dice che rivede Emanuela al Gianicolo, quando De Pedis le chiede di portarla a un uomo vestito da prete che l'aspetta davanti al benzinaio situato nei pressi del Vaticano. Quella è l'ultima volta che Sabrina vede la ragazzina[4].

La Minardi aggiunge di aver saputo da Enrico De Pedis che c'era lei in un sacco gettato, in seguito, in una betoniera situata in un cantiere a Torvajanica. La donna dice di aver visto Sergio, l'uomo tuttofare di De Pedis, tirare fuori dalla sua auto due sacchi e buttarli in questa betoniera[5].

Nel corso dell'interrogatorio Sabrina Minardi ha detto che nel secondo sacco si trovavano i resti del piccolo Domenico Nicitra[6]. Il ragazzino – figlio di uno storico esponente della banda – tuttavia scomparve nel 1993, dieci anni dopo il sequestro di Emanuela Orlandi e tre dalla morte di De Pedis, quando questi riposava già nella basilica. Ciò mina la credibilità di tutte le dichiarazioni della Minardi.

[4] Notariale, Minardi, *op. cit.*, p. 289.
[5] Ivi, p. 293.
[6] Piero Bongini, "*Il piccolo Domenico Nicitra vittima della lupara bianca*", «Corriere della Sera», 11 gennaio 1994.

I procuratori volevano sapere che cosa potesse esserci nel secondo sacco e la interrogarono. Quando ho più volte chiesto a Sabrina Minardi perché aveva detto che lì si trovava il corpo del piccolo Nicitra, mi ha detto che si trattava solo di un'ipotesi. Lei ha ribadito che la sua è stata solo un'idea scaturita alle domande insistenti che le venivano poste. Come si suol dire, ha buttato lì un nome per cercare di dare la spiegazione che le veniva richiesta.

Aveva pensato a Domenico Nicitra perché uno dei due sacchi era più piccolo dell'altro, ma non ha tirato in ballo Nicitra per riportare un fatto visto o conosciuto. È diverso. Ne ha fatto il nome senza pensare al fatto che la sua scomparsa è avvenuta dieci anni dopo la sparizione di Emanuela. Questo, credo, è indice del fatto che il suo racconto non è costruito.

Sabrina Minardi fu sentita dalla Procura di Roma dal procuratore aggiunto Giancarlo Capaldo e dal sostituto Simona Maisto, titolari dell'inchiesta sulla scomparsa di Emanuela Orlandi. Cosa sappiamo dell'indagini e dei riscontri fatti della magistratura?

L'inchiesta è tuttora in corso e, dunque, gli atti sono secretati. Gli inquirenti, però, dei riscontri li hanno trovati nei fatti (come nel caso di stanze segrete a cui si accede dall'appartamento a Monteverde, per esempio) e in altre testimonianze, visto che sia Antonio Mancini che Maurizio Abbatino hanno confermato il racconto, così come Fabiola Moretti. Del resto, i magistrati credono alla Minardi, considerate le dichiarazioni che hanno più volte rilasciato alla stampa.

Inoltre, la Minardi è servita per riaprire i fascicoli e dare nuovo impulso alle indagini. Non si spiega diversamente il fatto che tengano aperta questa inchiesta dal 2007 e che siano riusciti a iscrivere delle persone nel registro degli indagati.

Un vero e proprio evento, quest'ultimo, nella storia delle inchieste giudiziarie sulla vicenda.

Anche i due pentiti della Magliana, Antonio Mancini ("Accattone") e Maurizio Abbatino ("Crispino"), hanno in qualche modo avvallato la versione della Minardi?

Ripeto, da quanto si è saputo *de relato*, visto che gli atti sono secretati, entrambi i pentiti hanno confermato e lo avrebbe fatto anche Fabiola Moretti.

In questa storia è comparsa una macchina BMW, sulla quale fu visto davanti al Senato l'uomo che offrì a Emanuela il lavoro per Avon. Cosa ha scoperto al riguardo di questa BMW?

Posso aggiungere che, partendo da una lista di BMW vendute all'epoca, l'agente dei servizi segreti Giulio Gangi risalì a un'automobile portata nell'officina di un uomo vicino alla banda della Magliana. Un'auto che aveva il finestrino anteriore, lato passeggero, rotto dall'interno, come da qualcuno che si dibatteva. Gangi risalì alla proprietaria, una donna che viveva nel residence Mallia, frequentato anche da Fabiola Moretti e Danilo Abbruciati. Una donna che, poi, bloccò le sue indagini facendolo redarguire da un suo superiore. Una storia strana che si aggiunge ad altre stranezze: perché i servizi segreti erano a casa Orlandi quando ancora la sparizione di Emanuela sembrava solo una fuga adolescenziale? Perché lo stesso Gangi disse poi ai familiari di Emanuela che la ragazzina stava bene, era stata liberata ed era accudita dai suoi colleghi dei servizi, che l'avrebbero fatta riprendere, riposare e poi riaccompagnata a casa?

Nel 2008, in conformità con le istruzioni di uno dei testimoni chiave, è stata trovata in un garage sotto Villa Borghese una BMW 745i di colore grigio, che corrispondeva alla descrizione della Minardi. Nei documenti della vettura, non vi era alcuna menzione del primo proprietario. Come inviata del programma *Chi l'ha visto?* sono andata a controllare i documenti all'ufficio di registrazione e ho scoperto che il primo proprietario era Flavio Carboni. Mi sembrava strano che la sua vecchia auto fosse stata abbandonata così per anni. Ma le ricerche fatte dal laboratorio di medicina legale non hanno portato alcun risultato. La macchina era pulita, non è stata trovata alcuna traccia di Emanuela. Dopo venticinque anni e diversi proprietari sarebbe stato difficile trovare anche un capello della ragazza. Non si può sostenere che questa sia stata l'auto usata per rapirla.

Il rapporto tra Flavio Carboni e persone appartenenti alla banda della Magliana è storicamente documentato, ma le ipotesi circa la vettura non hanno trovato alcun fondamento nei fatti.

Lei ha mai pagato Sabrina Minardi per queste interviste?
Non ho mai pagato Sabrina Minardi. Mai. Né per l'intervista televisiva, né per il libro.

Prima di Emanuela Orlandi scompare anche Mirella Gregori. Perché i due casi sono stati collegati e cosa c'entra con questo la strana storia di Raul Bonarelli?
Due ragazze scomparse. Misteri, depistaggi, ragioni di stato contrapposte. I due casi sono stati accomunati più per l'assenza che per la presenza di fatti concreti. A conti fatti, le due famiglie hanno lo stesso avvocato, inizialmente, Gennaro Egidio, procurato dai servizi segreti. Vengono citate nei comunicati stampa, in comune hanno una foto scattata poco prima delle rispettive scomparse, immagini simili nelle quali le ragazze appaiono sorridenti al cospetto del papa.

La vicenda che lega questi due *cold case* a Raul Bonarelli è inquietante.

Gli elementi di connessione emersi finora sono tre: il fatto che nei comunicati dei rapitori di Emanuela spuntò il nome di Mirella; i contatti delle adolescenti con venditori di prodotti Avon; la presenza nelle due indagini dell'allora vicecapo della vigilanza vaticana (ancora in servizio), Raul Bonarelli.

C'è una ben nota intercettazione del 12 ottobre 1993. Alla vigilia dell'incontro con il giudice Adele Rando, Bonarelli fu imbeccato dal suo capo: «Che sai di Orlandi? Niente! Non dirlo, eh... Alla Segreteria di stato non se ne sa nulla». L'invito era a tacere sul livello "politico" della questione[7].

A quella intercettazione, se ne aggiunge un'altra. Sono le 14:27 del giorno dopo: Bonarelli è appena uscito dal tribunale. «Te l'ho detto che ti trovavi in mezzo ai guai», gli dice la moglie Angela, riferendosi al fatto che il marito è stato interrogato perché la madre di Mirella aveva detto di averlo visto al bar sotto casa, sulla Nomentana, mentre parlava con sua figlia, e nel dicembre 1985 nella parrocchia di San Giuseppe, durante una visita di Wojtyła. «È uscito sul giornale», racconta lui, «di uno della sicurezza del papa, quello che aveva adescato la figlia al bar, pensa un po'... Il parroco deve aver fatto il mio nome...».

La signora Gregori, al momento del confronto, non riconobbe Bonarelli, che uscì dall'inchiesta. Ciò non toglie, però, che a fine telefonata emerga dell'altro: «Per me è uno di quelli che stava lì intorno in quel periodo... che ce ne ha avuti tre o quattro di questi praticoni il prete, no?», esclama il superpoliziotto vaticano. Che si riferisca al parroco di San

[7] Notariale, Minardi, *op. cit.*, p. 125.

Giuseppe è probabile. Che in romanesco "praticoni" stia per persone un po' losche è fuori discussione.

Che cosa aveva detto il cardinale Silvio Oddi della scomparsa di Emanuela Orlandi?

Il cardinale Silvio Oddi ha raccontato cose compromettenti sul caso Orlandi dieci anni dopo i fatti[8]. Vere o false? Io non credo alla pista di Emanuela libertina e smaliziata. Comunque, per restare a quanto dichiarato dal prelato, ricordo che rilasciò un'intervista al quotidiano «Il Tempo» nel corso della quale disse: «Emanuela non venne sequestrata all'uscita dalla scuola di musica, ma quella sera tornò a casa a bordo di un'automobile di lusso sulla quale ripartì. L'ignoto accompagnatore attese la ragazza alla porta di Sant'Anna, probabilmente per non farsi vedere dalle guardie svizzere che avrebbero potuto riconoscerlo».

Sabrina Minardi ha fatto sesso per soldi con diversi uomini molto potenti e ricchi. Lei aveva detto che tra le persone che aveva frequentato e a cui aveva portato anche le sue amiche, c'era Paul Marcinkus. Inoltre la donna dice di aver portato al prelato borse piene di soldi da parte di Enrico De Pedis[9]. *Il Vaticano ha dichiarato che queste accuse false e infamanti infangano il nome del defunto, che non può più difendersi*[10].

Quanto mi ha detto è scritto nero su bianco nel libro *Segreto criminale*, edito dalla Newton Compton editori. Che a Marcinkus piacessero le donne, è cosa risaputa. Che i soldi

[8] L'intervista della giornalista Anna Maria Turi con il cardinale Silvio Oddi («Il Tempo», 22 luglio 1993) ha suscitato un grande scalpore e, di conseguenza, il cardinale ha dichiarato di avere semplicemente riferito delle voci.

[9] Parole di Sabrina Minardi in *op. cit.*, pp. 115-116.

[10] Andrea Tornielli, *"Basta bugie", il Vaticano difende Marcinkus*, «Il Giornale», 25 giugno 2008.

della mafia siano transitati attraverso il Banco Ambrosiano di Roberto Calvi, passati allo IOR presieduto da Marcinkus e finiti nelle tasche del sindacato polacco Solidarność è storia.

Il procuratore Luca Tescaroli voleva sentire Sabrina Minardi al processo per l'omicidio di Roberto Calvi. Perché? Quali rapporti univano la giovane Sabrina al potente "banchiere di Dio"?

Voleva sentirla per via di ciò che lei mi disse nel corso di un'intervista che ho realizzato nel 2006, quando lavoravo come inviata per una trasmissione in onda su Rai Tre. La Minardi mi riferì di aver conosciuto Roberto Calvi e raccontò degli aneddoti che riguardavano l'ex presidente del Banco Ambrosiano. Si erano conosciuti a una festa e poi incontrati in seguito, racconta la Minardi. Purtroppo, il presidente della Corte non volle ascoltarla, disse di aver sentito già troppi testi.

Nel suo libro c'è anche un altro spunto molto importante, che è sfuggito a tanti che si sono occupati del caso Calvi: il servizio dell'inviato Sandro Paternostro, realizzato nove giorni dopo il ritrovamento del corpo del banchiere sotto il Ponte dei Frati Neri, a Londra. Cosa diceva e di quale rapporto confidenziale parlava il servizio?

Sì, ho voluto ricordarlo: «Roberto Calvi è stato assassinato per strangolamento. La polizia inglese non nutre più il minimo dubbio. Il banchiere è stato assassinato tra le 19 e le 22 di giovedì 17 giugno corrente ed è stato appeso dagli assassini, mediante la stessa fune con la quale è stato strangolato, a una impalcatura metallica sotto il lato nord del ponte Blackfriars sul Tamigi, mentre vi era l'alta marea. Con una imbarcazione, gli assassini, veri esperti del crimine, si sono recati fino all'impalcatura e, compiuta la loro macabre missione, si sono allontanati seguendo la corrente. Quanto abbiamo rivelato è uno dei punti principali di un rapporto riservato, ma decisivo dell'Interpol alla magistratura romana. Rapporto compilato sulla base dei risultati della perizia necroscopica effettuata qui a Londra sul cadavere del banchiere, e della relazione redatta dai funzionari della polizia della City»[11].

Questo ha detto l'inviato Sandro Paternostro a nove giorni dal ritrovamento del cadavere di Roberto Calvi. Non è dato sapere che fine abbia fatto il rapporto "riservato, ma decisivo" redatto dall'Interpol e inviato alla magistratura romana. Rapporto che Paternostro aveva letto, ma che viene presto surclassato dai resoconti della polizia inglese in cui si parla di "un classico suicidio".

«Il motivo è una questione di denaro. Prima ci fu l'attentato a Roberto Rosone, il vicepresidente dell'Ambrosiano, che si doveva "addolcire" perché metteva i bastoni tra le ruote a Calvi. Poi furono fatte avere delle fotografie al papa: lo ritraevano in una piscina attorniato da suore. Gliele avrebbe portate Licio Gelli, ma non ebbero effetto. Infine l'impiccagione di Calvi. Visto che il denaro non rientrava, De Pedis decise di portar via la ragazzina». Questo raccontò in un'intervista a «l'Unità»[12] il pentito Antonio Mancini. Di quale denaro parlava? Di soldi della mafia che attraverso l'Ambrosiano e lo IOR sono stati impegnati per il finanziamento di Solidarność?

Sì, parlava di quel danaro. Ne sono certa perché ho avuto modo di confrontarmi con Antonio Mancini e me lo ha confermato.

[11] Sandro Paternostro, Telegiornale Rai, 26 giugno 1982, citato in Notariale, Minardi, *op. cit.*, p. 99.
[12] Angela Camuso, "*Questa è la prova che la Banda della Magliana fa ancora affari*". *Intervista con Antonio Mancini*, «l'Unità», 26 febbraio 2010.

La Minardi sostiene che il mandante del rapimento di Emanuela fu monsignor Marcinkus[13]*. Ma se lui era il capo dello* IOR *e la banca vaticana non voleva restituire i soldi a Calvi, che senso aveva delegare a De Pedis il rapimento della cittadina vaticana? Per ricattare se stesso?*

Per ricattare una fazione opposta. Non dimentichiamo l'Ostpolitik. Con questo termine si designa il complesso delle relazioni diplomatiche del Vaticano con i paesi del blocco sovietico. Queste relazioni sono state segnate da complessi accordi, incontri, reciproche concessioni determinate dalla necessità di tutelare la Santa Sede e i suoi fedeli nei paesi del totalitarismo, nonché dalla necessità di proteggere i cattolici dalle insidie di un sistema ateo e materialista. Alcuni alti prelati erano sfacciatamente a favore dell'apertura alla politica dei paesi dell'Est, altri la combattevano senza pudore.

A quanto ha riferito la stampa, sembra che la Procura di Roma attraverso una perizia fonica sia riuscita riconoscere la voce del telefonista che nel 1982 chiamò a casa Orlandi subito dopo il rapimento qualificandosi come Mario e la voce dell'autore della telefonata anonima al programma Chi l'ha visto? *del 2005. Si sospettò di Giuseppe De Tomasi ("Sergione") e Carlo Alberto De Tomasi. Sergione tuttavia nega, poiché in quel momento si trovava in carcere*[14]*. Che c'entrano queste due persone con questa storia?*

Sergione De Tomasi era molto amico di Enrico De Pedis. Che gli possa aver dato una mano in quest'occasione non è da escludere. Le perizie disposte dalla Procura confermano,

[13] Parole di Sabrina Minardi; vedi *op. cit.*, p. 276.

[14] *Quello che telefona a "Chi l'ha visto?" e sbrocca. Giuseppe De Tomasi irrompe dalla Sciarelli che parlava di Emanuela Orlandi*, «Giornalettismo», 16 maggio 2012.

da quanto si è saputo, che a fare quelle due telefonate sono stati padre e figlio. In quest'ottica, se la cosa venisse confermata, fa riflettere il fatto che quando a casa Orlandi chiamò il fantomatico Mario, costui disse che conosceva Pierluigi, che aveva telefonato prima di lui, e che era solo un ragazzo. Il suo ragazzo? Cioè suo figlio? Lo stesso che avrebbe poi lasciato un messaggio nella segreteria della trasmissione? Inquietante. Ma se la pista è giusta come sembra – dato il numero degli iscritti nel registro degli indagati, le conferme dei due maggiori pentiti della banda della Magliana e l'intercettazione telefonica nel corso della quale uno degli indagati dice alla sua ex fidanzata che lui con quel sequestro c'entra, che l'ha fatto per soldi e che lo rifarebbe – allora le telefonate di padre e figlio, pur restando inquietanti, non sono poi così strane.

Quante persone sono state iscritte nel registro degli indagati? Chi sono e quale ruolo avrebbero avuto nel sequestro?

Al momento, da quanto la stampa è riuscita a carpire, gli indagati sono cinque: Sergio Virtù, Angelo Cassani, detto "Ciletto", Gianfranco Cerboni, detto "Gigetto". Tutti soggetti che hanno fatto parte del gruppo che ha infiammato la capitale tra gli anni Settanta e Ottanta. Sono stati individuati sulla base di una serie di riscontri oltre che grazie alle dichiarazioni di pentiti della banda della Magliana. Oltre a loro, Sabrina Minardi, che si è chiamata in causa, e monsignor Vergari[15]. Da quanto si è appreso, sono tutti indagati dalla Procura di Roma per concorso nel sequestro di Emanuela Orlandi.

[15] *Caso Orlandi, "indagato monsignor Pietro Vergari"*, «la Repubblica», 18 maggio 2012.

Pensa che Sabrina Minardi sappia di più di ciò che finora ha detto?

Se sapeva altro, l'ha dimenticato per sempre.

Nel maggio del 2012, Enrico De Pedis è stato definitivamente rimosso dalla basilica vaticana di Sant'Apollinare, le sue spoglie cremate, e le ceneri disperse in mare. Secondo lei come finirà il caso di Emanuela Orlandi?

Sono pessimista, ritengo che finirà male. Non credo che i risultati degli esami sulle ossa rinvenute nella terra sotto e accanto al sarcofago conducano direttamente alla povera Emanuela. Agli inquirenti, in assenza della "prova provata", non resterà che archiviare il fascicolo. Purtroppo. L'errore che alcuni hanno fatto è stato ritenere che nella tomba di De Pedis potessero esserci tracce della Orlandi o della Gregori, ma questo è impossibile. Le due ragazze sono sparite sette anni prima dell'uccisione di Renatino. Chi mai si sarebbe preso la briga di andare a riesumare i loro poveri resti per portarli nella cripta di quella basilica? La telefonata anonima registrata dalla segreteria telefonica di *Chi l'ha visto?*, in questo, è molto chiara. L'anonimo dice che per capire che fine abbia fatto Emanuela, bisognava verificare chi fosse sepolto a Sant'Apollinare e scoprire il favore che Renatino aveva fatto all'allora cardinale Poletti. Qual è questo favore? La salma di De Pedis è stata sfrattata, ma il perché sia stato seppellito in quel luogo sacro resta ancora un mistero.

L'americano polacco

Intervista con Mister X

Mister X è un polacco nato in Canada, ha vissuto per lungo tempo in Italia. Per via della sua professione di agente cinematografico, aveva avuto un contatto casuale con la famiglia Orlandi e, dopo il rapimento di Emanuela, venne fermato dalla polizia italiana, poiché la sua voce ricordava quella dell'Americano, colui che aveva condotto le trattative a nome dei presunti rapitori. La somiglianza della voce colpisce anche oggi. Ha accettato per la prima volta di rilasciare dichiarazioni ufficiali in merito alla vicenda, ma preferisce rimanere anonimo.

Lei è stato fermato per il caso Orlandi. Quando e come è successo? Quanto è durato il fermo?

L'episodio fu legato a un fatto di cui appresi soltanto nel corso dell'interrogatorio. Organizzavo e organizzo cast cinematografici. Per questa ragione avevo dato il mio biglietto da visita alla sorella di Emanuela Orlandi. Successe prima della scomparsa della ragazza, nel 1983, in modo assolutamente casuale.

Dopo un lungo intervallo di tempo sono stato fermato da alcuni poliziotti in borghese e condotto al commissariato di via Cavour, dove c'era la centrale dei cosiddetti "detective". Mi hanno trattenuto per tutta la notte. Mi sentivo in manicomio. Mi facevano in continuazione diverse domande. Alle quattro di notte mi hanno detto che se avessi rivelato dove era nascosto il cadavere, il giorno dopo sarei potuto partire per il Canada per tornare dalla mia famiglia. Ho pensato di avere di fronte o uno psicopatico o uno stupido. Alle cinque mi hanno ordinato di parlare al telefono, di qualsiasi cosa. Alla fine risultò che era un test della voce.

C'era il sospetto che lei potesse essere l'Americano, ovvero l'uomo che aveva telefonato a casa Orlandi e al Vaticano per condurre le trattative a nome dei rapitori[1]*?*

Sì. Ho un accento straniero. La polizia aveva registrato la mia voce al telefono e l'aveva confrontata con le registrazioni di quella dell'Americano. C'erano alcune minacce, proposte. Finì che, quando controllarono tutto, la mattina mi offrirono un cappuccino.

Le caratteristiche dell'Americano, detto anche "Mister X", elaborate dai servizi italiani sono le seguenti: «1) straniero, verosimilmente di cultura anglosassone; 2) livello intellettuale e culturale elevatissimo; 3) conoscenza della lingua latina e, successivamente, di quella italiana; 4) appartenente (o

[1] Il 5 luglio 1983 un anonimo telefonò alle 12:50 all'ufficio stampa vaticano e alle 14.00 a casa Orlandi; parlò con lo zio di Emanuela, Mario Meneguzzi, e gli fece ascoltare la registrazione di due frasi pronunciate dalla ragazza e ripetute sette volte. Questo contatto telefonico diede inizio alle trattative condotte a nome dei rapitori da un uomo che venne chiamato l'Americano, poiché spesso usava espressioni inglesi. Lo scopo ufficiale di queste trattative era la liberazione di Ali Ağca. In seguito l'Americano parlò direttamente con il segretario di stato attraverso una linea telefonica diretta con il codice 158. Come sostiene l'ex magistrato Ferdinando Imposimato, l'anonimo aveva un accento slavo. Fonte: Ferdinando Imposimato, *Vaticano. Un affare di stato. Le infiltrazioni, l'attentato. Emanuela Orlandi*, Koinè Nuove Edizioni, Roma 2003, pp. 97-99.

inserito) nel mondo ecclesiale; 5) formalista, ironico, preciso e ordinato nelle sue modalità comportamentali, calcolatore, pieno di sé, sicuro del proprio ruolo e forza, sessualmente amorfo; 6) ha domiciliato a lungo a Roma, conosce bene soprattutto le zone della città che rappresentano qualche cosa per la sua attività; 7) ben informato sulle regole giuridiche italiane e sulla struttura logistica del Vaticano»[2]. *Quali di queste caratteristiche le si confanno?*

Parlo molto bene l'inglese, ho studiato in Canada da bambino, e poi in Inghilterra. Non so il latino, so l'italiano. Conosco molti preti. Conoscere un po' il Vaticano non era difficile in quegli anni, specialmente per un polacco.

Successivamente qualcuno è tornato sull'argomento, rinnovando i sospetti?

No. Si sono scusati con me e lì si è chiusa la vicenda. Il maggiore, che allora mi ha interrogato, come ho saputo da un mio conoscente avvocato, successivamente è stato rimosso dalla polizia, ma per altre ragioni.

In seguito si è interessato alla vicenda di Emanuela Orlandi? Cosa le è successo secondo lei?

Posso dire la mia opinione personale, quella che mi sono fatto seguendo la vicenda sui media. Penso che della scomparsa di Emanuela sia responsabile la banda della Magliana, che effettuò il sequestro su ordine del Vaticano. La faccenda è legata alla pedofilia ecclesiastica. Il fatto che la ragazza era stata vista in compagnia di un uomo con la BMW, che le aveva proposto un lavoro come venditrice di cosmetici Avon

[2] *Rapporto Emanuela Orlandi*, redatto dal vicedirettore del SISDE Vincenzo Parise il 14 novembre 1983.

e che questi fosse somigliante proprio al boss della banda, sepolto successivamente nella basilica presso cui vi era la scuola, dove lei era solita frequentare lezioni di musica, dà adito a molti sospetti[3]. Per arrivare alla verità, bisognerebbe parlare con il parroco che allora era rettore della basilica e che mi sembra sappia molto più di quello che ha detto.

Con don Vergari?

Sì, con lui, ma ora abita fuori Roma ed evita le interviste. Fece richiesta al cardinal Poletti affinché le spoglie di De Pedis fossero sepolte in quella chiesa. Adesso sono state rimosse per via della grande pressione mediatica.

Secondo alcuni questa vicenda è legata alla morte del comandante delle Guardie svizzere Alois Estermann. Molti ritengono che lui e la moglie non furono uccisi in un raptus di follia, ma si sia trattato di un triplice omicidio, poiché Estermann forse sapeva molte cose in merito alla scomparsa di Emanuela.

[3] L'opinione del mio interlocutore rispecchia le convinzioni che molti si sono fatti sulla base delle informazioni fornite dai media italiani negli anni 2012-2013. Naturalmente queste convinzioni possono essere del tutto errate.

Due scenari per il caso Orlandi

Intervista con Gianluigi Nuzzi

Gianluigi Nuzzi è un giornalista, scrittore e inviato speciale per il settimanale «Panorama». Collabora, tra gli altri, con «Il Giornale», il «Corriere della Sera», «Libero», «L'Europeo». Si è occupato di molte importanti inchieste giornalistiche relative a scandali italiani. Ha condotto il programma televisivo *Gli intoccabili* e *Le inchieste di Gianluigi Nuzzi*. È autore dei libri *Metastasi, Vaticano S.p.A.* e *Sua santità. Le carte segrete di Benedetto XVI*. Questi ultimi sono diventati bestseller mondiali e sono stati tradotti in diverse lingue.

Sulla scomparsa di Emanuela Orlandi sono state fatte varie ipotesi. Nella sua inchiesta, trasmessa su La7 a febbraio 2013[1]*, lei ha detto che si prospettano due scenari: 1. Emanuela fu portata a un incontro a sfondo sessuale durante il quale è morta. 2. Emanuela non è mai uscita da Sant'Apollinare*[2] *dove è scomparsa. Può spiegare perché queste due ipotesi?*

[1] *Emanuela Orlandi, Le inchieste di Gianluigi Nuzzi*, La7, 23 febbraio 2013.

[2] Sant'Apollinare alle Terme è una chiesa titolare, una basilica minore di Roma situata nella omonima piazza, nei pressi di piazza Navona. Nei sotterranei della basilica si trova un ossario, dove venivano sepolte le spoglie dei fedeli già dal XVIII secolo. Nella cripta è stato sepolto Enrico De Pedis, ucciso nel corso di un regolamento di conti il 2 febbraio 1990 in via del Pellegrino, vicino a Campo de' Fiori. Negli anni Ottanta dello scorso secolo presso la basilica si trovava anche la scuola di musica Ludovico da Victoria, frequentata da Emanuela Orlandi.

L'ipotesi del movente sessuale si ritrova in diversi indizi: dalle testimonianze di sacerdoti come padre Amorth che fanno riferimento esplicito a festini in ambasciate presso la Santa Sede[3] al fatto che la basilica di Sant'Apollinare dove la Orlandi studiava musica era frequentata da professori accusati di abusi sessuali – come emerso di recente dalle ultime testimonianze raccolte[4]. La polizia sta anche indagando per rintracciare i seminaristi che avrebbero alloggiato per diversi anni in una parte della basilica. Diversi elementi fanno ritenere questa ipotesi tra le più possibili. Bisogna anche ricordare che Emanuela è una brava ragazza: non si sarebbe mai fidata di chi non conosceva e quindi deve aver seguito qualcuno che sapeva chi fosse. Diversi testimoni hanno riconosciuto in alcuni soggetti vicini alla banda della Magliana le persone che la seguivano prima della scomparsa. Escluso il rapimento a fine di lucro o di ricatto, rimane in piedi quello a scopo sessuale.

Insomma sulla scomparsa della ragazza per il momento si parla di ipotesi investigative per cui si stanno cercando riscontri. Ma che hanno orientato l'indagine su due possibili scenari alternativi: nel primo, Emanuela sarebbe stata circuita nei pressi della basilica e coinvolta in un "festino", durante il quale si è determinato il suo decesso. Nel secondo, invece, Emanuela sarebbe stata attirata all'interno del complesso, dove sarebbe stata vittima di un'aggressione, che ne potrebbe aver causato la morte, forse anche in maniera accidentale. Entrambi gli scenari ruotano attorno al complesso di

[3] Giacomo Galeazzi, *Padre Amorth: "Orlandi, fu un delitto a sfondo sessuale"*, «La Stampa», 22 maggio 2012.

[4] Uno degli allievi della scuola di musica frequentata da Emanuela rivelò di essere stato testimone di molestie. Il ragazzo era più giovane di Emanuela, quindi la vicenda potrebbe non avere nessun legame con la scomparsa della ragazza. Fonte: Gianluigi Nuzzi, *Vaticano, Nuzzi: abusi sessuali nella scuola di Emanuela Orlandi*, «Libero», 9 marzo 2013; Fabrizio Peronaci, *Un compagno del coro e altri tre testimoni sentiti sul caso Orlandi*, «Corriere della Sera», 24 febbraio 2013.

Sant'Apollinare, e collocano la sera stessa della sparizione di Emanuela anche il suo decesso. In entrambi i casi si propende a pensare che Emanuela sia stata attratta o circuita da figure conosciute o comunque da lei non ritenute pericolose: una persona o un gruppo di persone, responsabile della sua morte.

Perché, a suo avviso, non sono valide altre ipotesi? Emanuela potrebbe essere stata rapita dai Lupi grigi per poi essere scambiata con Ali Ağca o dai servizi dei paesi dell'Est che attraverso il rapimento volevano costringere Ağca a sabotare la pista bulgara relativa all'attentato al papa... O ancora il sequestro potrebbe essere stato organizzato dalla banda della Magliana che intendeva ricattare il Vaticano...[5]

Perché Ali Ağca non ha mai portato né un testimone né un foglio di carta, né una prova a sostegno di queste tesi che sono naufragate con gli accertamenti investigativi disposti negli anni. Per quanto riguarda la terza ipotesi, neanche quella è supportata da prove.

Don Vergari, ex rettore di Sant'Apollinare è stato iscritto nel registro degli indagati[6]*. Chi è don Vergari e cosa c'entra secondo lei con la scomparsa di Emanuela?*

[5] Dopo la pubblicazione della sua autobiografia *Mi avevano promesso il paradiso: la mia verità sull'attentato al papa* (Chiarelettere, Milano 2013), Ali Ağca ha rilasciato un'intervista al programma televisivo *Quarto grado* nella quale ha dichiarato che il mondo segue da anni le menzogne della tossicodipendente Sabrina Minardi e la falsa storia legata alla tomba di De Pedis, invece Emanuela è stata rapita solo per scambiarla come ostaggio in cambio della sua liberazione. Lo stesso è successo con Mirella Gregori. Il sequestro sarebbe stato realizzato su ordine del governo iraniano. Qualcuno in Vaticano avrebbe aiutato i rapitori. Il papa si appellò al mondo chiedendo la liberazione di Emanuela e non poteva mentire. La ragazza alla fine è stata liberata e chiusa in un monastero. Tutto ciò si sarebbe svolto grazie alla collaborazione tra la Santa Sede e l'Iran. Emanuela si troverebbe nelle mani del Vaticano. Ağca ha detto che alla fine mostrerà le prove a tutto il mondo. Fonte: *Quarto grado*, Rete 4, 8 marzo 2013.

[6] *Emanuela Orlandi: Don Pietro Vergari indagato per concorso in sequestro*. Fonte: *Chi l'ha visto?*, Rai Tre, 18 maggio 2012.

Don Vergari è rettore a Sant'Apollinare dal 1978 al 1991. Ha un impiego alla Segnatura apostolica. E per più di vent'anni presta servizio in aiuto al cappellano del carcere di Regina Coeli. Agli inquirenti Vergari racconta di aver conosciuto De Pedis quando era detenuto. Tra i due si crea un rapporto speciale, tanto che il sacerdote si renderà disponibile a portarne le ambasciate fuori dal carcere al padre e ai fratelli[7]. Quale fosse il tenore di questi messaggi, lo avrà forse riferito ai magistrati. Vergari sembra costruirsi un'immagine quasi eroica di De Pedis: sostiene che è un benefattore. Racconta di come Renatino dividesse con gli altri detenuti le consegne che gli arrivavano da fuori. E ricorda che, una volta scarcerato, aveva donato offerte per i poveri. Secondo un'altra testimonianza, poi, Renatino aveva dato sostegno ad alcuni seminaristi seguiti da Vergari: consentiva ad esempio che mangiassero gratuitamente nella pizzeria del fratello a Trastevere e ne aveva coperto in alcuni casi spese per viaggi in aereo. Uscito dal carcere, De Pedis frequenta la basilica. Vi ci porta anche la signora Carla, sua compagna dai primi anni Ottanta. Ed è proprio il rettore Vergari a celebrare il matrimonio nel giugno del 1988 a Sant'Apollinare. Così come sarà sempre lui a celebrare le esequie di De Pedis due anni più tardi, dopo il suo assassinio[8]. Per delineare meglio i rapporti tra Renatino e don Vergari, negli ultimi anni in Procura vengono chiamati a più riprese sia lui sia la signora Carla De Pedis, come persone informate sui fatti. Confrontando le deposizioni e monitorando le telefonate, che tra i due sembrano infittirsi sempre più man mano che cresce l'attenzione pubblica attorno alla sepoltura di De

[7] *Emanuela Orlandi, Le inchieste di Gianluigi Nuzzi…*
[8] Vedi il capitolo *La tomba di De Pedis e altri segreti*.

Pedis nella cripta della basilica, gli inquirenti rilevano una serie di contraddizioni. Sono questi gli elementi investigativi, che potranno anche condurre a un nulla di fatto, ma che al momento aprono diversi interrogativi.

Ci sono alcuni punti che non tornano nel racconto di don Vergari messo a verbale durante le sue deposizioni davanti agli inquirenti: quando si sono conosciuti lui e De Pedis? Chi ha voluto la sepoltura del boss nella cripta della basilica? Com'è stato ottenuto il nulla osta per questa sepoltura? Perché le risposte a queste domande sono importanti?

Queste e altre domande rimbalzano senza risposta. Quando si sono conosciuti don Vergari e De Pedis? In una testimonianza resa agli inquirenti, Vergari ricorda che avvenne tra il '78 e il '79. La vedova De Pedis sostiene invece che fosse nel 1986. Chi ha chiesto la sepoltura di De Pedis a Sant'Apollinare? Per don Vergari fu la vedova De Pedis a farlo. Al contrario, in una deposizione la signora sostiene che dopo la morte del marito don Vergari si presentò da lei, per ricordarle come questo fosse un desiderio di Renatino. Ancora: come si è ottenuto il nulla osta per la sepoltura di De Pedis in basilica? Secondo la vedova, don Vergari si impegnò molto per la traslazione della salma, al punto da inviare al cardinal Poletti due lettere e da accompagnare i famigliari di De Pedis ad un incontro con il vicario di Roma. Questa circostanza è invece smentita da don Vergari.

In ogni caso, grazie all'intervento di don Vergari, la tumulazione di De Pedis avviene con tutti i crismi di una sepoltura vaticana: la struttura tombale, realizzata dagli artigiani sanpietrini, ricalca quella di papa Giovanni. Appare comunque evidente che il rapporto tra don Vergari e De Pedis fosse quantomeno ambiguo.

Un rapporto di intimità e confidenza che trova riscontro anche nelle indagini più recenti. Gli investigatori, infatti, hanno scoperto che il rapporto tra il prelato e la famiglia di Renatino continua ancora oggi. La vedova De Pedis, durante il periodo di riapertura del caso, avrebbe intrattenuto una sorta di filo diretto con don Vergari al quale avrebbe fornito utili consigli su come gestire la propria posizione di fronte agli inquirenti che di lì a poco l'avrebbero ascoltato in Procura come indagato. Ma essere sotto inchiesta, bisogna ricordarlo, non significa essere colpevole. Anzi, se non si troveranno prove decisive la posizione di don Vergari verrà archiviata[9].

Nel maggio 2012, uno tra i più famosi esorcisti al mondo, padre Gabriele Amorth, ha detto in un'intervista rilasciata al vaticanista Giacomo Galeazzi: «Come dichiarato anche da monsignor Simeone Duca, archivista vaticano, venivano organizzati festini nei quali era coinvolto come "reclutatore di ragazze" anche un gendarme della Santa Sede. Ritengo che Emanuela sia finita vittima di quel giro. Non ho mai creduto alla pista internazionale, ho motivo di credere che si sia trattato di un caso di sfruttamento sessuale con conseguente omicidio poco dopo la scomparsa e occultamento del cadavere». E ancora: «Nel giro era coinvolto anche personale diplomatico di un'ambasciata straniera presso la Santa Sede»[10]*. Poi queste dichiarazioni furono smentite.*

[9] Un indizio che indirizzò gli inquirenti verso la pista dell'abuso sessuale nella basilica di Sant'Apollinare era la conversazione telefonica a sfondo erotico tra un certo seminarista e don Vergari. Il suo contenuto è veramente scandalistico. Suscitò sospetti anche il sostegno che l'ex rettore della basilica forniva ai giovani, anche stranieri aiutandoli a intraprendere la strada del sacerdozio. Fonte: Gianluigi Nuzzi, *La telefonata a lucci rosse del sacerdote indagato per il caso di Emanuela Orlandi*, «Giallo», n. 1, 17 aprile 2013.

[10] Galeazzi, *Padre Amorth…*, *op. cit.*

Lei ha intervistato recentemente padre Amorth. A suo avviso, cosa dobbiamo pensare delle dichiarazioni di un così importante personaggio vaticano[11]*?*

Sono frasi sconvolgenti, ma purtroppo Amorth indica agli inquirenti come sua unica fonte monsignor Duca che è deceduto e, quindi, la pista si ferma.

Che opinione si è fatto lei del vero motivo per cui De Pedis fu sepolto a Sant'Apollinare?

De Pedis e Vergari erano amici ma sarei prudente e non collegherei in automatico la questione alla scomparsa della Orlandi. Penso che sia un'altra storia che corre parallela.

Emanuela scomparve il 22 giugno 1983, durante il secondo viaggio apostolico di papa Giovanni Paolo II in Polonia. Proprio Wojtyła è stato il primo a rivolgersi ai rapitori durante l'Angelus del 3 luglio, al quale seguirono altri appelli. Sappiamo bene che alla famiglia Orlandi e al Vaticano sono arrivati diversi messaggi, lettere e telefonate che rivendicavano il sequestro e chiedevano lo scambio con Ali Ağca. Se Emanuela non fu rapita, ma è scomparsa in un altro modo, perché, a suo avviso, tutte queste rivendicazioni del sequestro e le richieste dello scambio con Ağca?

[11] Nel primo articolo di Galeazzi *L'esorcista che ha visto il diavolo in Vaticano* (febbraio 2012), una recensione del libro di padre Gabriele Amorth *L'ultimo esorcista*, scritto insieme a Paolo Rodari. Giacomo Galeazzi riporta le parole di Amorth: «Io penso che una ragazza di quindici anni non sale su una macchina se non conosce bene la persona che le chiede di salire. Credo dunque che occorrerebbe indagare dentro il Vaticano e non fuori. O comunque indagare intorno alle persone che in qualche modo conoscevano Emanuela. Perché secondo me solo qualcuno che Emanuela conosce bene può averla indotta a salire su una macchina. Spesso le sette sataniche agiscono così: fanno salire su una macchina una ragazza e poi la fanno sparire». L'articolo di Galeazzi è stato pubblicato anche da «Il blog degli amici di Papa Ratzinger»: http://paparatzinger5blograffaella.blogspot.it/2012/02/lultimo-esorcista-il-libro-di-padre.html

È semplice: i numerosi appelli del papa fanno diventare la storia Orlandi una vicenda di interesse mondiale. E molti sciacalli cercano di giocare partite, pressioni e ricatti in proprio.

Pensa che la scomparsa di Emanuela Orlandi sia legata a quella di Mirella Gregori?
Non necessariamente. Le due ragazze avevano poco o nulla in comune. Penso che ci sia stata la volontà di unire i due casi per esercitare pressioni sul Vaticano. Ogni anno nella regione Lazio come in tutta Italia spariscono centinaia di persone.

La polizia scientifica ha compiuto un meticoloso e importante lavoro su una grande quantità di frammenti di ossa ritrovati nella cripta e nei sotterranei della basilica[12]. *Si trovò anche un presunto flauto traverso di Emanuela*[13]. *Pensa che a Sant'Apollinare si scopriranno tracce del* DNA *della cittadina vaticana scomparsa?*
La storia del flauto non ha nessuna credibilità. Purtroppo assistiamo a un numero infinito di persone che si presentano con le loro verità che rischiano di allontanare tutti dalla verità reale. C'è da chiedersi chi sono queste persone e perché si fanno avanti.

Secondo lei come finirà questa storia?
Verrà archiviata senza colpevoli...

[12] Dopo l'apertura della tomba di Enrico De Pedis, la Procura ordinò anche di analizzare il contenuto delle urne che si trovavano nei pressi della cripta e nell'ossario.
[13] All'inizio di marzo del 2013 un uomo si è rivolto alla redazione del programma *Chi l'ha visto?* sostenendo di sapere dove si trovava il flauto di Emanuela Orlandi e indicando il luogo. Effettivamente venne ritrovato un vecchio flauto in una custodia, avvolto in un giornale del 29 maggio 1985 con un articolo riguardante il caso Orlandi. Gli inquirenti hanno ordinarono una perizia sullo strumento musicale. All'esame degli esperti della polizia scientifica, che hanno passato al microscopio lo strumento musicale, sono stati posti oltre quaranta "prelievi specifici", ma nessuno avrebbe un quadro genetico abbastanza completo da risultare interessante per gli inquirenti.

Dov'è mia sorella Emanuela?

Intervista con Pietro Orlandi

Pietro Orlandi è il fratello maggiore di Emanuela Orlandi. Abita a Roma con la moglie Patrizia e i figli. Insieme al giornalista Fabrizio Peronaci ha scritto il libro *Mia sorella Emanuela*.

Non sappiamo ancora cosa è successo a Emanuela Orlandi, anche se sono trascorsi trent'anni dalla sua scomparsa. Sua sorella è sparita all'età di quindici anni, il 22 giugno 1983, mentre Giovanni Paolo II *si trovava per una seconda visita pastorale in Polonia, in cui ancora vigeva la legge marziale. «Sono venuto per stare con i miei compatrioti in un momento particolarmente difficile della storia della Polonia dopo la seconda guerra mondiale», ha detto il papa al generale Wojciech Jaruzelski nel corso del loro incontro ufficiale al Belvedere a Varsavia, incontro svoltosi il 17 giugno, a cui prese parte anche il primate della Polonia Józef Glemp e il segretario di stato vaticano, il cardinale Agostino Casaroli. Ebbe un forte significato simbolico anche l'incontro con Lech Wałęsa, leader di Solidarność, l'ultimo giorno del pellegrinaggio, nella valle Chocholowski, sui monti Tatra. Il «Corriere della Sera» riportò la notizia in prima pagina*[1]*. Per la Polonia fu un momento storico davvero importante. Lei invece cosa ricorda del giorno in cui scomparve Emanuela?*

Era un giorno di giugno molto caldo, che non si differenziava in nulla da tutti gli altri. Abbiamo pranzato insieme e Emanuela doveva andare all'ultima lezione alla scuola di musica Ludovico da Victoria presso piazza Sant'Apollinare a Roma.

Purtroppo ho degli spiacevoli ricordi di quell'ultima volta che vidi mia sorella, poiché avevamo litigato e lei era uscita sbattendo la porta. Voleva che l'accompagnassi io in moto, perché a volte lo facevo. Ma avevo già un impegno. Molte volte in vita mia mi sono pentito di non averla accompagnata... tutti mi dicono che era così che doveva andare, che sarebbe accaduto ugualmente, forse il giorno dopo. Non so...

Emanuela uscì di casa e aveva due possibilità: andare a piedi o prendere l'autobus. Erano due strade diverse. Mia sorella salì sull'autobus, perché era già tardi. Scese alla fermata di corso Rinascimento e fece l'ultimo tratto a piedi. Poi all'altezza del Senato la fermò un uomo con una BMW, che le offrì un lavoro: distribuire volantini della Avon alla sfilata di moda delle sorelle Fontana. Emanuela rispose che ne avrebbe parlato con i nostri genitori. Lui la tranquillizzò, dicendo che avrebbe potuto far venire anche loro. Si offrì di aspettarla all'uscita della lezione per darle del materiale pubblicitario che lei poi avrebbe potuto mostrare a casa. Emanuela andò a lezione e prima di uscire da scuola telefonò a casa, per raccontare tutto. I miei non c'erano, parlò con mia sorella maggiore, la quale le disse che il compenso proposto

[1] Fabrizio Peronaci, Pietro Orlandi, *Mia sorella Emanuela*, Edizioni Anordest, Villorba 2011, pp. 79-80.

le sembrava troppo alto e che avrebbe fatto bene a parlarne con nostro padre quella sera.

Mia sorella uscì dopo la lezione e fino alle 19:10 era in compagnia di una sua amica, che poi tornò verso casa sua. Un'altra sorella più piccola, insieme a degli amici, la aspettava duecento metri più avanti. Poiché Emanuela non si presentò all'appuntamento, andarono verso la scuola, dove arrivarono circa alle 19:30. Ma lei non c'era più. Da quel momento si sono perse le sue tracce. Insieme a papà siamo andati subito alla polizia a fare la segnalazione della scomparsa. Non vollero accettarla, poiché era trascorso troppo poco tempo. Ci spiegarono che forse si era allontanata volontariamente e aveva semplicemente tardato.

Proprio quel giorno Giovanni Paolo II stava svolgendo la sua visita pastorale in Polonia. Continua a insospettirmi il fatto che il papa fosse stato subito informato di quello "strano ritardo" di una quindicenne cittadina vaticana, mentre stava salendo sull'aereo che lo avrebbe riportato a Roma. Il Vaticano probabilmente sapeva che era stato pianificato un rapimento e temeva che si verificasse. Dopo l'attentato, Giovanni Paolo II venne presumibilmente informato di questo pericolo dallo SDECE, il servizio segreto francese[2].

Due altre famiglie vennero informate della possibilità di un rapimento di un cittadino vaticano. La vostra invece no…

Purtroppo così è stato. Due famiglie di cittadini vaticani, i

[2] La teoria secondo cui il servizio segreto francese aveva informato il Vaticano di un possibile rapimento di una sua cittadina, così come quella che lo avesse informato del fatto che qualcuno stava pianificando un attentato al papa, è un'ipotesi che non è mai stata confermata. Come tuttavia afferma il giudice Ferdinando Imposimato: «Subito dopo l'attentato vennero pedinate sia le figlie dell'aiutante di camera di Sua Santità Angelo Gugel sia quelle del capo della gendarmeria vaticana Camillo Cibin. Secondo un rapporto dei carabinieri, Raffaella Gugel venne avvertita dal padre che doveva stare attenta, poiché esisteva il pericolo che un cittadino vaticano venisse rapito».

più vicini collaboratori del papa, il maggiordomo e il capo della gendarmeria, vennero informate del pericolo. La figlia dell'allora aiutante di camera del papa Angelo Gugel, Raffaella, che era nostra amica, venne pedinata in autobus per alcuni giorni. Lo disse ai genitori, che si preoccuparono della sua incolumità. Angelo Gugel la avvisò di stare attenta, perché era stato informato del pericolo di un rapimento di una cittadina vaticana, che sarebbe dovuta servire per uno scambio di prigionieri. Noi non sapevamo niente, perché evidentemente non eravamo abbastanza importanti.

Dopo anni di polemiche, il 14 maggio 2012, la salma di Enrico De Pedis, un personaggio di spicco della banda della Magliana, è stata esumata e rimossa dalla cripta nella basilica di Sant'Apollinare. Cosa ha pensato quando nel 2005 al programma Chi l'ha visto? *telefonò uno spettatore anonimo che disse: «Riguardo al fatto di Emanuela Orlandi, per trovare la soluzione del caso andate a vedere chi è sepolto nella cripta della basilica di Sant'Apollinare»? Secondo lei, De Pedis avrebbe potuto rapire Emanuela, dal momento che proprio lui era stato sospettato di essere l'uomo della* BMW *che le offrì il lavoro di volantinaggio alla sfilata di moda?*

Se De Pedis o la banda della Magliana hanno avuto un qualche ruolo nella scomparsa di mia sorella, era un ruolo di manovalanza per conto degli altri. I mandanti del rapimento sicuramente occorre cercarli altrove. La tecnica di cui disponevano i rapitori, i loro metodi di azione erano assolutamente di un altro livello rispetto ai mezzi primitivi di cui disponevano i banditi romani. Quelli che telefonarono a casa nostra e al Vaticano nel 1983 usarono tecniche troppo moderne, inimmaginabili per un comune mortale. La polizia italiana provò a individuare il telefonista, ma le telefonate sembravano provenire da altre cabine o da molte cabine contemporaneamente, o addirittura da una sede diplomatica. L'uomo, che venne chiamato l'Americano – e che condusse le trattative a nome dei rapitori – aveva un'illimitata capacità di comunicazione con noi, con il nostro avvocato, con la Segreteria di stato della Santa Sede o con altre persone coinvolte in questa storia. Gli inquirenti spesso individuavano una cabina telefonica pubblica, ma nel corso delle conversazioni questa risultava vuota. A tecnologie del genere la banda della Magliana non aveva accesso.

Fin dall'inizio i rapitori dissero chiaramente di non essere interessati ai soldi, ma alla liberazione di Ali Ağca e che nella vicenda erano coinvolti i servizi segreti di diversi paesi.

Quando, nel 2005, nel corso della trasmissione televisiva *Chi l'ha visto?* ha telefonato quello spettatore anonimo, i magistrati ci fecero capire che ci sarebbe potuto essere qualche collegamento tra la scomparsa di Emanuela e la tomba di De Pedis. Ci fecero persino il test del DNA. Insomma, per me era importante che si andasse fin in fondo. Bisognava aprire questa tomba per fugare ogni dubbio, ma non ho mai creduto che le spoglie di mia sorella si potessero trovare lì.

Ritengo che la Procura aspettò troppo, addirittura sette anni. In quel periodo sarebbero potute succedere molte cose, specialmente perché la basilica di Sant'Apollinare vene affidata all'Opus Dei e subì una completa ristrutturazione, che riguardò anche la cripta e l'ossario. Qualcuno avrebbe potuto rimuovere tracce scomode.

Aspetto che si finiscano di analizzare tutti i frammenti di ossa delle circa duecento cassette deposte nell'ossario. Allora almeno metteremo un punto sulla vicenda della tomba di De Pedis, ma non sul De Pedis. Nel registro degli indagati per il rapimento di Emanuela sono iscritte ancora cinque persone.

Nel 2008 l'amante di De Pedis, Sabrina Minardi, ha dichiarato alla Procura che fu proprio Renatino a rapire Emanuela Orlandi e che lei l'aiutò a portare la ragazza alla sua casa di famiglia a Torvajanica. Le dichiarazioni di questa donna sono piuttosto caotiche, ma sembra che gli inquirenti abbiano trovato alcuni riscontri. La Minardi sostiene che il corpo di Emanuela venne gettato in una betoniera. Cosa ne pensa di questa versione dei fatti?

Non credo a ciò che racconta la Minardi. Alle sue dichiarazioni è stata data troppa importanza, anche perché lei non ha fornito alcuna prova. Raccontando ai magistrati del sacco gettato nella betoniera a Torvajanica, ha detto "credo", "penso", che lì ci fosse il cadavere della ragazza. Lei personalmente non ha visto.

Ho l'impressione che, purtroppo, si è dato credito alla Minardi ritenendola una testimone attendibile, perché la sua versione permetterebbe di chiudere il caso di Emanuela con una verità parziale.

Il corpo gettato nella betoniera non è possibile ritrovarlo e quindi non è possibile eseguire un'autopsia che potrebbe rivelare come è stata uccisa, un'autopsia che forse avrebbe dato qualche indicazione sugli esecutori del delitto. Gli unici responsabili per la morte di mia sorella sarebbero Enrico De Pedis e l'arcivescovo Paul Marcinkus, accusato dalla Minardi, entrambi già morti.

Tutta la vicenda verrebbe finalmente chiusa e messa a tacere, permettendo ai veri mandanti e agli esecutori di tirare un sospiro di sollievo.

Ha fatto molto scalpore il fatto che nel registro degli indagati sia stato iscritto anche padre Vergari, ex rettore della basilica di Sant'Apollinare. Si è ipotizzato il reato di con-

corso in sequestro di persona aggravato dalla minore età dell'ostaggio e dalla morte dello stesso[3]. *Cosa ne pensa?*

La Procura ritiene che se Emanuela non è ancora stata ritrovata, vuol dire certamente che è morta. Io, invece, finché non riceverò una prova credibile della sua morte, cercherò mia sorella viva.

Don Vergari è stato accusato quando è stato requisito e analizzato il suo computer. Evidentemente la polizia vi ha trovato qualcosa. Questo sacerdote ha sempre tenuto contatti con il mondo della malavita, cosa che si spiega facilmente, dal momento che è stato cappellano in carcere. Vergari dice di non sapere nulla del passato criminale di De Pedis e di avere accettato di seppellirlo nella cripta della basilica perché era un grande benefattore. Ma non è vero, perché invece aveva conosciuto il boss della Magliana in carcere, dunque sapeva bene di chi erano le spoglie tumulate con tutti gli onori nella sua chiesa.

L'ex rettore non è accusato per il rapimento, ma per concorso in sequestro di persona. Attendiamo che la Procura faccia chiarezza.

Ci sono molti particolari di questa storia che non sono stati chiariti fino in fondo e che suscitano molti dubbi. Fu Giovanni Paolo II per primo ad accreditare l'ipotesi del rapimento appellandosi a chi aveva la «responsabilità di questo caso», il 3 luglio 1983 nel corso dell'Angelus[4]. *Precedentemente la vostra famiglia aveva ricevuto delle telefonate anonime da parte di tali "Pierluigi" e "Mario". Non si è mai riusciti a stabilire chi fosse il famoso "Americano", che condusse le tratta-*

[3] *Caso Orlandi, indagato monsignor Pietro Vergari*, «la Repubblica», 18 maggio 2012.
[4] Peronaci, Orlandi, *op. cit.*, p. 98.

tive a nome dei rapitori richiedendo la liberazione di Ali Ağca e telefonando direttamente al Vaticano, al cardinale Casaroli.

Fu proprio il papa per primo ad accreditare il rapimento, poiché ancora allora la polizia riteneva che mia sorella si fosse allontanata volontariamente. Evidentemente il Vaticano sapeva già cos'era successo.

Le telefonate di Pierluigi e Mario, che oggi in qualche modo vengono ricondotte alla banda della Magliana, le abbiamo ricevute prima dell'appello di Giovanni Paolo II. Le prime richieste dei rapitori, che riguardavano la liberazione dell'attentatore Mehmet Ali Ağca, vennero avanzate il 5 luglio 1983, due giorni dopo l'appello del papa. Quel giorno telefonò per la prima volta a casa nostra l'Americano, il quale dichiarò «di essere stato preceduto dai nostri due collaboratori, Pierluigi e Mario». Fu lui che richiese lo scambio della cittadina vaticana con l'attentatore e una linea telefonica diretta con il segretario di stato, il cardinale Casaroli. Da quel momento si spense ogni collaborazione con il Vaticano, il quale non rivelò mai il contenuto delle telefonate e il vero oggetto delle trattative con i rapitori.

Mi ha fatto molto pensare il fatto che le telefonate da parte dei rapitori cessarono quando si chiuse la fase istruttoria del secondo processo per l'attentato, nel quale furono accusati anche i bulgari, come se queste due vicende fossero tra loro legate[5].

A seguito delle analisi delle telefonate dell'Americano il SISDE *ne elaborò il profilo. Spiccava il fatto che fosse un uomo di un'età compresa tra i quarantaquattro e i cinquant'anni,*

[5] Vedi: *L'attentato al papa, il rapimento di Emanuela e le spie in Vaticano*, intervista con Ferdinando Imposimato e *Tre spari*, intervista con Ilario Martella.

che sapeva meglio il latino dell'italiano e che apparteneva all'ambiente ecclesiastico o lo conosceva bene[6]. *Qualcuno sospettò anche dell'arcivescovo Paul Marcinkus. Sabrina Minardi ha indicato proprio lui come mandante del rapimento.*

Sono sicuro che non fu Marcinkus l'Americano, poiché conoscevo bene sia la sua voce che quella della persona che conduceva le trattative a nome dei rapitori. E di sicuro non erano la stessa persona.

Oltre all'Americano, il rapimento e la detenzione di Emanuela furono rivendicati anche dal Fronte di liberazione anticristiano Turkesh e dallo sconosciuto gruppo Phoenix o Nomlac. Inoltre arrivarono delle lettere, da Francoforte forse dai Lupi grigi – o da qualcuno che si spacciava per loro – e da Boston. Vi furono anche numerose altre telefonate anonime. Le trattative con i rapitori o coloro che facevano finta di esserlo, durarono dal 5 luglio 1983 al 22 novembre 1984. Di quanto fosse complicata e difficile tutta questa storia è possibile rendersi conto solo leggendo tutti i comunicati e le lettere[7]. Chi ha mandato questo materiale?

Sospetto che dietro ai comunicati di Phoenix – una delle cinque organizzazioni che rivendicarono il sequestro di Emanuela – si nascondesse il servizio segreto italiano. Delle lettere più credibili da parte di altre persone che si spacciavano per i veri rapitori probabilmente furono preparate da altri servizi segreti. L'avvocato Ferdinando Imposimato sostiene che le aveva fabbricate la Stasi.

Ricevemmo molte telefonate da parte dell'Americano. Telefonava sia a casa che allo studio del nostro avvocato, Gennaro Egidio. In una delle telefonate ci ha detto che le trat-

[6] Raffaella Notariale, Sabrina Minardi, *Segreto criminale: la vera storia della Banda della Magliana*, Newton Compton editori, Roma 2012, p. 150.
[7] Peronaci, Orlandi, *op. cit.*, pp. 95-142.

tative si svolgevano su due binari, uno pubblico e l'altro segreto. Intendeva le trattative segrete condotte con la Segreteria di stato vaticana.

Penso che la liberazione di Ali Ağca fosse solo un pretesto che aveva lo scopo di tranquillizzare il terrorista e dissuaderlo dal collaborare con la magistratura e rivelare i nomi dei veri mandanti dell'attentato al papa. Ai rapitori, di Ağca non importava niente. La posta in gioco, che fino a oggi risulta un mistero, era molto più alta.

Mehmet Ali Ağca confessò davanti al giudice istruttore che era tranquillo poiché la sua organizzazione lo avrebbe liberato attraverso un attentato terroristico o tramite uno scambio di "ostaggi". La scomparsa di Emanuela era per lui la garanzia che così sarebbero andate le cose. Cessò quindi di collaborare con gli organi di giustizia italiani, fece lo squilibrato, cambiò la propria versione delle accuse contro i bulgari.

Si è chiesto quali fossero le vere richieste avanzate dai rapitori nei confronti del Vaticano utilizzando la linea diretta con il codice 158, che permetteva di contattare direttamente la Segreteria di stato vaticana, a capo della quale c'era allora il cardinale Casaroli?

Penso che fossero richieste politiche ed economiche. Le richieste politiche riguardavano il sostegno di Wojtyła a Solidarność. Il comportamento di Wojtyła, che era straniero in Vaticano, non piaceva a una fazione interna e aveva destabilizzato la politica internazionale. Le richieste economiche probabilmente riguardavano i soldi per Solidarność, che in parte forse venivano dalla mafia.

Un mese prima della scomparsa di Emanuela era sparita anche un'altra ragazza, Mirella Gregori. Della sua scom-

parsa si parla poco. In che modo queste due vicende sono legate?

Le ha collegate la Procura, poiché le stesse persone che hanno telefonato a casa nostra hanno detto che avevano rapito anche Mirella Gregori. Non sappiamo se era vero o se utilizzarono la scomparsa di una ragazza per i loro fini. Per dare credito alle proprie parole, telefonarono al bar che gestiva la famiglia Gregori e diedero l'elenco dei vestiti – con relativa marca – che Mirella indossava nel giorno della scomparsa, e tutto coincideva esattamente.

In una lettera inviata al giudice Martella, che si occupava dell'attentato al papa, i sequestratori dichiararono che avevano rapito Mirella per fare pressione sul presidente italiano. Questi avrebbe dovuto convincere la Santa Sede a richiedere la grazia per Ali Ağca. Tuttavia vedendo che non avevano ottenuto nessun risultato, rapirono una cittadina vaticana[8].

Le cose andarono così? Non è stato accertato. Anche di Mirella Gregori si sono perse tutte le tracce.

Probabilmente Emanuela fu vista il 15 agosto 1983 in una piccola città del Trentino Alto Adige dalla signora Hofer Spitaler nella casa dei vicini, tali Spingorum[9]. La cosiddetta "pista di Bolzano" è stata confermata da un'insegnante di musica che ha ricevuto una telefonata inattesa di Emanuela che chiedeva aiuto. Ci fu un processo. Tuttavia nel 1997 il tribunale assolse i signori Spingorum da tutte le accuse. Cosa ne pensa lei della pista di Bolzano?

Si tratta di una vicenda legata all'ipotesi del terrorismo internazionale e per questo la Procura italiana all'inizio si

[8] Vedi la lettera della quale parla Ilario Martella nell'intervista rilasciata all'autrice.
[9] Peronaci, Orlandi, *op. cit.*, p. 119.

è interessata molto, poiché la pista di Bolzano portava in Germania, e dunque ai Lupi grigi.

Emanuela fu vista in località Terlano, in provincia di Bolzano. La signora Spitaler notò che a casa dei vicini era arrivata una A112 targata Roma, dalla quale scesero una ragazza e un uomo di circa quarant'anni. La giovane era molto stanca, sporca e trasandata. L'uomo le disse di non provare a chiedere aiuto perché lì tutti parlavano solo tedesco e nessuno l'avrebbe capita.

Descrivendo l'aspetto della ragazza, la signora ricordò di una collana a forma di collarino, dai colori sbiaditi. Ho notato questo dettaglio solo poco tempo fa quando, mentre scrivevo il libro con Fabrizio Peronaci, ho nuovamente riletto tutti gli atti del processo riguardante la pista di Bolzano. Il giorno della sua scomparsa Emanuela aveva effettivamente al collo una fascetta giallo-rossa, con i colori della sua squadra, la Roma, che qualche giorno prima aveva vinto lo scudetto.

A quanto affermava la signora Spitaler, la ragazza si sarebbe fermata nella casa dei vicini. Il giorno successivo arrivarono due soldati, ma non è stata in grado né di riconoscerli né di dire se avessero uniformi tedesche o austriache. Il giorno dopo ancora arrivò una macchina, prese a bordo la minorenne e si diresse verso la frontiera tedesca.

Spitaler riconobbe Emanuela nelle foto che le aveva mostrato la polizia. La Procura la ritenne una testimone credibile e la pista di Bolzano venne presa sul serio fino a quando l'uomo che prelevò la ragazza e la portò verso la frontiera tedesca risultò essere un funzionario del SISMI di stanza a Monaco di Baviera. A quel punto si esaurì l'interesse verso tutta la vicenda e scomparve la volontà di arrivare alla verità.

Come è finita questa storia?

L'indagine è stata bloccata, poiché la Procura affermò che il funzionario del SISMI non poteva trovarsi a Terlano il 19 luglio 1983 perché non era in ferie. Le sue ferie sarebbero cominciate il giorno successivo. Nessuno prese in considerazione l'ipotesi che l'agente del servizio segreto italiano potesse trovarsi lì in veste ufficiale. A mio parere le motivazioni della sentenza con cui sono stati assolti tutti gli imputati nel processo che si chiuse nel 1997 sono banali. Tuttavia le sentenze del tribunale non si discutono...

Nel 2011 sono andato per la prima volta a Terlano a cercare la signora Spitaler. La donna aveva avuto tre ictus e le sue condizioni di salute erano cattive. Il marito non voleva che parlassi con lei. Sostenne che la donna si era inventata tutto e che non ricordava più niente. Io volevo almeno salutarla. Quando mi presentai, lei capì subito il motivo della mia visita e mi raccontò tutto, proprio come aveva fatto davanti al tribunale tanti anni prima. Mi assicurò di essere convinta che quella ragazza era Emanuela. Avrebbe voluto essere d'aiuto, ma nessuno volle crederle.

Poi ho visto anche la certificazione delle ferie dell'agente del SISMI e ho constatato con i miei occhi che cominciarono il 19 luglio e non il 20. Mi chiedo se il giudice abbia letto questo documento. Molti dettagli in questa storia testimoniano che si volle chiudere il caso il più presto possibile.

C'è un secondo testimone, il quale conferma che Emanuela si trovava in quei paraggi. È un'insegnante di musica di Bolzano che ricevette una telefonata in quel periodo, intorno a mezzanotte. Una voce spaventata disse al telefono: «Aiuto! Sono Emanuela Orlandi. La prego, avverta la polizia!». Qualcosa interruppe improvvisamente la conversazione e l'insegnante ricevette una seconda telefonata minatoria, nella quale le veniva ordinato di dimenticare tutto e di non riferire l'accaduto a nessuno, per il suo bene. Lei, invece, denunciò l'accaduto alla polizia.

Esistono dunque due testimoni che – senza conoscersi – hanno confermato la pista di Bolzano. Non riesco a capire perché questa indagine sia stata chiusa in modo tanto affrettato e perché non si sia mai più tornati su quei fatti.

Nel 2010 lei è andato in Turchia per incontrare Ali Ağca, che era uscito di prigione. Il terrorista le disse che il piano del rapimento di Emanuela era stato concepito in Vaticano[10] *e che della sua realizzazione si sono occupati il* SISMI *e la* CIA. *Sostenne anche che durante la detenzione gli fu promessa la liberazione tramite uno scambio di ostaggi, in cambio della quale lui avrebbe dovuto accusare i bulgari. Lei crede nelle dichiarazioni di Ağca?*

Ağca ha accettato di incontrarmi a condizione che parlassimo a quattr'occhi. Quell'uomo mi ha fatto un'impressione completamente diversa rispetto a quella che mi ero fatto su di lui attraverso i media. Non è pazzo, semplicemente fa finta. Credo che con me sia stato sincero e che mi abbia detto quello che sapeva.

Sapeva che avevano rapito Emanuela per eseguire uno scambio e liberarlo. Questo è quanto gli era stato riferito e promesso. Erano forse altre le richieste dei rapitori? Questo non lo sa, perché si trovava in carcere. Ha sempre detto – e continua a ripeterlo – che Emanuela è viva e incolume. Proprio per questo volevo parlargli: molti anni fa aveva scritto una lettera a mio padre[11] in cui sosteneva che mia sorella è

[10] Marco Ansaldo, *Ali Ağca-Pietro Orlandi: il colloquio segreto. "Questa storia nasce in Vaticano"*, «la Repubblica», 22 giugno 2011.
[11] Peronaci, Orlandi, *op. cit.*, p. 154.

viva e che prima o poi sarebbe tornata a casa. Volevo guardare quell'uomo negli occhi per capire se lo diceva con convinzione o se mentiva.

Secondo l'opinione di Ağca la responsabilità per il rapimento è da attribuire totalmente al Vaticano, in particolare ad alcune persone che si trovavano al suo vertice e che chiesero aiuto al SISMI e alla CIA. Per il solo rapimento erano responsabili degli agenti italiani e per la detenzione a lungo termine la CIA. Come è noto, i servizi segreti italiani avevano dei contatti con la banda della Magliana e talvolta la utilizzavano come "manovalanza"; non è escluso dunque che così sia stato anche in questo caso e che a De Pedis fosse stato affidato il compito di rapire mia sorella.

Ağca ha detto che l'unico modo per permettere il ritorno a casa di Emanuela è far sì che i responsabili del suo rapimento si sentano tranquilli, pensando che la verità non verrà mai a galla. Occorre gettare la colpa del sequestro sui Lupi grigi e liberare l'ostaggio in Turchia, che è un paese burattino della CIA. Ağca ha promesso che manterrà sempre questa versione, secondo cui il rapimento è stato compiuto dai Lupi grigi per ottenere la sua liberazione. Se anche Emanuela vive, rischia di essere detenuta fino alla fine dei suoi giorni, perché, nel caso venisse liberata, la Chiesa ne riceverebbe un grosso danno.

Quando gli ho chiesto quali passi dovrei fare, Ağca mi ha detto: «Va' a parlare con il cardinale Giovanni Battista Re, che sa cos'è successo e forse ti può aiutare. Dovrebbero finalmente mettersi una mano sulla coscienza e capire che l'unico modo di riparare è permettere a Emanuela di tornare a casa gettando la colpa su qualcun altro».

Naturalmente dopo il ritorno in Italia mi sono precipitato subito dal cardinale Re, che conoscevo, ma lui non volle nemmeno ascoltare la registrazione del colloquio con Ağca e mi disse di non credergli, perché si trattava solo di fantasie frutto della sua fervida immaginazione. Neanche la Procura italiana si è interessata alle dichiarazioni del turco. Io speravo che almeno i magistrati avrebbero voluto ascoltare la cassetta[12].

Ali Ağca mi disse anche che in carcere gli aveva fatto visita l'agente del SISMI Francesco Pazienza, insieme all'agente della CIA Aldrich Ames[13]. Gli proposero la liberazione, se in cambio avesse accusato i bulgari dell'attentato al papa. Molto probabilmente ciò sarebbe avvenuto attraverso uno scambio con una persona rapita. Una volta libero, avrebbe ricevuto asilo in Costa Rica.

La cosa interessante è che i rapitori che telefonarono a casa nostra richiesero che l'attentatore fosse trasferito da un carcere italiano a uno vaticano e successivamente spedito in Costarica per scontare lì il resto della pena agli arresti domiciliari.

Francesco Pazienza citò in giudizio Ali Ağca per diffamazione[14].

Nella sua biografia Mi avevano promesso il paradiso: la mia vita e la verità sull'attentato al papa, *pubblicata a febbraio*

[12] Pietro Orlandi ha acconsentito a rendere pubbliche le registrazioni delle sue conversazioni con Mehmet Ali Ağca, pubblicate nel libro Peronaci, Orlandi, *op. cit.*, pp. 281-294.

[13] Aldrich Hazen Ames è un ufficiale della CIA arrestato nel 1994 per spionaggio per conto dell'Unione Sovietica e successivamente della Russia. Ha riconosciuto di essere stato un evasore fiscale. Ha denunciato trenta agenti del KGB che collaboravano con la CIA, dei quali dieci sono stati condannati a morte. È stato condannato negli USA all'ergastolo senza alcuna possibilità di uscire di prigione. Francesco Pazienza nega di avere mai fatto visita ad Ağca in carcere o di averlo incoraggiato a tirare in ballo i bulgari. Ames non poteva avere mai incontrato Ağca nelle carceri italiane, e tanto meno insieme a Pazienza.

[14] Il giudice Rosario Priore dispose un confronto tra Francesco Pazienza e Ali Ağca nel corso dell'indagine *Papa-ter*, per controllare che la CIA non avesse fornito al turco informazioni utili a imbastire l'accusa contro i bulgari. Dopo questo confronto Pazienza citò Ağca per diffamazione, ma il caso morì di morte naturale, dal momento che entrambi si trovavano in carcere. Fonte: Rosario Priore, *L'attentato al Papa*, Kaos Edizioni, Milano 2002, pp. 27-31.

2013, Mehmet Ali Ağca offre un'altra versione ancora dei fatti. Nelle interviste che ha rilasciato dopo l'uscita del libro, sostiene che Emanuela è stata rapita, ma non su ordine di Mosca, bensì di Teheran.

Nel corso del nostro incontro in Turchia, ho capito che Ağca darà sempre versioni diverse, come garanzia di restare in vita. Anche se un giorno confessasse tutta la verità, nessuno gli crederebbe più, per questo è salvo.

Nel 2009 si è messo in contatto con lei la moglie di un certo Salin Sufurler. Il marito sosteneva che Emanuela era trattenuta in una casa privata in Marocco; l'aveva vista personalmente. A quanto pare, questo signore aveva provato già in precedenza a ricattare il Vaticano e a contattare il segretario personale del papa, Stanisław Dziwisz[15]*. Com'è finita questa vicenda?*

A contattarmi fu la moglie, che mi raccontò questa storia. In passato Sufurler aveva avuto un ristorante a Monaco di Baviera e lì avrebbe conosciuto Oral Çelik, Ali Ağca e altri Lupi grigi. Incoraggiato dalla moglie, qualche anno fa sarebbe andato a trovare Çelik, che ultimamente era diventato in Turchia un personaggio importante. Molto probabilmente fu lui il secondo attentatore che nel 1981 sparò a piazza San Pietro. Insieme sono andati in Marocco, per visitare un terzo conoscente turco a casa del quale Sufurler incontrò un'italiana, che secondo lui era Emanuela Orlandi. Sono andato con questa informazione dai carabinieri e alla Procura. Inizialmente erano molto interessati, il procuratore disse che

[15] Peronaci, Orlandi, *op. cit.*, p. 256. Secondo il giudice Adele Rondo, che si è occupata del caso di Emanuela Orlandi, l'incontro con Sufurler in Vaticano si sarebbe svolto il 22 dicembre 1984 alle ore 11:30. Il turco avrebbe preteso per la liberazione della ragazza settecento milioni di lire.

avrebbe mandato un medico legale a prelevare il nostro DNA per un confronto. Dopo due mesi telefonai per sapere se le indagini proseguivano anche in quella direzione. Mi informarono che il testimone non era attendibile e che la pista non era stata seguita. Purtroppo molte piste, che secondo me dovevano essere verificate fino in fondo, furono interrotte in questo modo. Pare che in passato Salin Sufurler, con l'aiuto di un carabiniere, offrì al Vaticano alcune informazioni su Emanuela, in cambio di denaro.

La tripla tragedia avvenuta in Vaticano il 4 maggio 1998 – l'omicidio del comandante delle Guardie svizzere appena nominato, Alois Estermann, di sua moglie Gladys Meza Romero per mano della guardia Cédric Tornay, che successivamente si sarebbe tolto la vita – a suo parere ha qualche legame con il rapimento di Emanuela?

Nelle famose foto di Arturo Mari si vede Estermann che subito dopo l'attentato si trova vicino al papa ferito sulla jeep. Penso che ci sia qualche collegamento, ma queste sono soltanto ipotesi, anche se non solo mie.

Dopo l'apertura degli archivi della Stasi è emerso che Alois Estermann era un informatore del servizio segreto della DDR, noto con lo pseudonimo "Werder".

Il Vaticano nel giro di pochi giorni chiuse le indagini sul caso. La madre di Cédric Tornay chiede che vengano riaperte, poiché ritiene che suo figlio non si sia suicidato ma che fu ucciso.

Prima di morire Alois Estermann si era messo in contatto con Antonino Arconte, ex agente segreto dell'organizzazione Gladio con lo pseudonimo "G-71", con il quale si era poi incontrato al porto di Civitavecchia. Estermann cercava aiuto per fuggire negli Stati Uniti dove, cambiando identità, voleva ricominciare una nuova vita. Sostenne anche che sapeva tutto dell'attentato al papa e del rapimento di Emanuela Orlandi e che c'era di mezzo il KGB. Doveva portare con sé tutta la documentazione di cui era in possesso. Il giorno successivo all'omicidio in Vaticano, Arconte vide sul giornale le foto del comandante delle Guardie svizzere e capì che si trattava di Werder. Questa storia è stata scoperta dall'ex giudice Ferdinando Imposimato, che si occupò del caso di Emanuela in qualità di rappresentante legale di mia madre. Secondo lui questa vicenda rappresenta un importante elemento di raccordo tra il sequestro di mia sorella e l'attentato a Giovanni Paolo II.

Secondo lei quale potrebbe essere la vera ragione del rapimento di Emanuela?

Dopo trent'anni passati a cercare mia sorella, credo che uno dei motivi del suo rapimento sia la mancata restituzione da parte del Vaticano dei soldi sporchi che passarono dal Banco Ambrosiano allo IOR e che erano destinati al movimento di Solidarność. Penso che fu questo l'oggetto delle trattative segrete condotte dai rapitori direttamente con la Segreteria di stato.

Lo scambio con Ali Ağca era solo un pretesto. La richiesta ufficiale aveva come obiettivo quello di deviare l'attenzione dell'opinione pubblica. I soldi destinati al sostegno di Solidarność sono andati a un fine importante, ma probabilmente in parte provenivano dalla mafia. Se fosse emerso, sarebbe stata una catastrofe per la Chiesa cattolica. Non era ammissibile. In questo sarebbe potuto consistere il ricatto al santo padre. Oltre al denaro, il problema era anche la condotta politica di Wojtyła e il suo modo di gestire il potere.

Giovanni Paolo II venne in visita a casa nostra nel 1983 per farci gli auguri di Natale. Disse allora: «C'è il terrorismo interno e il terrorismo internazionale. Quello di Emanuela è un caso di terrorismo internazionale». È stato molto chiaro e determinato. Allo stesso tempo ho avuto l'impressione, poiché lo avevo conosciuto personalmente e lo avevo incontrato in altre occasioni, che sapesse qualcosa di più, ma non poteva o non voleva dirci tutto. Come se fosse oppresso da un peso, perché su un piatto della bilancia doveva mettere il destino di Emanuela, mentre sull'altro c'era qualcosa di molto più grande per lui, e cioè l'immagine della Chiesa.

Ha parlato con il cardinale Stanisław Dziwisz? Forse lui potrebbe esserle d'aiuto.

Avrei voluto parlare con il cardinale Dziwisz. Parecchie volte ho provato a fissare un appuntamento con lui quando era di passaggio a Roma. Ho telefonato più di una volta alla Casa Polacca, la residenza dove solitamente si ferma, ma mi hanno sempre risposto che era occupato o era appena uscito. Ho chiesto se gli avessero riferito che avevo telefonato e mi hanno detto di sì. Purtroppo il giorno dopo è sempre ripartito e alla fine non mi ha ricevuto.

Spero che un giorno avrò l'occasione di parlare sinceramente con lui di Emanuela. Ci sarebbero molte domande che vorrei fargli. Il cardinale Dziwisz venne a casa nostra insieme al santo padre, e dal momento che lavorò al suo fianco come segretario personale per tanti anni, certamente conosceva i suoi pensieri. Cosa voleva dire il papa allora e cosa non poteva dire? Forse il cardinale ci avrebbe potuto dare qualche indicazione in più. Anche un dettaglio potrebbe essere molto importante. Sono passati trent'anni, qualcuno dovrebbe finalmente avere pietà della nostra famiglia e aiutarci a comprendere cosa è successo a Emanuela. Se è ancora viva o meno. Se dobbiamo continuare a cercarla. L'incertezza per noi è l'inferno. Il rispetto per la vita umana dev'essere il bene supremo per ogni cristiano. La verità e la giustizia sono valori che non bisogna solo proclamare, ma anche osservare. Invece troppo spesso vengono calpestate. Penso che il trentesimo anniversario della scomparsa di Emanuela dovrebbe essere l'occasione per rompere la congiura del silenzio, che è quasi come un'omertà mafiosa. Basterebbe un gesto...

Quali informazioni potrebbero esservi utili?

Molte volte si è parlato di una informativa da parte del servizio segreto francese a proposito di minacce di rapimento, cosa che il Vaticano però non ha mai confermato ufficialmente. Il cardinale Dziwisz, in qualità di segretario personale del papa, certamente era a conoscenza di questa informazione. Potrebbero confermare la sua esistenza e dire cosa riguardava. Da anni mi chiedo: perché il Vaticano ha fatto di tutto per seppellire questa storia insieme alla memoria di Emanuela, come se non fosse una cittadina vaticana, ma solo un senso di colpa?

In qualche misura posso capire che si tratta di una questione del passato pontificato, ma perché oggi nessuno vuole onorare mia sorella almeno con una parola?

I media di tutto il mondo hanno riportato la notizia che il Vaticano è disposto a collaborare per il caso Orlandi. Ma come? In accordo con i termini previsti, ovvero come ha fatto fino a oggi, attraverso rogatorie internazionali che vanno avanti per anni e alle quali nessuno risponde. Il Vaticano non ha mai collaborato con la Procura italiana, non ha mai fornito il contenuto delle telefonate dei rapitori, non ha risposto alle rogatorie internazionali. Trattandosi di una cittadina vaticana, la Santa Sede dovrebbe essere la prima istituzione a pretendere dalla Procura della Repubblica italiana che venga fatta piena luce. Invece è stato fatto di tutto affinché la verità rimanesse sepolta.

La visita di Giovanni Paolo II fu un gesto molto importante per noi, ci ha dato speranza ed è stata un enorme sostegno per nostra la famiglia. Adesso però quando lo ricordo, a trent'anni di distanza, mi rendo conto che fu l'ultima volta che il Vaticano si occupò di mia sorella. Da quella visita in poi, il problema è diventato solo nostro. Da allora è scesa una cortina di silenzio e indifferenza.

Nel corso di quella visita Giovanni Paolo II le offrì un lavoro all'Istituto per le opere di religione, offerta che il presidente dello IOR, l'arcivescovo Marcinkus, non sembrava disposto ad accettare, anche se alla fine si piegò alla volontà del papa. Fu una forma di risarcimento morale?

Quel giorno, quando Giovanni Paolo II venne in visita a casa nostra, uscendo fece una battuta: «Vuoi diventare banchiere?». Aveva in mente di propormi un lavoro all'Istituto per le opere di religione. A me, personalmente, la carriera in banca non interessava, ma accettai quell'incarico per i miei genitori. Il papa certamente ci voleva aiutare, tuttavia mi ha meravigliato il fatto che, pur potendo offrirmi molti altri posti di lavoro, scelse la banca vaticana. Perché proprio lì? In un posto che era legato a così tanti scandali?

Quando andai da Marcinkus, all'inizio non mi volle assumere, sostenendo che potevo scegliere qualsiasi altra banca in cui mi sarebbe stato possibile fare carriera, cosa che allo IOR non sarebbe successa. Fu l'arcivescovo Stanisław Dziwisz a spiegare a Marcinkus che questa era la volontà del papa. Il presidente si oppose ancora, dicendo che il fatto che fossi il fratello di Emanuela avrebbe potuto creare dei problemi in futuro. Mi ha sempre dato da pensare questa sua reazione.

Alla fine comparve il cardinale Eduardo Martínez Somalo e disse che il papa voleva così e così doveva essere. Dal quel momento cominciai a lavorare alla banca vaticana.

Come si è trovato all'Istituto per le opere di religione?

Secondo me spesso si è esageratamente demonizzato lo IOR. Io ero un semplice impiegato e gli impiegati facevano un lavoro normalissimo. Nella banca lavoravano poche persone, dunque eravamo come una famiglia. Non c'era un ordine gerarchico. Solo Luigi Mennini, Donato De Bonis e Paul Marcinkus guidavano l'Istituto. Il resto del personale era allo stesso livello. Naturalmente tutto era predisposto affinché nessuno dei collaboratori mi facesse mai domande su Emanuela.

De Bonis l'ho conosciuto molto bene, era una persona particolare. Probabilmente, a quanto mi fu riferito da alcuni componenti della banda della Magliana, aveva conosciuto Enrico De Pedis e una persona con quel tipo di frequentazioni difficilmente può suscitare fiducia.

Marcinkus lo incontravo al lavoro, dunque conoscevo perfettamente la sua voce e per questo sono certo che non era lui l'Americano che conduceva le trattative a nome dei rapitori. Se avesse avuto un qualche ruolo nel rapimento di mia sorella, questo non lo so. Il fatto che Marcinkus si sia spinto fuori dai confini della legalità e sia stato coinvolto in affari non chiari, è ormai acclarato. Conoscendolo personalmente, non credo però che potesse organizzare il rapimento di una quindicenne, come sostiene Sabrina Minardi, che gli attribuisce il ruolo di mandante del sequestro.

C'è un'altra versione dei fatti che ha fatto scalpore e che in tempo di scandali di pedofilia nella Chiesa ha ottenuto una certa popolarità. Secondo un giornalista italiano, Emanuela non è stata mai rapita[16]. *Tutto ciò che abbiamo raccontato fino a ora sarebbe una "messa in scena" organizzata per difendere una "eminenza" vaticana. La Orlandi sarebbe morta durante un incontro a sfondo sessuale e a sostegno di questa tesi si citano spesso le interviste rilasciate dal cardinale Silvio Oddi e da padre Gabriele Amorth, esorcista della Santa Sede*[17]. *Anche il giornalista Gianluigi Nuzzi ha seguito la pista del movente sessuale nel suo programma televisivo.*

Francamente preferirei non parlarne, perché secondo me è una completa assurdità. È una storia che fa notizia – come il corpo gettato nella betoniera –, suscita la curiosità dell'opinione pubblica e svia l'attenzione dagli altri fatti.

Che senso avrebbe organizzare una "messa in scena" nella quale si coinvolge l'attentatore del papa, i servizi segreti stranieri, i terroristi turchi e soprattutto l'intera opinione pubblica mondiale, per coprire solo una persona, per quanto importante? Questo genere di cose vengono semplicemente messe a tacere: anche se fosse successo, si cercherebbe di fare il meno rumore possibile.

Così come nel caso dell'attentato a Giovanni Paolo II, *per la scomparsa di Emanuela sono state ipotizzate diverse piste: 1) il rapimento è stato organizzato dai servizi segreti dei paesi comunisti ed era legato all'attentato al papa; 2) venne realizzato dai servizi segreti italiani e americani su ispirazione del Vaticano; 3) secondo la versione di Sabrina Minardi, del sequestro si sarebbe occupato De Pedis su in-*

[16] Pino Nicotri, *Emanuela Orlandi: la verità. Dai Lupi grigi alla banda della Magliana*, Baldini Castoldi Dalai, Milano 2008.

[17] Si tratta dell'intervista della giornalista Anna Maria Turi con il cardinale Silvio Oddi («Il Tempo», 22 luglio 1993) e dell'intervista che padre Amorth ha rilasciato al vaticanista Giacomo Galeazzi (*Padre Amorth: "Orlandi fu un delitto a sfondo sessuale"*, «La Stampa», 22 maggio 2012).

carico dell'arcivescovo Marcinkus; 4) Cosa Nostra avrebbe affidato il compito alla banda della Magliana per avere indietro i soldi investiti con l'aiuto di Roberto Calvi nella banca vaticana e destinati a finanziare la lotta al comunismo; 5) il sequestro sarebbe stato organizzato dai Lupi grigi per scambiare l'ostaggio con Ali Ağca. Quale di queste ipotesi ritiene che sia più probabile?

Secondo l'opinione del cardinale Giovanni Battista Re, Emanuela è stata rapita da quegli stessi terroristi responsabili dell'attentato a Giovanni Paolo II, e l'obiettivo della loro azione sarebbe stato indurre Ali Ağca a smettere di collaborare con la giustizia italiana. L'attentatore aveva la speranza di venire scambiato con un ostaggio, dunque non rivelò chi gli affidò la missione di uccidere il papa. Se si scoprono i mandanti dell'attentato al santo padre, si scoprono quindi anche quelli responsabili del rapimento di Emanuela, perché queste due vicende sono tra loro legate. Ecco quel che sostiene il cardinale Re, il quale ritiene che dietro l'azione del 13 maggio 1981 ci fossero i servizi segreti dei paesi dell'Est. Purtroppo anche nel caso dell'attentato a Karol Wojtyła ci sono diverse piste e da anni alcuni ne attribuiscono la responsabilità al KGB e ai servizi bulgari, altri ritengono che queste accuse sarebbero state fabbricate dalla CIA, per dare la colpa ai paesi comunisti.

Penso che sia tutto più complicato e che in gioco entrarono molti interessi. La verità giace da qualche parte lì in mezzo. C'entravano il denaro e la politica.

Verso la fine del 2011 lei ha scritto un appello a papa Benedetto XVI[18]*. Un appello in cui sono state raccolte decine di*

[18] «Santità, mi rivolgo a Lei nella sua duplice veste di capo di stato e di rappresentante di Cristo in terra per chiederLe di porre in essere tutto ciò che è umanamente possibile per accertare la verità sulla sorte della Sua connazionale Emanuela Orlandi, scomparsa

migliaia di firme, consegnato da lei alla presenza di centinaia di persone a piazza San Pietro domenica 18 dicembre 2011. Ha ottenuto una risposta da parte di Benedetto XVI? La Santa Sede ha effettivamente fatto qualcosa per aiutarla a risolvere l'enigma della scomparsa di sua sorella?

Questa era già la mia seconda lettera a Benedetto XVI, perché la prima la scrissi nel 2009. Per trent'anni la nostra famiglia non ha mai smesso di appellarsi al Vaticano per chiedere aiuto.

Fino ad allora però eravamo soli con i nostri problemi. Adesso però qualcosa sta cambiando. Quando nel 2011 è stato pubblicato il libro *Mia sorella Emanuela*, che ho scritto insieme al giornalista Fabrizio Peronaci, approfittai dell'occasione e cominciai a raccogliere le firme per una petizione indirizzata al papa allo scopo di ottenere la verità sulla scomparsa di Emanuela. È stata firmata per via telematica da oltre ottantamila persone. Ho ricevuto migliaia di mail con ringraziamenti e incoraggiamenti. È stata una grande ricompensa per tutti i miei sforzi.

Sentendomi più forte, grazie a questo sostegno, a dicembre del 2011 sono andato dal segretario personale del papa, padre Georg Gänswein, per portargli la lettera e la petizione indirizzata a Benedetto XVI. Nel corso di questo incontro gli ho detto che molte persone sarebbero volute venire con me, ma dal momento che non era possibile, sarebbero venute a piazza San Pietro all'Angelus. Espressi l'auspicio che il santo

a Roma il 22 giugno 1983. Il sequestro di una ragazzina è offesa gravissima ai valori religiosi e della convivenza civile: a Emanuela è stata fatta l'ingiustizia più grande, le è stata negata la possibilità di scegliere della propria vita. Confido in un Suo forte e ispirato intervento perché, dopo 28 anni, gli organi preposti all'accertamento della verità (interni ed esterni allo stato vaticano) mettano in atto ogni azione e deliberazione utili a fare chiarezza sull'accaduto. Un gesto così cristiano non farebbe che dare luce al Suo altissimo magistero, liberando la famiglia di Emanuela e i tanti che le hanno voluto bene dalla straziante condanna a un'attesa perenne...».

padre in quell'occasione avrebbe potuto ricordare Emanuela, magari solo con una frase. Sarebbe stato un bellissimo gesto di apertura. Purtroppo il papa ha taciuto... Il Vaticano non riesce proprio a capire che questo silenzio suscita dubbi e sospetti.

Il mio incontro con padre Georg è stato molto positivo. Mi diede l'impressione di voler comprendere cosa davvero era successo. Mi disse che ne sapeva poco di tutta quella vicenda, poiché è giovane e si trovava da poco in Vaticano. Secondo me questa non è una giustificazione. Non è possibile abbandonare al suo destino una cittadina vaticana solo perché il suo rapimento è caduto sotto un altro pontificato. Il segretario di Benedetto XVI mi fece intendere che non si trattava di una faccenda di papa Ratzinger, ma del suo predecessore. Malgrado ciò fu molto gentile, mettendomi a disposizione molti contatti. Mi chiese perché ritengo che in Vaticano qualcuno sappia qualcosa. Gli ho raccontato alcuni dettagli del caso dei quali non era a conoscenza e che lo hanno interessato molto. Purtroppo successivamente il papa non ha nemmeno nominato Emanuela, poiché glielo aveva sconsigliato la Segreteria di stato. La stessa situazione si era presentata nel 2008, nel venticinquennale della scomparsa, quando mia madre chiese direttamente a Benedetto XVI di ricordare Emanuela Orlandi solo con una parola. Il papa disse di dover chiedere il permesso. E anche allora tacque.

Anche a maggio del 2012, quando abbiamo ripetuto la manifestazione a piazza San Pietro, abbiamo ricevuto solo il silenzio.

Secondo me, se il Vaticano dichiarasse ufficialmente la propria volontà a collaborare, ne dovrebbe seguire qualche passo concreto.

Nel libro di Gianluigi Nuzzi Sua Santità. Le carte segrete di Benedetto XVI *c'è una lettera nella quale si sconsiglia al papa di accennare pubblicamente al caso di Emanuela Orlandi...*[19]

Il fatto che sia stato consigliato al papa di non fare nemmeno il nome di Emanuela testimonia che la verità sulla sua scomparsa ancora disturba qualcuno. Questo atteggiamento espone la Santa Sede alle critiche dell'opinione pubblica: basterebbe chiedere a una persona qualsiasi per strada che ne pensa del caso Emanuela Orlandi e ci si sentirà rispondere che oltre le porte di bronzo sanno tutto, ma nascondono la verità.

Perché la gente lo pensa? Perché lo fa supporre proprio questo silenzio.

A ottobre del 2012 lei ha rivolto un appello anche al segretario di stato, il cardinale Tarcisio Bertone, chiedendo l'istituzione di una commissione cardinalizia, come quella per l'affare Vatileaks. Cosa ha scritto in questa petizione?

«Eminenza, il rapimento della cittadina vaticana Emanuela Orlandi, avvenuto nel lontano 1983, ha gettato ombre e dubbi sul comportamento del Vaticano, che nel corso di questi tre decadi non ha avuto il coraggio di abbattere il muro di silenzio e di omertà eretto intorno a questa vicenda.

Lo stato del Vaticano ha da sempre rinunciato alla ricerca di una sua innocente cittadina, suscitando lo sdegno di tantissime persone e di tutti quei sacerdoti che ogni giorno si impegnano perché la vita dei più deboli venga rispettata.

È ora di un segnale forte di cambiamento.

[19] Gianluigi Nuzzi, *Sua Santità: le carte segrete di Benedetto XVI*, Chiarelettere, Milano 2012, p. 296.

Le chiediamo pertanto di adoperarsi affinché venga aperta un'indagine, interna allo stato vaticano, sul sequestro di Emanuela Orlandi, con la conseguente istituzione di una Commissione cardinalizia d'inchiesta che si impegni, con onestà e volontà a far emergere la Verità su questa vergognosa e disumana storia. Che il sacrificio di Emanuela, viva o morta che sia, e il perenne martirio di una famiglia, servano ad un profondo e radicale cambiamento nelle coscienze di chi, ai vertici delle gerarchie ecclesiastiche, sta portando questa Chiesa sempre più lontana dall'insegnamento di Gesù».

Sono passati già tre pontificati dal giorno della scomparsa di sua sorella. Lei è riuscito a incontrare papa Francesco il 17 marzo 2013, poco dopo la sua elezione. Come si è svolto questo incontro?

Sono riuscito a parlare con il papa prima dell'Angelus, all'uscita della chiesetta di Sant'Anna, la stessa dove Emanuela seguì le lezioni di catechismo e prese la prima comunione. Nel corso dell'incontro gli ho stretto la mano e gli ho detto che credo in lui e che spero che ci aiuterà ad arrivare alla verità. Papa Francesco mi ha detto: «Lei sta in cielo».

Questa cosa mi ha gelato il sangue. Sono trent'anni che cerchiamo di capire se Emanuela è viva o morta e una frase del genere mi induce a pensare che papa Francesco potrebbe sapere qualcosa di più. Già ho mandato cinque richieste per avere un'udienza con il pontefice. Spero tanto che mi riceva e che ci aiuti a capire cosa è successo a Emanuela. Se possiamo sperare ancora nel suo ritorno a casa.

All'inizio di marzo del 2013 è stato ritrovato il flauto. Sono arrivate anche alcune strane lettere anonime. Quel flauto è appartenuto a Emanuela?

A noi sembrava di sì. Emanuela è uscita da casa con il flauto. Il luogo dove è stato ritrovato è stato indicato da una persona concreta. Forse, dopo trent'anni, qualcuno ha finalmente avuto un sussulto di coscienza e ha deciso di portare alla luce tutta la storia. O almeno lo spero. Per quanto riguarda le lettere, sono molto strane. Forse le ha fabbricate una persona intenzionata a sviare le indagini, o qualche maniaco ben informato, che ha seguito la vicenda[20].

Nel trentesimo anniversario della scomparsa di Emanuela Orlandi, il 22 giugno 2013, è stata organizzata una fiaccolata il cui percorso portava dalla scuola di musica presso piazza Sant'Apollinare al Vaticano. Un simbolico ritorno a casa. Sono venute tantissime persone…

Sì. Senza solidarietà umana la nostra battaglia sarebbe impossibile. Siamo sempre più vicini alla verità. Spero che essa si riveli prima possibile. Non ho paura. Sono determinato a cercare mia sorella fino alla fine dei miei giorni e sento di avere dalla mia parte l'opinione pubblica. Voglio conoscere la verità, qualsiasi essa sia.

Fino a quando non si farà chiarezza, quel silenzio penderà come una spada di Damocle sulle teste dei responsabili della scomparsa di Emanuela.

Malgrado tutto lei è credente…

È abbastanza difficile. Vorrei che qualcuno mi aiutasse a credere in modo più convinto. Ma una cosa è credere in Dio, e un'altra credere agli uomini. In tutti questi anni non ho perso la mia fede e sono ancora un cattolico praticante.

[20] Fabrizio Peronaci, *Una lettera anonima e una ciocca di capelli. Nuove tracce sul giallo di Emanuela Orlandi*, «Corriere della Sera», 11 aprile 2013.

L'operazione *Triangolo*

Intervista con Piotr Litka

Piotr Litka è giornalista, reporter e regista di documentari. Ha pubblicato il libro *Ksiądz Jerzy Popiełuszko. Dni, które wstrząsnęły Polską: nieznane materiały Stasi* ("Padre Jerzy Popiełuszko.

I giorni che scossero la Polonia: materiali sconosciuti dagli archivi della Stasi"). Insieme a Grzegorz Głuszak ha realizzato il reportage *Pamiętnik* ("Le memorie"), trasmesso nel programma *Superwizjer* il 25 ottobre 2010, candidato per il premio Grand Press. Successivamente nel 2011 hanno pubblicato insieme il libro *Skompromitować papieża. Nieznane fakty i dokumenty dotyczące Jana Pawła II* ("Screditare il papa. Fatti e documenti sconosciuti su Giovanni Paolo II") edito dalla casa editrice di San Stanislao, appartenente alla diocesi di Cracovia.

Ad aprile del 2012 è stato premiato per il reportage televisivo *Omijać, milczeć, zapomnieć* ("Schivare, tacere, dimenticare") dedicato al trasporto delle spoglie e ai funerali delle vittime della catastrofe di Smolensk.

Nel 1983 i servizi segreti polacchi SB hanno pianificato un'azione per screditare Giovanni Paolo II, un'operazione il cui nome in codice in italiano era Triangolo. *Chi era il responsabile di questa operazione, che scopo aveva e quando sarebbe cominciata?*

Le prime tracce relative a questa storia sono legate al viaggio del generale Zenon Płatek a Vienna a giugno del 1979. In un laconico appunto di servizio del SB è annotato che Płatek è andato nella capitale austriaca per incontrarsi con un agente indicato con lo pseudonimo "Tom" e per discutere con lui la questione *Triangolo*. Questa missione durò qualche giorno e venne affidata a una figura importante: il vicedirettore del IV dipartimento, che si occupava della lotta contro la Chiesa. L'allora comandante del VI reparto del IV dipartimento del ministero degli Interni era Grzegorz Piotrowski[1], la stessa persona che nell'ottobre del 1984 diresse il sequestro che successivamente sfociò nell'omicidio di padre Jerzy Popiełuszko.

A Vienna si incrociavano le strade dei servizi segreti dell'Est e dell'Ovest. Lì si incontravano agenti del KGB, dei servizi segreti bulgari KDS, della Stasi e dei servizi segreti polacchi SB. Da Vienna passò anche l'attentatore Ali Ağca.

Ancora non si sa perché il generale Płatek andò lì o di cosa parlò con il suo misterioso interlocutore. Non venne mai interrogato a riguardo e non si è conservato alcun documento relativo a quella missione. Tuttavia già allora era menzionata l'operazione *Triangolo*.

[1] A febbraio 1985 Grzegorz Piotrowski è stato condannato a venticinque anni di carcere, per avere partecipato al rapimento e all'omicidio di padre Jerzy Popiełuszko. Ha finito di scontare la pena il 16 agosto 2001, poiché per effetto dell'amnistia questa è stata ridotta a quindici anni. Pochi giorni dopo l'arresto (a ottobre del 1984) il capitano Piotrowski venne degradato a soldato semplice. Fu imputato nel cosiddetto "processo di Toruń" (per il sequestro e l'omicidio di padre Popiełuszko) insieme ad altri tre funzionari del servizio segreto: Adam Pietruszka, Leszek Pękala e Waldemar Chmielewski.

Perché venne chiamata così?

All'inizio pensai che era stata battezzata così perché riguardava tre paesi o tre città: Roma, Vienna, Varsavia (o Cracovia). Come mi ha spiegato uno dei miei interlocutori, quando lavoravamo al reportage televisivo e al libro, però, molto probabilmente si trattava del triangolo Karol Wojtyła – Irena Kinaszewska[2] – Andrzej Bardecki[3].

Nei documenti relativi a questa operazione che si sono conservati non vi è alcuna spiegazione del criptonimo, dunque possiamo solo fare ipotesi. Secondo me riguarda o l'area geografica o proprio quei tre personaggi. A mio avviso, tuttavia, queste tre figure sono entrate in gioco in una fase successiva dell'operazione. Forse inizialmente l'operazione aveva qualche legame con il progetto di attentare alla vita di Giovanni Paolo II. Visto che non riuscirono a ucciderlo, cercarono di far scoppiare uno scandalo.

Purtroppo siamo condannati alle congetture. Ma i documenti non mentono, e sappiamo per certo che l'operazione *Triangolo* è cominciata nel giugno del 1979. Secondo me, forse anche già nell'ottobre del 1978, quando sul soglio pontificio si sedette un polacco. Si chiuse formalmente all'inizio del 1983, quando Grzegorz Piotrowski, dopo il fallimento dell'azione, dovette lasciare Cracovia. Si sono conservati documenti nei quali si dimostra che, malgrado l'operazione fosse terminata per sua negligenza, in seguito continuò condurre anche personalmente altre attività di

[2] Per anni Irena Kinaszewska fu segretaria e dattilografa nella redazione del «Tygodnik Powszechny», unico periodico di area cattolica nella Polonia comunista. Pedinata dai servizi segreti per decenni, morì nel 1990. I servizi segreti si interessarono particolarmente a lei subito dopo che Giovanni Paolo II era stato eletto papa, poiché era una sua vecchia conoscenza, appartenente al circolo dei suoi più stretti amici di Cracovia.

[3] Padre Andrzej Bardecki, caro amico di Giovanni Paolo II e di Irena Kinaszewska, fu per anni un assistente ecclesiastico del «Tygodnik Powszechny». Morì nel 2001.

spionaggio contro il papa, raccogliendo il maggior numero di informazioni possibili in proposito.

In cosa consisteva concretamente quest'operazione?

All'inizio del 1983, quando era già quasi certo che il papa avrebbe visitato la Polonia a giugno, quando c'era ancora in vigore la legge marziale, arrivò a Cracovia Grzegorz Piotrowski con il suo Gruppo operativo indipendente "D". Era il nuovo comandante di questa struttura, a capo della quale era stato nominato nel dicembre del 1982. Arrivò con una équipe: un autista e due specialisti della cosiddetta "tecnica". Il loro compito era girare un filmato compromettente con la partecipazione di Irena Kinaszewska, amica di lunga data di Giovanni Paolo II e del sacerdote Andrzej Bardecki, a lungo segretaria del settimanale «Tygodnik Powszechny».

In Polonia, quando i servizi avevano messo gli occhi su qualcuno, usavano qualsiasi informazione e qualsiasi occasione, cercando senza sosta un appiglio con il quale avrebbero potuto ricattarlo.

L'équipe si istallò all'Hotel Cracovia, attualmente in disuso: le riprese dovevano svolgersi in una stanza appositamente preparata con una telecamera nascosta nella televisione. Oltre la parete c'era uno studio di registrazione. La donna venne stordita con l'alcol e con una sostanza speciale che avevano preparato dei chimici del ministero degli Interni e ci si aspettava che, grazie all'effetto di questa miscela, avrebbe rivelato alcuni segreti che sarebbero stati utili a far scoppiare uno scandalo[4].

Per motivi non noti non fu possibile allora girare il filma-

[4] Piotr Litka, Grzegorz Głuszak, *Skompromitować papieża. Nieznane fakty i dokumenty dotyczące Jana Pawła II*, Wydawnictwo św. Stanisława BM Archidiecezji Krakowskiej, Cracovia 2011, pp. 88-90.

to. Fu deciso di fare un secondo tentativo in condizioni più naturali – in una casetta fuori città, che apparteneva a un collaboratore segreto del IV dipartimento. Costui era Konrad S., un giornalista amico della Kinaszewska e legato all'ambiente del «Tygodnik Powszechny».

Come risultò in seguito, Konrad S. era uno dei più preziosi confidenti del Servizio di Sicurezza. E, cosa interessante, inizialmente gli venne dato lo pseudonimo "Ugo", che successivamente venne cambiato in "Udine", come la città, dettaglio che nel contesto dell'operazione *Triangolo* deve fare riflettere. Fu lui a indirizzare i servizi segreti sulle tracce di un legame che univa Wojtyła con la Kinaszewska e Bardecki, rendendo con ciò possibile l'inizio dell'azione a Cracovia.

Siamo riusciti a intervistare questo personaggio quando abbiamo realizzato il reportage televisivo[5]. La registrazione dell'intervista è stata fatta con una telecamera nascosta e la sua trascrizione pubblicata nel libro[6]. Prima di noi nessuno era arrivato fino a lui. Siamo stati i primi.

Dunque, il secondo tentativo di girare il filmato che avrebbe dovuto suscitare lo scandalo si svolse nella dacia di Konrad S. Si riuscì a fare ubriacare la Kinaszewska e a filmarla mentre raccontava alcuni dei suoi ricordi legati al papa. Tuttavia quando Piotrowski portò il filmato a Varsavia, i suoi superiori si infuriarono poiché dal materiale girato non risultava nulla di cui potersi vantare con Mosca e con cui ricattare il papa.

Fu allora che il piano venne modificato. Tra gennaio e febbraio Piotrowski tornò a Cracovia: aveva il compito di entrare di nascosto nell'appartamento del sacerdote Bardecki e di lasciarvi le false memorie di Irena Kinaszewska

[5] Id., *Pamiętnik*, *Superwizjer*, TVN, 25 ottobre 2010. Vedi: http://superwizjer.tvn.pl/aktualnosci,984,n/operacja-triangolo,40789.html
[6] Id., *Skompromitować papieża*, cit., pp. 77-87.

fabbricate da SB. A questa operazione diretta dal comandante Piotrowski – oltre agli autisti arrivati da Varsavia e agli specialisti nell'apertura delle serrature – presero parte anche due funzionarie locali. Qualche mese prima, uno di questi specialisti dei servizi aveva aperto la serratura della canonica di padre Jerzy Popiełuszko: era dunque un uomo che avrebbe potuto aprire qualsiasi porta. Risultò, invece, che in casa di padre Bardecki c'era sempre qualcuno[7]. Piotrowski dunque ebbe l'idea di far passare due funzionarie da assistenti sociali e di mandarle nell'appartamento durante l'assenza di Bardecki. Avrebbero dovuto distrarre la domestica e lasciare di nascosto le false memorie della Kinaszewska. Successivamente si sarebbe dovuto compiere un tentativo di scasso, che avrebbe giustificato l'intervento dei funzionari della Milizia comunista e dei Servizi di Sicurezza a casa del sacerdote. Nel corso della perquisizione gli agenti avrebbero trovato i documenti compromettenti per il papa. L'azione aveva dunque un finale già scritto.

Tuttavia ebbe un esito diverso?

La fine dell'operazione *Triangolo* fu segnata dal fatto che il sigillo di segretezza era stato violato. Le persone che avevano preso parte all'azione a Cracovia avevano cominciato

[7] Alla fine degli anni Ottanta, quanto stava scontando la pena, Piotrowski rilasciò una lunga intevista a Tadeusz Fredro-Boniecki (fratello del sacerdote Adam Boniecki, redattore capo del «Tygodnik Powszechny»). «Era tra il 1982 e il 1983. Ricevetti un ordine da eseguire. Una, due visite a Cracovia. Il controllo continuo di una casa. Padre Bardecki abitava al primo piano. Un vecchio edificio. Appartamenti grandi. Il sacerdote occupava una stanza. Ovviamente sapevo quale. Venne usata la tecnica. Tutto quello che occorreva fare venne fatto. Il problema consisteva nel trovare il momento giusto nel quale non c'era nessuno a casa. Con l'ingresso non ci sarebbe stata nessuna difficoltà. Avevo con me un'équipe del ministero degli Interni. Professionisti. Per loro non c'erano porte chiuse». Tadeusz Fredro-Boniecki, *Zwycięstwo księdza Jerzego: rozmowy z Grzegorzem Piotrowskim* ("La vittoria di padre Jerzy: dialogo con Grzegorz Piotrowski"), Niezależna Oficyna Wydawnicza, Varsavia 1990, p. 52.

a celebrare il proprio successo troppo presto e il capitano Grzegorz Piotrowski andò a sbattere, ubriaco, contro un lampione con la macchina di servizio[8]. Vi fu un grande scandalo e seppero tutti, persino alcuni abitanti di Cracovia, che un alto ufficiale del SB aveva provocato un incidente. Piotrowski dovette tornare a Varsavia, perse la posizione di comandante del Gruppo operativo indipendente "D", ma non la fiducia dei superiori, perché successivamente gli venne affidata la vasta operazione contro padre Popiełuszko. Fu sospeso dalle attività legate a Giovanni Paolo II e mandato, sotto stretto controllo, al "fronte di Varsavia".

A dicembre del 1983 prese parte all'azione di via Chłodna, che consisteva nel depositare esplosivo e materiale propagandistico clandestino nell'appartamento privato di padre Popiełuszko. Successivamente l'appartamento fu perquisito su ordine della Procura. Dunque uno schema simile a quello di Cracovia.

Come nacquero le memorie della Kinaszewska?

Sull'operazione *Triangolo* non vi è molto materiale. Se ne faceva menzione nel corso delle indagini condotte dal procuratore Andrzej Witkowski all'inizio degli anni Novanta. Negli atti del processo sull'omicidio di padre Popiełuszko c'è un fascicolo che fu fonte d'ispirazione per il nostro reportage televisivo e per il libro *Skompromitować papieża*. Abbiamo trovato in quella cartellina alcune decine di pagine di dichiarazioni sull'operazione *Triangolo*, tra le altre le dichiarazioni rilasciate dal generale Zenon Płatek nel 1990 che descrivono in che modo sono nate le memorie della

[8] Litka, Głuszak, *Skompromitować papieża*, cit., pp. 97-98.

Kinaszewska[9]. Subito dopo l'elezione di Giovanni Paolo II, i servizi segreti misero dei microfoni nell'appartamento della Kinaszewska e controllarono tutte le conversazioni, sia quelle telefoniche che quelle condotte nel suo appartamento. Ne fecero degli stenogrammi.

Come e quando esattamente sorse l'idea di creare le false memorie, questo il generale Płatek non lo dice. Ritengo, tuttavia, che con ogni probabilità che essa prese forma nel momento in cui gli stenogrammi vennero consegnati a Piotrowski.

C'era qualche elemento nelle conversazioni della Kinaszewska che faceva intravedere la possibilità di montare uno scandalo?

Forse la signora Kinaszewska era in un certo modo affascinata da Karol Wojtyła, così ci dissero i nostro interlocutori nel reportage televisivo. Quando era ancora vescovo, per anni lo seguiva con un piccolo registratore e registrava le sue omelie, e successivamente le trascriveva. Queste prediche furono pubblicate nel momento in cui fu eletto papa. E questa fu la ragione principale per cui i Servizi di Sicurezza si interessarono di lei. Grazie all'amicizia con Karol Wojtyła e Andrzej Bardecki, la signora Irena era riuscita a liberarsi dalla dipendenza dall'alcol e per questo era enormemente grata a entrambi. Quando Wojtyła divenne pontefice, gli fece visita in Vaticano, così come gli altri amici di Cracovia, ad esempio Wanda Półtawska. I legami erano dunque molto stretti. La Kinaszewska apparteneva alla cerchia degli amici più intimi

[9] Ivi, p. 105. *Protokoł przesłuchania podejrzanego Zenona Płatka z 15 października 1990 roku* ("Protocollo dell'interrogatorio del sospettato Zenon Płatek del 15 ottobre 1990"). Archivio della Procura distrettuale di Varsavia, protocollo: akt II Ds 68/94, tom I, k. 152-153.

nell'ambiente di Wojtyła, quando questi era ancora vescovo e cardinale. Li univa un'amicizia di vecchia data. Quando il futuro papa, a causa dell'avanzamento nella carriera ecclesiastica, non aveva più molto tempo a disposizione, padre Bardecki si assunse il compito di proteggerla. Per questo fu deciso di collegare queste tre persone e sfruttare la loro confidenza per organizzare lo scandalo.

In cosa consisteva l'attività del Gruppo operativo indipendente "D" del IV *dipartimento del ministero degli Interni? È riuscito a stabilire quali fossero i suoi compiti e da dove provenissero gli ordini che eseguiva?*

Questo gruppo si era formato nell'autunno del 1973. Il suo compito era la disinformazione e la disintegrazione degli ambienti ecclesiastici e dell'opposizione. Allo stesso momento il gruppo operativo indipendente "D" conduceva "operazioni speciali" contro i sacerdoti e gli oppositori. La maggior parte delle azioni del Gruppo "D" era costituita da crimini ordinari, come ad esempio la diffamazione, la calunnia e le false indiscrezioni. Venivano fabbricati e diffusi documenti falsi come quelli pubblicati su «Sette giorni», una rivista edita in lingua italiana nella quale vennero pubblicate le false prove della collaborazione del vescovo Ignacy Tokarczuk con i nazisti.

Nel 1977, un mese dopo la tragica scomparsa, avvenuta in circostanze non chiarite, di Stanisław Pyjas[10], il gruppo venne riformato e vennero creati i reparti del Gruppo operativo indipendente "D" in alcuni comandi provinciali. Questo ancora prima dell'elezione di Wojtyła.

[10] Stanisław Pyjas era uno studente e attivista dell'opposizione ai tempi della Polonia comunista. Morì il 7 maggio 1977 in via Szewska 7, a Cracovia. Secondo la versione ufficiale, a causa di una caduta dalle scale. Secondo gli ambienti dell'opposizione, a causa delle percosse ricevute dagli agenti dei Servizi di Sicurezza.

Le "attività speciali" condotte da funzionari del Gruppo "D" consistevano anche nelle perquisizioni illegali nelle case private, in minacce punitive, pestaggi, rapimenti, incendi dolosi, torture e omicidi. Padre Bardecki subì un pestaggio da parte di due "persone sconosciute" nel centro di Cracovia nell'autunno del 1977, ovvero qualche mese dopo la morte dello studente Stanisław Pyjas. Le attività del Gruppo operativo indipendente "D" non venivano mai assolutamente documentate, questo per non lasciare traccia e per non tradire il suo legame con il ministero degli Interni. Vi furono tuttavia degli incidenti. Vennero riconosciuti i funzionari del Gruppo "D" che avevano preso parte al rapimento di Janusz Krupski[11]. Inoltre furono individuati anche coloro che appiccarono il fuoco alla macchina del cardinale Henryk Gulbinowicz, così come quelli che parteciparono al rapimento, che finì con il martirio di padre Jerzy Popiełuszko.

Sono riuscito a intervistare Janusz Krupski prima che morisse il 10 aprile 2010 nella catastrofe dell'aereo presidenziale a Smolensk. Venne rapito il 21 gennaio 1983, in pieno giorno, nel centro di Varsavia. Venne condotto nella foresta Kampinowska e cosparso con una sostanza corrosiva. Vide bene i volti dei suoi aguzzini, perché evidentemente avevano intenzione di ucciderlo. Non si sa cosa fosse successo, ma pur essendo abbandonato in quello stato, ancora vivo, al gelo, Krupski, malgrado tutto sopravvisse. Nel processo che si svolse negli anni Novanta riconobbe i suoi rapitori e venne a sapere che lavoravano sotto il comando di Grzegorz Piotrowski. L'operazione fu condotta quasi contemporane-

[11] Janusz Krupski era attivista dell'opposizione democratica in Polonia negli anni Settanta, redattore capo del giornale clandestino «Spotkania», editore, vicedirettore dell'IPN (2000-2006), presidente dell'Ufficio per veterani di guerra e vittime dell'oppressione (2009-2010). È morto il 10 aprile 2010, vittima della catastrofe aerea di Smolensk.

amente all'operazione *Triangolo*, cosa che testimonia la vasta attività di Piotrowski come comandante del Gruppo "D". Piotrowski non prese parte direttamente all'azione, ma la supervisionò. Venne accusato dai suoi uomini e confessò al processo, ma in questo procedimento non venne condannato.

Chi, secondo lei, fu l'autore dei diari di Irena Kinaszewska?
Nel Gruppo "D" c'era una speciale sezione che si occupava di fabbricare documenti falsi. Disponevano di prove della calligrafia di Irena Kinaszewska, perché gli appunti delle omelie di Wojtyła li aveva presi dal suo appartamento il collaboratore segreto Konrad S. Possedevano le trascrizioni delle intercettazioni. Conoscevano le sue abitudini, i vizi, i gusti, i modi di dire, poiché il collaboratore segreto Udine, il quale, se così possiamo dire, aveva ricostruito il profilo psicologico della donna, riferiva puntualmente tutto. Disponevano dei caratteri della macchina da scrivere sulla quale lavorava la Kinaszewska, poiché il ministero degli Interni si procurò lo stesso identico modello[12]. Le memorie vennero scritte da una persona di talento, perché il testo doveva essere attendibile. Sicuramente sono state create a Varsavia, sotto la supervisione di Piotrowski. Non credo che il generale Płatek non ne sapesse nulla, anche se nelle dichiarazioni contenute

[12] Gli autori di *Skompromitować papieża* citano un interessante frammento dell'intervista di Piotrowski con Tadeusz Fredro-Boniecki: «Con le memorie fu la stessa cosa. Anche se da subito ebbi la sensazione che erano "troppo lisce", come se fossero uscite dalle mani del dipartimento. E ancora una curiosità. Nella stanza che occupai dopo il colonnello Mirowski (lui divenne vicedirettore del IV dipartimento, io capo del primo reparto), c'erano due casseforti. In una c'era una vecchia macchina da scrivere. Chiesi perché bisognava tenerla in cassaforte e a quale scopo. Nessuno mi diede una risposta ufficiale. Doveva stare lì e basta. Solo dopo una conviviale bevuta di vodka venni a sapere dal colonnello Jabłoński che con quella macchina erano state scritte proprio le memorie e che essa era necessaria per continuare a farlo». Tadeusz Fredro-Boniecki, *op. cit.*, p. 65.

nel nostro libro dice di essere stato all'oscuro di tutto, scaricando sui suoi subalterni ogni responsabilità.

Secondo lei esistevano anche delle lettere che si erano scambiati Karol Wojtyła e Irena Kinaszewska e che i Servizi di Sicurezza avrebbero voluto sottrarre da casa di padre Bardecki[13]*?*

Forse esisteva qualche lettera. Tuttavia non c'era traccia di nessuna intrusione nell'appartamento di Bardecki che indicasse che i servizi segreti erano andati a cercare proprio quel genere di materiale. SB aveva di certo dei manoscritti del cardinale Wojtyła, visto che quando insegnava al KUL, qualcuno rubò i suoi appunti. Delle lettere non sappiamo niente. Nessuno dei nostri interlocutori le ha menzionate.

Comunque le false memorie dovevano contenere qualcosa che fosse credibile e che per giunta potesse fornire spunto per uno scandalo…[14]

Si saranno inventati qualcosa.

Quale sarebbe stato l'obiettivo dell'operazione Triangolo*? Si dice che i diari della Kinaszewska dovevano essere con-*

[13] A proposito della presunta corrispondenza tra Karol Wojtyła e Irena Kinaszewska, conservata presso padre Bardecki, ha scritto Slawomir Janisz nell'articolo *Och Karol!*, pubblicato nel settimanale «Fakty i mity» il 12 settembre 2002, dunque nove anni prima della pubblicazione del libro *Skompromitować papieża*. Si presume che sotto quello pseudonimo si nascondesse proprio Grzegorz Piotrowski, e che fu quindi lui l'autore di tale articolo.

[14] Mi hanno incuriosito le parole di Konrad S. pronunciate nel corso di un'intervista con gli autori: «Cosa facemmo trovare? Le pantofole, non di Irena Kinaszewska, ma le pantofole del papa. […] Irena conservava le pantofole del papa. Io so anche dove si trovano adesso, perché qualcuno se n'è dovuto occupare». Litka, Głuszak, *Skompromitować papieża*, cit., p. 82. Il motivo delle pantofole comparve anche in occasione della pubblicazione delle lettere di Karol Wojtyła a Wanda Półtawska. La stampa italiana scrisse che fece scandalo in Vaticano il fatto che la signora Półtawska scendesse nella cappella privata del papa in pantofole. Giacomo Galeazzi, *Wanda imbrarazza il Vaticano*, «La Stampa», 2 giugno 2009.

segnati dal generale Wojciech Jaruzelski a papa Giovanni Paolo II nel corso del suo secondo pellegrinaggio in Polonia a giugno del 1983.

Naturalmente è logico legare l'operazione *Triangolo* e il tentativo di screditare il papa con la sua seconda visita pastorale in Polonia, che si svolse quando ancora era in vigore la legge marziale. Era un pellegrinaggio molto importante per i polacchi sotto il punto di vista sia spirituale che politico. Qualcuno voleva forse impedire o rimandare la visita attraverso questa provocazione? La visita pastorale ebbe luogo. Tuttavia l'operazione *Triangolo* fu interrotta. Le false memorie della Kinaszewska vennero effettivamente nascoste a casa di padre Bardecki, ma non vennero ritrovate in via ufficiale. Quindi non si capì da dove potevano provenire.

Nel corso del secondo pellegrinaggio, svoltosi dal 16 al 23 giugno 1983, il papa incontrò due volte il generale Wojciech Jaruzelski. La prima volta, in veste ufficiale, al Belvedere, la seconda, il 22 giugno, nella tarda serata al Wawel[15]*. L'incontro durò un'ora e trentasette minuti. Il giorno seguente Giovanni Paolo II incontrò sui monti Tatra Lech Wałęsa. Il potere comunista stava forse provando a esercitare una qualche pressione sul papa?*

Il secondo incontro del generale Jaruzelski con il papa non era pianificato. Appena qualche mese fa sono riuscito a intervistare l'uomo che lo ha organizzato e che in sostanza ha dovuto improvvisare. Mi ha detto che era stato voluto

[15] In quel giorno, così importante per la Polonia, a Roma tra le 19:10 e le 19:30 era scomparsa Emanuela Orlandi. Il 3 luglio 1983 Giovanni Paolo II nel corso dell'Angelus fece un appello per chiedere la liberazione della cittadina vaticana. Fu proprio il papa polacco che per primo accreditò la tesi del rapimento, mentre la polizia allora riteneva ancora che la ragazza si fosse allontanata di casa volontariamente.

soprattutto da Jaruzelski. Venne effettivamente filmato o registrato, ma non c'è traccia di questa registrazione negli archivi della televisione nazionale polacca né in quelli dell'IPN, l'Istituto della memoria nazionale. Per quanto ne so da persone che potevano essere al corrente di qualcosa il generale Wojciech Jaruzelski e Giovanni Paolo II hanno parlato allora della fine della legge marziale. Che l'operazione *Triangolo* potesse essere un elemento per una trattativa, mi pare di poterlo escludere. Non credo nemmeno che il lungo colloquio al Wawel avesse qualche influenza sul successivo incontro segreto con Lech Wałęsa.

La persona che per volontà di Jaruzelski organizzò il secondo colloquio con il papa mi ha detto che fu improvvisato. Personalmente non ci credo.

L'incontro si svolse in un'atmosfera amichevole oppure fu teso?

Difficile dirlo. Seppi che il generale Jaruzelski parlò di alcuni elementi della visita pastorale che non piacevano al regime comunista. In primis, il discorso di Giovanni Paolo II allo stadio di Varsavia, con il riferimento a Solidarność soppressa dai comunisti e l'incontro con la gioventù al Wawel. Come mi riferì il mio informatore, non fu un incontro amichevole, specialmente da parte di Jaruzelski, che vi arrivò sotto pressione. All'ultimo momento il generale ricevette alcune indicazioni e appunti che avrebbero potuto aiutarlo. Non c'era quella cornice diplomatica che aveva accompagnato il precedente contatto ai massimi vertici svoltosi al Belvedere di Varsavia. Non abbiamo la registrazione o la trascrizione del corso di quell'incontro, dunque possiamo solo supporre alcune cose.

Secondo lei esiste una copia delle memorie di Irena Kinaszewska? Forse sono ancora da qualche parte in Polonia[16]*?*

In Polonia probabilmente no, ma nel 1989 sono arrivati a Varsavia degli agenti del KGB e hanno preso dal ministero degli Interni tutti i documenti relativi all'operazione *Triangolo*.

Non si tratta forse dell'ennesimo mito?

Fondamentalmente tutti i materiali dell'archivio dei nostri servizi sono stati fotografati, messi su microfilm e inviati a Mosca. Forse un giorno troveremo la documentazione di tutta l'operazione *Triangolo* in un archivio del KGB. Una copia delle memorie della Kinaszewska con ogni probabilità è stata inviata lì.

Invece non si sa cosa ne sia stato del filmato con la Kinaszewska. Della distruzione di questo materiale non vi è traccia nei protocolli dei servizi. Forse è stato rubato e – come dicono gli storici – si trova in qualche "banca di terra". Qualcuno lo ha sepolto, nascosto e conta che rimanga lì per anni, fin quando non tornerà utile.

Il fatto che fosse stata rubata la documentazione relativa al

[16] Nel 2009 in occasione della pubblicazione della corrispondenza privata di Karol Wojtyła con Wanda Półtawska (*Beskidzkie rekolekcje: dzieje przyjaźni księdza Karola Wojtyły z rodziną Półtawskich*, Święty Paweł, Częstochowa 2009), il settimanale «Fakty i mity» ha pubblicato il secondo articolo a proposito delle memorie della Kinaszewska: *Moj ci on!* (nr. 25, 19-25 giugno 2009), firmato questa volta da Dominka Nagel (anche in questo caso si pensa che sia lo pseudonimo dietro al quale si nascondeva Grzegorz Piotrowski, vero autore dell'articolo). Dominka Nagel scrive: «Ai servizi segreti mancava una prova sotto forma delle lettere custodite da padre Bardecki. Tentarono una perquisizione segreta nel suo appartamento, pensarono persino a simulare una rapina, ma nessuna di queste misure riuscì. Dove si trovano oggi tutti questi documenti, e soprattutto entrambi gli esemplari delle memorie? Le lettere con ogni probabilità sono in possesso di Dziwisz. Il diario originale? Penso che il sacerdote amico del papa lo abbia distrutto per ogni evenienza. Per quanto riguarda la copia delle memorie di Irena K., so che esiste ancora. Qui, in Polonia, anche se alcuni media sostengono che a giugno del 1989 abbiamo restituito quel tesoro ai russi del KGB, una sciocchezza...».

passaporto di Irena Kinaszewska è un'analoga leggenda. La raccolta completa degli originali è stata trovata dopo anni negli archivi dell'IPN.

Sono convinto che una copia del materiale relativo a Karol Wojtyła è finita nell'archivio del KGB sotto forma di microfilm. Del resto a Mosca sono state consegnate tutte le copie relative ai documenti della Stasi. Così agivano i servizi segreti comunisti.

Le è giunta voce del fatto che dopo l'incontro tra Giovanni Paolo II e Mehmet Ali Ağca, che si svolse a dicembre del 1983 nel carcere di Rebibbia, i servizi segreti polacchi presero in considerazione l'idea di rispolverare l'operazione Triangolo? *Pare che dovesse essere fermato in Polonia un turco legato ai Lupi grigi, al quale avrebbero dovuto sequestrare le memorie della Kinaszewska...*

Sapevo del tentativo di arrestare un presunto attentatore turco nel corso della visita papale in Polonia a giugno del 1983.

L'attentato si sarebbe dovuto svolgere nel corso della messa allo stadio di Varsavia. La versione relativa a questo tentativo di attentare alla vita del pontefice mi è stata confermata in un'intervista dal sacerdote Zdisław Król, responsabile dell'organizzazione del secondo pellegrinaggio in Polonia, purtroppo anche lui morto nella catastrofe dell'aero presidenziale a Smolensk.

Del fatto che l'operazione *Triangolo* tornò in auge dopo l'incontro di dicembre tra il papa e Ali Ağca non ho mai sentito parlare. Nel libro *Skompromitować papieża* è riportato il *Protocollo dell'interrogatorio del testimone Grzegorz Piotrowski* del 13 dicembre 1990. Piotrowski disse allora: «Prima d'intraprendere le mie azioni specifiche a Cracovia, il generale Płatek mi informò, che si prevedeva che i materiali compromettenti, rinvenuti presso il sacerdote Bardecki, sarebbero stati restituiti personalmente dal generale Jaruzelski al papa durante la sua visita in Polonia, come segno di buona volontà delle autorità comuniste. Come mi disse Płatek, la spiegazione riguardo a questi materiali, che Jaruzelski avrebbe dovuto dare al papa, doveva essere la seguente: "I documenti sono stati trovati addosso a dei terroristi turchi che volevano fare pressione sul papa per la liberazione di Ali Ağca. I servizi segreti polacchi li hanno sequestrati e hanno deciso di far tornare tutto al santo padre"»[17].

È possibile che l'operazione Triangolo *si fosse svolta all'insaputa dei superiori? Che fosse un'azione locale oppure forse – cosa di cui alcuni cercano di convincere i giornalisti – una iniziativa personale del capitano Grzegorz Piotrowski, o ancora addirittura una "balla"*[18]*?*

Difficile credere a questa versione. I Servizi di Sicurezza nella Polonia comunista erano una organizzazione molto gerarchizzata, una "ditta" amministrata con efficacia, forse meglio dei servizi odierni.

[17] Litka, Głuszak, *Skompromitować papieża*, cit., p. 20. La liberazione di Ali Ağca fu la richiesta avanzata dai presunti rapitori di Emanuela Orlandi. Le trattative durarono dal 5 luglio 1983 al 22 novembre 1984. Questo frammento di dichiarazioni di Piotrowski del 1990 è molto interessante, poiché sta a indicare che l'operazione *Triangolo* potrebbe essere parte dell'operazione *Papa*, condotta sotto la direzione della Stasi almeno dal 31 agosto 1982 con lo scopo di sviare l'attenzione dalla "pista bulgara". Secondo il giudice Rosario Priore, i Lupi grigi provarono ad attentare alla vita del papa a maggio del 1985 in Olanda.

[18] Il generale Czesław Kiszczak nel corso della conversazione filmata con gli autori di *Skompromitować papieża* che ebbe luogo il primo ottobre 2010 a Varsavia e che attualmente è conservata negli archivi della TVP, alla domanda «Ha mai sentito parlare della operazione condotta da Piotrowski a Cracovia nel gennaio del 1983?», ha risposto: «Non ho mai sentito di questa vicenda. Con Piotrowski non ne ho mai parlato. Ne parlai invece con l'allora ministro dell'Interno, il generale Ciastoń, dal quale dipendeva il IV Dipartimento. Lui non ne sapeva niente. Ritiene sia una balla». Litka, Głuszak, *Skompromitować papieża*, cit., p. 31.

Mi sembra che tutto ciò che abbiamo appena detto non possa essere una iniziativa individuale di Piotrowski. Tutte le attività del gruppo "D", che Grzegorz Piotrowski ha ispirato e successivamente messo in atto con la collaborazione di altri funzionari, non erano condotte a titolo individuale: ogni piano doveva essere approvato e non solo dal superiore diretto, ovvero il direttore del IV dipartimento (il generale Zenon Płatek) o dal suo vice, Adam Pietruszka, ma anche da parte del capo del Servizio di Sicurezza (il generale Władysław Ciastoń) e dallo stesso ministro degli Interni Czesław Kiszczak. È assurdo pensare che potessero esserci giochetti o spavalderie individuali. Una decisione concreta per passare all'azione aveva il carattere di un ordine dall'alto e Piotrowski e i suoi collaboratori erano severamente controllati per l'aspetto esecutivo.

Aggiungo che per la realizzazione di queste operazioni vennero spese ingenti somme prese dal budget dello stato socialista; da dove altrimenti sarebbero stati ripagati i danni materiali dopo che la FIAT di Piotrowski andò a sbattere a Cracovia? La cerchia delle persone che erano a conoscenza dell'attività del Gruppo "D" era ristretta al minimo indispensabile dei mandanti e degli esecutori, secondo il principio della "clandestinità nella clandestinità". Quindi escludo che il direttore, il ministro e il viceministro in carica non fossero informati su qualsivoglia attività. Ognuno di loro rispondeva con la propria testa per la realizzazione di una data operazione.

Ha sentito parlare delle operazioni Pagoda *(o* Pogoda*),* Infezione, Pop, Karneval, *condotte dai servizi segreti comunisti di diversi paesi dell'Est?*

Per quanto ne so l'operazione *Pagoda*[19] riguardava il documento firmato dall'allora capo del KGB Jurij Andropov e da altri esponenti del Politburo. Questa operazione consisteva nella infiltrazione profonda degli ambienti vaticani e dell'ambiente vicino al papa e, in una prospettiva più ampia, poteva essere utile per l'eliminazione fisica del pontefice oppure – come sostengono gli storici – per attività tese a far sì che il papa non fosse in grado di compiere i suoi doveri pastorali, ovvero che diventasse paralizzato o invalido e fosse costretto a muoversi su una sedia a rotelle. Sarebbe dovuto vivere grazie alle medicine, ma non sarebbe potuto apparire in pubblico o lavorare attivamente[20].

A questo sarebbe servita pure l'ampia rete di agenti, attiva intorno al papa anche in Vaticano e composta non solo da spie polacche, ma soprattutto da agenti della Stasi e di altri servizi comunisti, che fornivano informazioni a Mosca.

L'operazione Triangolo *sarebbe potuta essere supervisionata direttamente da Mosca?*

Non ci sono prove in tal senso, ma i fili che possono ricondurre al KGB sono le missioni dei funzionari dei servizi segreti polacchi a Mosca e a Vilnius, nelle sedi del KGB, avvenute durante tutto il pontificato di Giovanni Paolo II.

[19] In una nota di servizio segreta del 31 maggio 1990 indirizzata al ministro degli Interni e scritta dal direttore del SISDE Riccardo Malpica si legge: «Il KGB sin dal primo giorno del pontificato di papa Wojtyła mise a punto un piano denominato "POP" con cui si prefiggeva di screditare la Chiesa Cattolica e la figura del santo padre attraverso azioni di disinformazione e provocazioni fino a giungere se necessario, alla sua eliminazione fisica. In tale quadro, erano state progettate due azioni, denominate "Pagoda" e "Infezione"; la prima riferentesi all'attentato al papa e la seconda di natura che non si è potuto finora accertare». Delle operazioni *Pagoda* e *Infezione* si parlava anche nel Dossier Havel, consegnato nel 1999 nel quadro di uno scambio tra i ministeri degli Affari esteri italiano e della Repubblica ceca. Fonte: Marco Ansaldo, Yasemin Taşkın, *Uccidete il papa*, Rizzoli, Milano 2011, p. 273.

[20] Vedi: *Ali Ağca non voleva uccidere il papa, ma solo ferirlo*. Intervista con Francesco Bruno.

Erano incontri che riguardavano la Chiesa cattolica, legati all'attività del papa, ai suoi viaggi in Polonia o al funzionamento del IV dipartimento, che si occupava della lotta contro la Chiesa in Polonia. A queste visite – "incontri di lavoro", come venivano chiamati negli appunti dei servizi, partecipava spesso il capitano Grzegorz Piotrowski. Ciò fa supporre che i compagni sovietici fossero informati in merito alle operazioni condotte in Polonia. Non so se le supervisionarono. Ma di certo ne erano a conoscenza e non le interruppero. Le azioni più importanti, come *Triangolo* o quella contro padre Popiełuszko, venivano riferite a Mosca sotto forma di note di servizio o di colloqui nelle sedi del KGB. La supervisione diretta su queste operazioni veniva condotta a Varsavia.

Qual era il nome in codice dell'operazione contro padre Popiełuszko?

La missione operativa relativa alla sorveglianza del sacerdote e del suo ambiente era chiamata con il nome in codice *Popiel*. Ne faceva parte anche la cosiddetta "provocazione di via Chłodna", che consisteva nell'introdursi nell'appartamento di padre Popiełuszko per nascondervi materiale propagandistico illegale, armi e materiale esplosivo[21]. Successivamente, nel corso di una perquisizione su ordine della Procura, che venne condotta alla presenza del sacerdote, furono ritrovati tutti questi oggetti. La documentazione relativa all'operazione *Popiel* è conservata nell'archivio dell'IPN. Purtroppo qualcuno ha strappato i fogli relativi sopratutto agli agenti che vi presero parte e per questo motivo da questi documenti non si riesce a sapere molto. Dimostrano tuttavia come un

[21] Piotr Litka, *Ksiądz Jerzy Popiełuszko. Dni, ktore wstrząsnęły Polską: nieznane materiały Stasi*, Wydawnictwo św. Stanisława BM Archidiecezji Krakowskiej, Kraków 2009.

sacerdote di basso rango fosse scrupolosamente controllato dai Servizi di Sicurezza.

Padre Jerzy Popiełuszko era sorvegliato praticamente ventiquattro ore su ventiquattro, da quando cominciò a pronunciare l'omelia nel corso della santa messa per la patria, che celebrava nella sua parrocchia, cioè praticamente già dal 1982. Un pedinamento stretto – in vista di un sequestro e dei suoi ulteriori sviluppi – fu condotto dalla metà di settembre del 1984.

Probabilmente il segnale per la resa dei conti con padre Popiełuszko fu l'articolo pubblicato su «Izvestja» il 12 settembre 1984, cinque settimane prima del sequestro e dell'omicidio[22]. Padre Jerzy fu l'unico sacerdote polacco a essere menzionato nel giornale sovietico di punta con nome e cognome. Veniva definito «l'inquinatore della pace, al quale non piace il potere comunista».

Le è capitato di imbattersi in qualche prova che dimostri la presenza il 13 maggio 1981 a piazza San Pietro anche di Zenon Chmielewski, Jan Zacherowski e Adam Pietruszka o di altri agenti del Servizio di Sicurezza polacco[23]?

Questa informazione è nata dalla giustapposizione di due frasi. Ha origine dall'articolo di Cezary Gmyz, che fa il nome

[22] Ivi, pp. 226-229. L. Toporkow, *Lekcja poszła na marne* ("La lezione non è servita"), «Izvestja», 12 settembre 1984.

[23] Nell'articolo *Trójkąt śmierci* ("Il triangolo della morte") pubblicato sul numero 15 del 2005 del settimanale «Wprost», Cezary Gmyz ha scritto: «Nel documento conservato nell'IPN *Spis 221, poz. 15 – Wyjazdy i przyjazdy za lata 1971-1989 Departamentu IV* ["Partenze e arrivi negli anni 1971-1989 del IV dipartimento"] abbiamo trovato l'informazione che qualche giorno dopo l'elezione di Karol Wojtyła alcuni funzionari del ministero degli Affari interni si erano recati alla cerimonia di apertura del pontificato insieme a un gruppo di pellegrini: erano Adam Pietruszka (nel 1984 condannato per aver preso parte all'omicidio di padre Jerzy Popiełuszko), Z. Chmielewski (si tratta forse di Zenon, padre di Waldemar Chmielewski, uno degli assassini di padre Jerzy) e J. Zacherowski. Rappresentanti dei servizi segreti polacchi erano presenti a piazza San Pietro quando Ali Ağca sparò al papa». Questa informazione è stata riportata anche da Ansaldo, Taşkın, *op. cit.*, p. 203.

di quei funzionari presenti a piazza San Pietro nel corso della messa d'inizio pontificato di Giovanni Paolo II il 22 ottobre 1978. Ho parlato con uno dei due su menzionati ufficiali dei servizi, Adam Pietruszka, e lui mi ha confermato che quel giorno era a Roma sotto copertura e con dei documenti falsi lo qualificavano come guida turistica. E quei tre agenti dei Servizi di Sicurezza polacchi effettivamente erano a piazza San Pietro, ma non il 13 maggio 1981. Zenon Chmielewski era il padre di Waldemar Chmielewski, che prese parte al rapimento e al successivo omicidio di padre Jerzy Popiełuszko. Non so niente di Jan Zacherowski. Dunque questa notizia sensazionale, che si moltiplica, è nata semplicemente da un errato taglio del testo sulla pagina del giornale. Anche se nell'intervista-fiume pubblicata recentemente in Polonia dal titolo *Zawód: dzienikarz śledczy* ("Professione: giornalista d'inchiesta") Cezary Gmyz afferma: «Da un ufficiale ho sentito che nel giorno dell'attentato a piazza San Pietro c'era qualche agente del IV dipartimento. Io non sono riuscito a trovare una conferma definitiva di questa informazione».

Per quanto riguarda gli altri agenti presenti il 13 maggio 1981 al Vaticano, Cezary Gmyz menziona Tomasz Turowski[24], tra l'altro presente anche all'aeroporto militare di Smolensk Severnyj il ferale 10 aprile 2010, quando si è schiantato al suolo il Tupolev Tu-154M sul quale viaggiavano il presidente della Polonia Lech Kaczyński, la moglie e diversi altri membri delle più alte istituzioni polacche. Morirono tutti gli 89 passeggeri e i 7 membri dell'equipaggio. Turowski è l'unica persona dal noto passato di spia, della quale si sa per certo che si trovasse in Vaticano il giorno dell'attentato,

[24] Vedi: Grzegorz Wierzchołowski, Leszek Misiak, *Kto się spowiadał u Turowskiego?*, ("Chi si è confessato da Turowski?") Niezależna.pl, 2 novembre 2011.

tuttavia non ci sono prove che fosse in qualche modo legato all'attività di Ali Ağca.

Invece le informazioni su come si sarebbe mossa la colonna di macchine nel corso dell'udienza generale, dove sarebbe passata la jeep papale e dove si sarebbe fermata, dovevano provenire da un agente in Vaticano. E quindi, tra gli altri, forse anche da qualche sacerdote polacco o dagli agenti polacchi che si occupavano delle "spie con il saio".

Cosa pensa dei sequestri come metodo di azione dei servizi segreti comunisti?

Il rapimento era il metodo più diffuso per spaventare il "figurante", come si indicava nel gergo dei Servizi di Sicurezza il soggetto sorvegliato. Il più delle volte si trattava però solo di un mezzo per intimorire la vittima e costringerla a rinunciare all'attività politica clandestina. Janusz Krupski, che venne rapito, fu portato nella foresta Kampinowska e bruciato con l'acido; a quanto ne so, i suoi aguzzini volevano affogarlo. Molto spesso in queste situazioni il pestaggio serviva a convincere la vittima a smettere di fare opposizione. La morte era considerata l'estrema ratio, come nel caso di padre Jerzy Popiełuszko o Piotr Bartoszcze[25], attivista di Solidarność che morì nel 1983.

Janusz Krupski fu rapito nel centro di Varsavia, vicino alla stazione centrale, dunque in un posto molto affollato. Passò una macchina e Krupski venne tirato dentro. Lo colsero alla sprovvista.

[25] Piotr Bartoszcze (firmatario degli Accordi di Bydgoszcz con le autorità comuniste della Repubblica popolare di Polonia, documento che aprì la strada per la registrazione del primo sindacato di agricoltori indipendenti) fu assassinato il 7 o l'8 febbraio 1984 da "ignoti", cioè probabilmente dagli agenti del Servizio di Sicurezza. Il suo corpo, che presentava segni di percosse e soffocamento, fu ritrovato il 9 febbraio in un fosso. Le indagini svolte per questo caso negli anni Ottanta sono state archiviate.

Invece padre Popiełuszko fu controllato e pedinato per molti mesi prima della sua morte da martire. Il 19 ottobre 1984 l'operazione venne condotta da un folto gruppo di persone, sia civili che militari. Fu dunque un altro genere di rapimento, che richiedeva un approccio "professionale"[26].

Krupski era stato sequestrato per essere ucciso, come ha ammesso uno dei rapitori. Invece padre Popiełuszko credo che volessero solo pestarlo e spaventarlo; lui però morì in seguito alle torture, che non fu in grado di sopportare. Si tratta di un'ipotesi. Ma penso che Popiełuszko fu sequestrato per un ricatto politico, per esercitare una pressione o per organizzare una provocazione. Forse volevano incolpare gli attivisti dell'opposizione sostenendo che inscenando una scomparsa avrebbero istigato dei disordini o, come dicono alcuni storici, intendevano a costringerlo a diventare un agente e mandarlo in Vaticano.

Schemi simili sono rintracciabili anche nell'attività di altri servizi comunisti, come la Stasi o il KGB.

In Polonia veniva usato ancora un altro schema, come nel caso dei cosiddetti "rapimenti di Toruń"[27], che si svolsero nel

[26] Padre Jerzy Popiełuszko, cappellano di Solidarność a Varsavia, il 19 ottobre 1984, è stato rapito insieme al suo autista Waldemar Chrostowski dagli agenti del Gruppo operativo indipendente "D" del IV dipartimento del ministero degli Interni. Uno dei rapitori era travestito da ufficiale della polizia stradale. L'autista Chrostowski riuscì a fuggire, mentre Popiełuszko fu legato e gettato nel bagagliaio. Il 30 ottobre, nel fiume Vistola, nei pressi di Wloclawek, fu ripescato il suo cadavere. Le sue mani erano legate in modo tale che provando a muoverle si stringeva da solo il cappio al collo. Il corpo è stato messo in un sacco e riempito di pietre. L'autopsia ha riscontrato i segni di tortura. I responsabili della sua morte, il capitano Grzegorz Piotrowski, Leszek Pękala, Waldemar Chmielewski e il colonnello Adam Petruszka, sono stati condannati nel processo di Toruń a venticinque anni di carcere, ma furono rilasciati a seguito di un'amnistia qualche anno dopo. Ai funerali di padre Jerzy Popiełuszko, svoltisi il 3 novembre, parteciparono più di 400.000 persone, compreso il leader di Solidarność Lech Wałęsa. Popiełuszko è stato beatificato il 6 giugno 2010.

[27] Si tratta di una serie di rapimenti e intimidazioni ai danni degli attivisti di Solidarność, condotti nei mesi di febbraio e marzo del 1984 a Toruń dagli agenti del Gruppo operativo indipendente "D".

1984. Gli attivisti di Solidarność vennero rapiti e portati in luoghi isolati, come i bungalow per soggiorni estivi, da qualche parte fuori città. Lì furono torturati. A volte vennero rapite due persone legate affettivamente. L'uomo aveva una pistola puntata alla tempia, mentre la donna, che si trovava dall'altra parte della stanza, veniva picchiata e minacciata di stupro o di morte se il compagno non avesse rivelato ciò che gli veniva richiesto Gli anni tra il 1982 e il 1984 furono l'apogeo dell'attività criminale dei servizi segreti comunisti, che spesso si servivano dei rapimenti, con lo scopo di spaventare, pestare, torturare o uccidere.

Dai documenti ritrovati negli archivi della Stasi è possibile aggiungere qualche nuovo elemento relativo all'omicidio di Jerzy Popiełuszko?

La Stasi monitorò la situazione in Polonia con grande interesse dopo la morte di Popiełuszko. Venne seguita con enorme attenzione anche l'indagine sull'omicidio e vennero esaminate tutte le tracce. La struttura guidata da Markus Wolf era perfettamente informata su quello che succedeva nel nostro paese, e i loro analisti provarono a prevedere gli sviluppi della situazione. Erano previsioni molto precise, che nel 90 per cento si dimostrarono giuste.

Tra quei documenti c'è anche la lettera nella quale il ministero degli Interni, il generale Czesław Kiszczak, suggerisce al suo collega tedesco Erich Mielke, che forse Grzegorz Piotrowski sarebbe stato legato ai servizi occidentali e che il rapimento di padre Popiełuszko sarebbe stato ispirato dai paesi capitalisti[28]. Questa lettera, scritta in russo e firmata da

[28] Il 7 novembre 1984 il generale Kiszczak scrisse a Erich Mielke: «Come risultato dell'inchiesta sono stati arrestati quattro collaboratori del nostro ministero. Inoltre dalle informazioni sin qui ottenute risulta che i colpevoli o gli ispiratori dell'omici-

Kiszczak, venne inviata nell'autunno del 1984, quando l'indagine sul caso del rapimento e dell'omicidio non era ancora stata aperta. Su Piotrowski circolavano diverse leggende, come quella che fosse stato un prete, istigato da altri preti, a vendicarsi di Popiełuszko. L'ordinazione di Piotrowski sarebbe avvenuta nella cattedrale di San Giovanni a Varsavia. Una dichiarazione in tal senso è tra gli atti del cosiddetto "processo di Toruń", riguardante appunto il caso del sacerdote ucciso e divenuto martire della Chiesa.

Nell'archivio della Stasi c'erano mille pagine di documenti relativi a padre Popiełuszko. Ne ho scelti per la pubblicazione solo alcuni, secondo me i più importanti. In relazione al sequestro e alla morte del sacerdote, la Stasi si occupò di controllare l'ambiente degli emigrati polacchi nella Germania dell'Est, indagò sull'opposizione polacca e sulla condizione dei cattolici polacchi che vivevano lì. Venivano controllati gli attivisti emigrati, dal momento che si temeva che si potesse arrivare a una escalation di proteste. Quando ho letto questi documenti per la prima volta, ne sono rimasto molto impressionato, perché dimostravano la grande precisione con cui avevano lavorato i servizi tedeschi.

Si è imbattuto nei documenti riguardanti l'operazione Papst[29]*?*

Sì, ne ho sentito parlare, ma erano informazioni frammentarie.

dio volevano indirizzare i sospetti verso il ministero degli Interni, per danneggiare il processo di progressiva normalizzazione nel nostro paese. L'azione di indagine intensiva viene proseguita. Una delle ipotesi più verosimili è che i colpevoli dell'omicidio abbiamo agito su consiglio diretto o indiretto dei servizi segreti dei paesi capitalisti. Al momento attuale stiamo analizzando la questione dei contatti sospetti del principale autore dell'azione – Piotrowski Grzegorz, nato il 23 maggio 1951 a Łodź, ex capo del I reparto del IV dipartimento – con i cittadini dei paesi capitalisti che si trovano in Polonia». Fonte: Litka, *op. cit.*, p. 210.

[29] Ansaldo, Taşkın, *op. cit.*, p. 282.

Perché insieme a Grzegorz Głuszak decise di dedicare all'operazione Triangolo *un reportage televisivo e un libro?*

Ci siamo interessati all'operazione *Triangolo* poiché era un filone delle indagini condotte negli anni Novanta dal procuratore Witkowski. Lui stesso lo ha scritto nella postfazione al nostro libro. Sono riuscito ad accedere a quegli atti, che ci diedero l'ispirazione e che usammo come documenti per il nostro lavoro su padre Jerzy Popiełuszko. Insieme a Grzegorz Głuszak abbiamo girato un reportage televisivo, e successivamente è nato il libro *Skompromitować papieża*, nel quale abbiamo in larga misura utilizzato le interviste realizzate nel corso del reportage. Il libro contiene elementi dell'indagine del procuratore Witkowski. La cosa peggiore è che l'indagine venne archiviata[30]. Nessuno è stato condannato. Per questo abbiamo pensato che bisognava scrivere il libro, per dimostrare alla gente in che modo si è svolta quest'operazione. Il nostro lavoro si è basato sui documenti di archivio e sulle interviste. Non c'erano ipotesi o deduzioni fantasiose. Ci siamo sforzati di attenerci ai fatti.

La cosa peggiore nella storia sono forse le leggende e i miti.

[30] Il 3 dicembre 1991 il procuratore Andrzej Witkowski venne sollevato dalle indagini sul caso dell'omicidio di padre Jerzy Popiełuszko. Parte di questa vicenda era anche la fallita azione nell'appartamento di padre Andrzej Bardecki, ovvero l'operazione *Triangolo*. L'indagine venne archiviata nel 1996. Litka, Głuszak, *Skompromitować papieża*, cit., pp. 107-110.

Postfazione

Una volta terminata la stesura del libro *I labirinti oscuri del Vaticano* (uscito in Polonia per il trentesimo anniversario della scomparsa di Emanuela), c'è stato un imprevisto colpo di scena nel caso Orlandi.

All'inizio di marzo del 2013 si è rivolto alla redazione del programma *Chi l'ha visto?* un uomo che sosteneva di sapere dove si trovava il flauto di Emanuela Orlandi. In effetti nel luogo indicato venne ritrovato dal giornalista Fiore de Rienzo un vecchio flauto riposto in una custodia e avvolto in alcune pagine di un quotidiano del 29 maggio del 1985 con un articolo relativo al caso Orlandi. I procuratori Giancarlo Capaldo e Simona Maisto, che conducono l'indagine sulla scomparsa della cittadina vaticana, fecero esaminare dalla polizia scientifica lo strumento sul quale erano incise le iniziali MFW, il numero seriale e il nome del produttore, "Rampone&Cazzani". Il flauto effettivamente risaliva a prima del 1983.

Qualche giorno prima della Pasqua del 2013 a Raffaella Monzi, una delle compagne del corso musicale frequentato da Emanuela alla scuola Ludovico da Victoria, è stata inviata una lettera anonima. Nella busta c'erano dei capelli, un frammento di tessuto con un fiore ricamato, del terriccio, un ritaglio di un giornale in lingua tedesca, i pezzi di una pellicola fotografica e un foglio di carta con un messaggio scritto a mano in caratteri stilizzati: «Non cantino le due belle more per non apparire come la baronessa e come il ventuno di gennaio martirio di Sant'Agnese con biondi capelli nella vigna del Signore». A destra, in verticale, c'erano due numeri: 193 e 103. Uno dei ritagli presentava una foto di alcune Guardie svizzere che prestavano giuramento con sopra la scritta in tedesco: «Durante il giuramento ogni recluta si posiziona davanti alla bandiera della Guardia e promette di servire fedelmente, lealmente e onorevolmente il Pontefice e i suoi legittimi successori». Accanto alla foto c'era una scritta a penna: «4-FIUME». *L'altro ritaglio era un pezzo della prima pagina del giornale e mostrava il lancio dell'articolo intitolato Il giuramento delle nuove guardie svizzere*. A margine c'erano altre annotazioni: «SILENTIUM» *e* «V. FRATTINA 103». Sul retro altre scritte: «MUSICO 26/10/1808 - 05/03/1913-2013». Dei tre negativi fotografici acclusi alla lettera, due erano difficilmente decifrabili. Il terzo presentava un teschio umano con la scritta «ELEONORA DE BON [illegibile] in Campagna, Lì 23 agosto 1854».

Anche la sorella di Mirella Gregori (scomparsa il 7 maggio 1983) ha ricevuto una lettera anonima con lo stesso testo («Non cantino le due belle more...») e gli allegati. Vi erano, tuttavia, alcune piccole differenze. La nota a margine dell'articolo in prima pagina riportava: «4 – fiume» e sulla seconda «V – fiume». In aggiunta c'era anche un riferimento alla scomparsa di Mirella: *«Mercurio vola in sella del suo ciclomotore dal caffè alla via Nomentana all'altro caffè»*. Antonietta Gregori ha consegnato la lettera nelle mani degli inquirenti. Entrambe le missive contengono alcune allusioni a notizie fornite dai presunti rapitori nel 1983 e per questo gli inquirenti le hanno prese sul serio.

Altri strani fatti hanno attirato l'attenzione della Procura: il 21 dicembre 2012 nei pressi del colonnato di San Pietro per caso un turista ha trovato una busta sospetta con la scritta in inglese: «Non toccare». La polizia vi ha scoperto un cranio umano, che è stato consegnato al laboratorio criminale. Il carattere della scrittura avrebbe ricordato quello delle lettere anonime inviate quattro mesi dopo a casa di Antonietta Gregori e Raffaella Monzi.

Già dodici anni fa, il 13 maggio 2001, nel ventesimo anniversario dell'attentato a Giovanni Paolo II, venne ritrovato un altro cranio umano lasciato nel confessionale della chiesa di San Gregorio VII, non lontano dal Vaticano. Il fatto fece riaprire le indagini. Si sospettava che il teschio potesse appartenere a una delle due ragazze scomparse. I periti, all'epoca, non si trovarono d'accordo: per qualcuno poteva essere di una donna giovane, per altri di un uomo, e il caso venne chiuso.

Marco Fassoni Accetti, l'uomo che indicò dove si trovava il flauto, perché lì lo aveva nascosto lui stesso, venne più volte interrogato dalla Procura.

Secondo quanto riportato dai media[1] il nuovo testimone dichiarò di appartenere al «gruppo di controspionaggio» del quale facevano parte anche dei sacerdoti, un gruppo creato con lo scopo di «fare pressione sulla Santa Sede». Il 22 giugno 1983, nelle vicinanze della basilica di Sant'Apollinare, Fassoni Accetti sarebbe stato «appostato per scattare fotografie alla BMW su cui c'era De Pedis». Avrebbe anche dichiarato di essere uno dei principali telefonisti anonimi e di aver ricattato telefonicamente la famiglia Orlandi e il Vaticano. L'uomo dichiarò che inizialmente sia Emanuela Orlandi che Mirella

[1] Fabrizio Peronaci, *«Partecipai al sequestro di Emanuela. Io ero uno dei telefonisti». Parla l'uomo che ha fatto ritrovare il flauto: «A fine '83 fu portata all'estero. Anche Mirella Gregori nel complotto»*, «Corriere della Sera», 24 aprile 2013.

Gregori si erano «allontanate spontaneamente», poiché il rapimento fu organizzato con l'aiuto della «rete delle amiche». Emanuela entrò in una macchina nella quale si trovava un finto prete su incoraggiamento di una compagna di scuola, mentre per Mirella «successe l'imprevisto: si innamorò di un nostro operatore, andò all'estero e tornò una sola volta a Roma, nel 1994, per incontrare sua madre in un caravan in corso d'Italia». La sorella della scomparsa, Antonietta Gregori, ha negato con sdegno questa versione dei fatti.

Il presunto agente del controspionaggio – come hanno riferito i giornali – avrebbe raccontato ai procuratori che Emanuela Orlandi è rimasta in territorio italiano fino a dicembre del 1983 e ha assicurato che «non subì violenze, visse in due appartamenti e in due camper, le procurammo un pianoforte e la rassicuravamo dicendole che la famiglia era al corrente». Successivamente il suo gruppo la trasferì all'estero, a Parigi, «dove potrebbe essere ancora viva, così come Mirella, ma non so dove». Secondo quanto ha riferito il nuovo testimone, inizialmente l'idea era di liberare presto la Orlandi, «il tempo di avere in mano la denuncia di scomparsa per esercitare pressioni», ma il piano fallì «soprattutto per l'appello del papa all'Angelus, il 3 luglio, che diede risalto mondiale al caso».

Fassoni Accetti ha spiegato che tutta la storia dei due falsi sequestri cominciò dopo l'attentato a Giovanni Paolo II, «quando i servizi segreti dissero ad Ağca che se avesse collaborato avrebbe avuto la grazia sia del Papa che del presidente della Repubblica». L'uomo, che è un artista multimediale e un produttore cinematografico indipendente, sostiene di essere stato contattato negli anni Ottanta da alcuni ecclesiastici che «in virtù della mia creatività mi proposero di collaborare con sacerdoti un po' peccatori per creare situazioni da usare contro certi paesi dell'Est». Il gruppo sarebbe intervenuto come «una lobby di controspionaggio», nell'ambito di presunti contrasti tra opposte fazioni vaticane, con foto e intimidazioni su temi caldi come «la gestione dello IOR, la revisione del codice di diritto canonico, i finanziamenti a Solidarność, le nomine».

Avrebbe deciso di raccontare tutta la storia solo adesso, perché c'è un nuovo papa, e perché spera che Francesco farà chiarezza su molte cose.

L'artista creativo ha dichiarato anche che Emanuela nei giorni subito successivi all'allontanamento da casa si trovava all'Istituto religioso Villa Lante a Trastevere, ai piedi del Gianicolo. Lui stesso le avrebbe fatto compagnia nel corso delle passeggiate, nelle quali usciva indossando una parrucca. Il Gianicolo è un elemento che accomuna la versione di Marco Fassoni Accetti alle dichiarazioni di Sabrina Minardi. Proprio lì Enrico De Pedis avrebbe portato la Orlandi con una BMW, per accompagnarla successivamente da un sacerdote che aspettava presso un benzinaio vicino al Vaticano.

Le dichiarazioni di Fassoni Accetti conducono alla verità, oppure è tutta una sceneggiatura ben architettata e basata su alcuni dettagli della storia rivelati nel corso di oltre trent'anni? La magistratura e i giornalisti sono prudenti in merito a queste nuove rivelazioni.

L'uomo, che dopo trent'anni si è autoaccusato di aver collaborato al falso sequestro delle due quindicenni, fu condannato per l'omicidio colposo di José Garramon, un bambino di dodici anni, figlio di un impiegato uruguaiano dell'ONU, trovato morto a Ostia il 20 dicembre 1983 in circostanze non chiare. Il ragazzino scomparve all'EUR e poche ore dopo venne ritrovato sulla strada dall'autista di un autobus a Castel Porziano. Marco Fassoni Accetti era il proprietario del furgone

Ford che presumibilmente investì il dodicenne in una località parecchio distante da casa sua. Gli inquirenti sospettarono un rapimento, ma sul corpo di Josè furono trovate solo tracce di lesioni dovute all'incidente. L'automobile abbandonata fu ritrovata nei pressi dell'abitazione del giudice Severino Santiapichi, il presidente della Corte d'Assise chiamato a giudicare il tentato omicidio del 13 maggio 1981, perpetrato contro papa Giovanni Paolo II.

Ogni volta che sembra di essere arrivati alla verità e di aver scoperto il movente della scomparsa di Emanuela Orlandi, compaiono nuove tracce, nuovi segreti e nuove ipotesi, nuovi testimoni, che portano l'indagine su altri binari, sviando inquirenti e giornalisti.

«Condivido le ansie e l'angosciosa trepidazione dei genitori di Emanuela Orlandi non perdendo la speranza nel senso di umanità di chi abbia la responsabilità di questo caso. Elevo al Signore la mia preghiera perché Emanuela possa presto ritornare incolume ad abbracciare i suoi cari, che l'attendono con strazio», disse Giovanni Paolo II trent'anni fa.

Ugualmente io, con tutto il cuore, auguro alla famiglia Orlandi che Emanuela possa finalmente tornare a casa.

Dedico questo libro alla memoria di tutti coloro che sono scomparsi senza lasciare traccia e senza far rumore.

Allegati

Frammento del rapporto Orlandi*

Allo scopo di poter far emergere nuovi elementi, da confermare attraverso un successivo lavoro informativo, sui presunti sequestratori di Emanuela Orlandi, si è provveduto a riesaminare globalmente tutti i messaggi, pervenuti tra il 5 luglio e il 24 ottobre 1983, relativi al caso. Dal 5 luglio 1983 il servizio è venuto in possesso di trentaquattro messaggi relativi alla scomparsa di Orlandi (tale numero è stato ottenuto sommando le comunicazioni telefoniche, quelle pervenute per mezzo postale e i messaggi rinvenuti).

Il 18 per cento circa (numero reale sei) di comunicazioni è stato prodotto quasi sicuramente da mitomani inseritisi nella vicenda. Il 12 per cento (quattro) è di difficile attribuzione. La maggior parte degli elementi, infatti, sembra far escludere la possibilità che gli anonimi interlocutori o estensori siano in contatto con la presunta organizzazione di sequestratori ma alcuni fattori lasciano inalterati i dubbi sull'attribuzione.

Otto comunicati (23 per cento) sono stati firmati da due sedicenti gruppi (il Fronte anticristiano Turkesh e Phoenix) che, allo stato delle indagini, non sembrano essere implicati nella scomparsa della ragazza, ma soltanto nella gestione del caso. Numerosi elementi contenuti nei quattro comunicati del Turkesh e negli altrettanti di Phoenix, infatti, portando ad acclarare l'ipotesi che gli estensori siano a conoscenza di fatti inerenti a Emanuela Orlandi o relativi alla sua

* Redatto dal vicedirettore del SISDE Vincenzo Parise il 14 novembre 1983, pubblicato il 7 maggio 1995 sul quotidiano «Il Messaggero». Fonte: Antonio Fortichiari, *È viva. La scomparsa di Emanuela Orlandi. Un'inchiesta*, Marco Tropea Editore, Milano 2003, pp. 101-104.

vicenda, sconosciuti sia agli organi di stampa che agli stessi presunti rapitori.

I restanti messaggi (sedici) provengono con molta probabilità dal gruppo che ha operato e gestito direttamente il sequestro, oppure che è riuscito a mettersi in contatto con i veri responsabili della scomparsa di Emanuela Orlandi. A livello analitico e operativo, questi ultimi sedici messaggi possono, quindi, essere considerati quali materiale da utilizzare. Occorre rilevare che il numero dei messaggi potrebbe rappresentare solo una parte delle comunicazioni, in quanto spesso si è avuta la sensazione che vi siano stati altri contatti (tra i familiari, l'avvocato e i presunti sequestratori) di cui non si è a conoscenza.

Dal punto di vista temporale le comunicazioni dei presunti sequestratori si sono distribuite e differenziate nei seguenti quattro periodi.

Il primo periodo (che possiamo definire compreso tra il 22 giugno e il 5 luglio) si caratterizza per l'assenza di qualsiasi tipo di rivendicazione di un presunto sequestro. Dopo che i familiari provvedono ad affiggere il famoso manifesto (30 giugno) e a divulgare appelli a mezzo stampa, si fanno vivi due personaggi (Pierluigi e Mario) che, telefonando a casa degli Orlandi, tentano di accreditare l'ipotesi di una fuga di Emanuela dall'ambiente familiare per motivi esistenziali ("una scappatella").

Il secondo periodo dal 5 luglio al 22 luglio è caratterizzato dalla presenza di anonimi interlocutori che si dichiarano portavoci di una "organizzazione" che tenta, attraverso il sequestro della ragazza, di ottenere la scarcerazione di Ağca. I destinatari dei messaggi, in questa fase, sono soprattutto lo stato vaticano, la famiglia Orlandi e i quotidiani romani.

I presunti sequestratori interrompono in contatti dal 22 luglio al 4 settembre (terzo periodo), giorni in cui viene fatto rinvenire il primo documento (manoscritto) redatto dal presunto portavoce dell'organizzazione.

Nell'ultimo periodo (quarto) i messaggi sono pervenuti in gran parte attraverso lettere spedite da Boston e mai attraverso nastri registrati. E hanno come destinatari: Richard Roth, l'avvocato Egidio, il presidente della Repubblica italiana. L'analisi delle sedici comunicazioni, attribuite ai presunti sequestratori della Orlandi, ha permesso di rilevare che quasi sicuramente esse sono state prodotte da una stessa mente (possiamo definirlo l'ipotetico "cervello" o Mister X del gruppo), anche perché gli autori delle telefonate non comunicano attraverso un proprio stile psicologico e linguistico, ma riportano quanto prodotto dalla sopracitata "mente".

Verosimilmente il soggetto in esame è un profondo conoscitore della lingua latina, anzi possiamo affermare che Mister X conosce meglio la lingua latina che quella italiana. E ciò è solamente possibile nel caso che il soggetto sia uno straniero che in un primo momento ha acquisito l'idioma latino e, successivamente, quello italiano. Infatti un italiano con profonda conoscenza del latino manterrebbe inalterato il suo back-ground stilistico-linguistico (al limite ne verrebbe migliorato) e non si sognerebbe mai di utilizzare "traslare" al posto di "trasferire", "novello" al posto di "nuovo", "veridicità" al posto di vero eccetera...

Altri elementi che potrebbero meglio delineare la figura di Mister X sono emersi dall'analisi dei documenti in esame. a) Il soggetto è abituato a mantenere contatti epistolari con personaggi di alto rango politico e culturale; b) I suoi scritti sono privi di aggressività, animosità, ansia ma, allo stesso tempo, sono ricchi di spunti ironici tramitati da un livello culturale e linguistico notevole (ridendosi agli inquirenti che hanno dato credito al Turkesh egli scrive: "Esimendoci dall'interferire in tanta distribuita demenzialità"); c) l'estensore è conoscitore sia di aspetti che di linguaggi giuridici; d) ha un'età superiore ai quarantacinque-cinquant'anni e tale dato emerge, oltre che dall'esame psicologico degli scritti, anche dall'esame grafico: esistono delle microstrutture grafiche negli scritti di Mister X che solo una persona con un'età superiore a quella citata può redigere (lettera L maiuscola di foggia completamente desueta).

Un possibile profilo del personaggio in esame può complessivamente tenere conto dei seguenti tratti:

1) straniero, verosimilmente di cultura anglosassone;

2) livello intellettuale e culturale elevatissimo;

3) conoscitore della lingua latina e, successivamente, di quella italiana;

4) appartenente (o inserito) nel mondo ecclesiale;

5) formalista, ironico, preciso e ordinato nelle sue modalità comportamentali, freddo, calcolatore, pieno di sé, sicuro del proprio ruolo e della propria forza, sessualmente amorfo;

6) ha domiciliato a lungo a Roma. Conosce bene soprattutto le zone della città che rappresentano qualche cosa per la sua attività;

7) ben informato sulle regole giuridiche italiane e sulla struttura logistica del Vaticano.

Occorre infine tentare di fornire, alla luce di quanto emerso, una nuova possibile interpretazione del ruolo di Pierluigi e Mario. Uno dei due (Pierluigi) rimase visibilmente sorpreso nel sapere che la famiglia Orlandi risiedeva in Vaticano. Nella prima rivendicazione del sequestro Orlandi, Mister X definisce i due come "elementi dell'organizzazione". I due non sono più apparsi e il loro ruolo è sempre apparso contradditorio come il resto della vicenda. A questo punto le ipotesi interpretative possono essere tre. 1) Pierluigi e/o Mario sono gli unici che hanno effettivamente visto Emanuela nei giorni successivi alla sua scomparsa e, in un secondo tempo, sono stati contattati dagli emissari di Mister X. 2) L'organizzazione che ha sequestrato la ragazza aveva in precedenza assoldato i due e li aveva utilizzati per depistare le eventuali indagini iniziali. 3) Mister X non conosce i due, ma è venuto a sapere dell'esistenza delle telefonate direttamente dai familiari di Emanuela o da persone a loro vicine. Quest'ultima ipotesi appare la più sconcertante, specie se venisse acclarata da riscontro certo.

Lettera di Mehmet Ali Ağca al giudice Martella del 1997*

Carissimo Martella, prima di tutto, tu accolga la mia profonda stima e riconoscenza rimasta immutata nel tempo nei tuoi confronti. Però, innanzitutto, io devo diventare un uomo assolutamente libero altrimenti nessuno crederà mai alle mie rivelazioni! Ecco in sintesi le rivelazioni logiche che dobbiamo fare: nell'anno 1977 io sono stato addestrato in un campo terroristico di palestinese George Habbash in Siria assieme a comunisti turchi ed terroristi occidentali, da esperti bulgari e tedeschi orientali! KGB mi ha inserito come agente provocatore dentro Lupi grigi per trascinare Turchia in guerra civile così da indebolire Turchia paese chiave dell'Alleanza Atlantica e per realizzare una rivoluzione filosovietica quindi tutto quello che successo in Turchia va spiegato in questo contesto. KGB mi fa evadere dal carcere militare per compiere l'attentato al papa, il che organizzato insieme da Bekir Celenk e da un agente del KGB dipolomatico del consolato sovietico di Istanbul...! KGB temeva ugualmente papa polacco e Khomeini come due potenziali distruttori dell'impero sovietico: perciò KGB mi ha portato a Teheran per compiere una attentato a Khomeini insieme uomini del partito comunista iraniano e ci comandava il colonnello del KGB signor Vladimir Kuzichkin poi disertore che può confermare tutto il mio incontro con lui, il mancato attentato a Khomeini etc. etc... KGB mi ha addestrato in Bugaria a Burgas specificamente per l'attentato al papa, la mia guida a Sofia era

* Testo della lettera-memoriale, con gli errori sintattici e grammaticali dell'originale. Fonte: Ferdinando Imposimato, Sandro Provvisionato, *Attentato al papa,* Chiarelettere, Milano 2011, pp. 260-261. L'originale della lettera è stato pubblicato in Ilario Martella, *13 maggio '81: tre spari contro il Papa*, Ponte alle Grazie, Milano 2011, allegato.

il capo del KGB l'addetto militare dell'ambasciata sovietica...! Bekir Celenk era un uomo chiave del KGB in Europa e Balcani ed aveva amicizia personale con Tatiana figlia del dittatore Jivkov e giocava di azzardo con il figlio del medesimo dittatore, e Bekir Celenk mi ha fatto conoscere a Hotel Vitosha il suo amico generale Tertzev capo della società Kintex dei traffici a capo anche di tre bulgari Antonov, Vassilev, Ayvazov, tutti e tre erano uomini di Bekir Celenk nel traffico di droga, armi, valuta etc. grazie alle loro posizioni diplomatiche etc. etc... I veri organizzatori dell'attentato al papa a Roma erano due capi dei servizi segreti bulgari Petrov Tomov e Vikolev Dontchev ancora processabili....! Tirando in ballo tre bulgari fiancheggiatori dell'attentato al papa, io avevo mandato un messaggio a Mosca e Sofia e hanno recepito il messaggio compiendo rapimento di Emanuela Orlandi per liberarmi, così io ho cominciato tacere e poi rovinare il processo, anche il giudice Markov che parlava perfettamente lingua turca mi disse durante rogatoria a Rebibbia: "KGB ti comunica che ci saranno altri tentativi per la tua liberazione come il caso Orlandi, devi tacere altrimenti prima il cadavere di Emanuela verrà gettato in piazza San Pietro, poi tu Ali Ağca verrai ammazzato". Così io ho dovuto rovinare il processo facendo assolvere i bulgari eppoi KGB ha voluto uccidere Lech Walesa a Roma, il Caso Orlandi fu eseguito dai Lupi grigi su ideazione ed organizzazione del KGB e servizi bulgari e tante altre storie...! Firmato Mehmet Ali Ağca"

Interrogatorio di Oral Çelik del 23 giugno 1994*

Se si riuscisse a ottenere dei video sulle riunioni di circa sei mesi prima del fatto sino al giorno dell'attentato, riunioni in cui il papa parlava ed erano presenti sia colui che ha incitato Ağca che quest'ultimo, si potrebbe provare che queste due persone erano molto vicine. Io questi video non li ho visti; ma ne ho sentito parlare diversi anni fa in Austria. Potrò essere più dettagliato in seguito. Le riunioni o le conferenze chiuse in cui erano presenti il papa e gli altri due di cui ho parlato, erano due, in differenti luoghi.

Non so che tipo di riunioni o conferenze fossero. Non so se fossero al Vaticano o fuori; ma con grande probabilità erano al Vaticano. In queste riunioni Ağca viene portato dal cardiale che istigò Ağca all'attentato. Non so dire se si trattasse delle riunioni della domenica o quelle del mercoledì. Per il momento è importante acquisire le cassette dei sei mesi precedenti l'attentato.

So che cosa significa il termine cardinale. So che è un uomo di religione. Non si tratta di un solo cardinale. Si tratta di due cardinali. Sono cose che ho sentito dire dodici anni fa. Uno di questi due cardinali diceva: "Dopo trecento anni è venuto un polacco e ha messo sottosopra la politica del Vaticano". L'altro aveva messo in testa a Ağca che centocinquant'anni prima era stato detto che sarebbe venuto un soggetto sacro, e che egli era quella persona. Io avevo preso appunti su queste notizie. Questi appunti sono nascosti fuori d'Italia. Io potrei mandare qualcuno. Devo essere messo in grado di ricevere persone.

Se si riuscisse ad acquisire le cassette di cui ho parlato, si potreb-

* Fonte: Rosario Priore, *L'attentato al Papa*, Kaos Edizioni, Milano 2002, pp. 84-86.

bero vedere i cardinali che sono vicini a Ağca. Io non conosco questi cardinali, ma li potremmo riconoscere giacché stanno vicino a Ağca. I luoghi dove si svolgevano queste riunioni erano, come ho sentito dire, luoghi chiusi. Le occasioni sono state due. Sono stati ripresi nelle primissime file, prima, massimo seconda.

Quando dico cardinale che aveva incitato Ağca, volevo dire la persona che gli ha fatto fare l'attentato. Oltre i cardinali c'erano anche altre persone, come persone appartenenti all'Informativo italiano. Quando dico Informativo intendo Servizi d'informazione. Se riesco a parlare con qualcuno potrò dire anche qual è il mese in cui si sono tenute le riunioni filmate. Si tratta di persone che possono venire in Italia, e che potrebbero andare a prendere i miei appunti.

Non ho mai avuto invito a organizzare attentati ai danni del Papa. Molte persone mi hanno invitato ad attribuire la responsabilità dell'attentato eseguito ai bulgari. Sono qui per non aver accettato queste proposte. Queste proposte mi venivano da italiani, che accompagnati da elementi dei Servizi svizzeri, sono venuti presso di me in Svizzera. Ciò accadeva prima della celebrazione del secondo processo per l'attentato. Gli italiani vennero con gli svizzeri, quando costoro si presentarono da me per chiedermi se fossi Oral Celik. Questo quando non era mai venuto fuori il mio nome.

Posso dire in nomi di persone che conoscono sia i nomi dei cardinali che appaiono nelle fotografie, sia il nome di colui che appare mentre fugge nella fotografia di piazza San Pietro. Questi nomi, le indagini che potrei fare o far fare, mi posso essere dati con precisione da un mio amico, se gli fosse consentito di farmi visita.

Non ricordo se mi fu detta quale fosse la nazionalità dei due cardinali. Mi fu invece detto l'incarico ricoperto da uno dei due. Non intendo dire al momento quale fosse questo incarico, perché sono solo e ho paura di ritornare in carcere. Queste sono persone potenti e pagano pure Ağca.

Se non sarò lasciato solo potrò dire anche dove e quanto Ağca incontrò quelli dei servizi segreti italiani prima dell'attentato.

Devo dire che mi fu detto che Ağca aveva subìto prima dell'attentato un falso arresto, sicuramente sotto altro nome.

Ripeto: sono solo. Dopo queste dichiarazioni forse anche la mia famiglia non mi accetterà più. Le persone che hanno istigato Ağca sono molto potenti e capaci di influire sui Servizi di sicurezza europei. Chiedo perciò che il giudice mi protegga. Non sono un pentito né un collaboratore; non chiedo perciò il perdono della legge.

Il cardinale che parlò a Ağca della profezia di centocinquant'anni prima sulla persona sacra, si definiva il messaggero di questa profezia.

Interrogatorio di Vincenzo Calcara dell'11 febbraio 1993*

Nei primi giorni del maggio 1981, e precisamente qualche giorno prima del sette maggio, data del compleanno del mio padrino di cresima (Alberto Casesi) venne a trovarmi a Milano, insieme a Stefano Cannata, il Vaccarino, il quale mi disse che di lì a poco dovevano venire dei "Lupi della Turchia" e che sarebbe scoppiata una "bomba" in Roma, e di tenermi pronto a scendere a Roma per prelevare dei terroristi turchi da accompagnare a Milano. E mi precisò che sarebbe stato il Lucchese ad avvisarmi. Dopo circa otto giorni il Lucchese mi comunicò che era giunto il momento di partire per Roma. E così il 12 maggio 1981 presi il treno per Roma.

Feci il viaggio durante la notte e la mattina giunto a Roma mi incontrai alla Stazione Termini con Saverio Furnari, Vincenzo Santangelo e un cittadino straniero (si trattava di persona che mi dissero chiamarsi Antonov e che aveva i baffi e lavorava presso l'Ambasciata bulgara) il quale doveva poi di pomeriggio portarci due terroristi turchi.

Dopo aver mangiato qualcosa ci separammo da Antonov con l'intesa che più tardi ci saremmo visti in un luogo convenuto, dove lo stesso avrebbe condotto i turchi, luogo che allo stato non so indicare, ma che penso di saper ritrovare. Dopo qualche tempo in effetti ci incontrammo, ma anziché due cittadini turchi, l'Antonov ne accompagnò uno solo.

Quindi io, unitamente a Saverio Furnari, Vincenzo Santangelo e il cittadino turco prendemmo il treno per dirigerci a Milano. Ivi giunti

* Fonte: Rosario Priore, Tribunale di Roma, *L'attentato al Papa*, Kaos Edizioni, Milano 2002, pp. 280-281.

l'indomani mattina, ci recammo a Paderno Dugnano ove mangiammo insieme a Michele Lucchese. Nel pomeriggio Saverio Furnari, Vincenzo Santangelo e il turco si allontanarono con una macchina dell'impresa di Lucchese (era una 124 di colore chiaro). Quindi fecero ritorno dopo qualche ora (erano circa le undici di sera) solo Santangelo e Furnari, i quali mi fecero presente di avere soppresso il cittadino turco che, come ci aveva detto Antonov, era armato e teneva un'arma con il colpo in canna (lo stesso aveva un calibro 9). Quindi io insieme al Santangelo e Furnari mi recai in campagna ove si trovava il cadavere del turco e lo seppellimmo.

Secondo quanto mi raccontarono, il terrorista turco fu ucciso con colpi d'arma da fuoco esplosi da una calibro 38 (si trattava di una 38 corta della quale entrambi i killer erano muniti).

Furono esplosi quattro colpi che lo attinsero tutti nella testa. Quando io giunsi sul luogo trovai il cadavere seminascosto. Provvedemmo quindi a toglierli i vestiti e i documenti, che portammo via e bruciammo in un altro posto. Il cadavere fu seppellito a circa due metri di profondità. Tale terrorista era un giovane dell'apparente età di venticinque anni ed era alto circa un metro e settanta.

Il luogo dove seppellimmo il cadavere si trova nella zona di Paderno Dugnano in un luogo che non so indicare con precisione ma saprei ritrovare. Ricordo che il terreno non era duro, e che vicino si trovava una piantagione di granoturco.

Bibliografia

Libri

Ağca Mehmet Ali, *La mia verità*, Newton Compton editori, Roma 1996.

Id., *Mi avevano promesso il paradiso: la mia vita e la verità sull'attentato al papa*, Chiarelettere, Milano 2013.

Id., *Papa'yı Neden Vurdum* ("Perché ho colpito il papa"), Esenkitap, Istanbul 2010.

Almerighi Mario, *I Banchieri di Dio*, Editori Riuniti, Roma 2002.

Andreotti Giulio, *L'URSS vista da vicino*, Rizzoli, Milano 1988.

Andrew Christopher, Gordievskij Oleg, *La storia segreta del Kgb*, Rizzoli, Milano 1993.

Andrew Christopher, Mitrokhin Vasilij, *L'Archivio Mitrokhin. Una storia globale della Guerra Fredda,* Rizzoli, Milano 2005.

Ansaldo Marco, Taşkın Yasemin, *Uccidete il papa*, Rizzoli, Milano 2011.

Bellavite Pellegrini Carlo, *Storia del Banco Ambrosiano: fondazione, ascesa e dissesto 1896-1982*, Laterza, Roma-Bari 2001.

Bernstein Carl, Politi Marco, *Sua Santità, Giovanni Paolo II e la storia segreta del nostro tempo*, Rizzoli, Milano 1996.

Camuso Angela, *Mai ci fu pietà. La vera storia della banda della Magliana dal 1977 fino ai giorni nostri,* Castelvecchi, Roma 2012.

Casaroli Agostino, *Il martirio della pazienza. La Santa Sede e i Paesi comunisti (1963-1989),* Einaudi, Torino 2000.

Cesaretti Massimiliano, *Ovunque tu sia*, Edizioni Progetto Cultura, Roma 2007.

Di Cesare Vittorio, Provvisionato Sandro, *Vaticano Rosso sangue*, Olimpia, Firenze 2006.

Di Giovacchino Rita, *Storie di alti prelati e gangster romani: misteri della chiesa di Sant'Apollineare e il caso Orlandi*, Fazi, Roma 2008.

Egidio Gennaro, *La strategia delle ombre. I mille volti del crimine*, Mursia, Milano 1988.

Follain John, *City of Secrets. The Truth Behind the Murders at the Vatican*, W. Morrow, New York 2003.

Fortichiari Antonio, *È viva. La scomparsa di Emanuela Orlandi. Un'inchiesta*, Marco Tropea Editore, Milano 2003.

Frattini Eric, *Le spie del papa. Dal Cinquecento a oggi, venti vite di assassini e sicofanti al servizio di Dio*, Ponte alle Grazie, Milano 2009.

Galeazzi Giacomo, Pinotti Ferruccio, *Wojtyla segreto*, Chiarelettere, Milano 2011.

Giovanni Paolo II, *Memoria e identità,* Rizzoli, Milano 2006.

Grajewski Andrzej, Skwara Michał, *Papież musiał zginąć. Wyjaśnienia Ali Ağcy*, Wydawnictwo Kurii Metropolitalnej "Gość Niedzielny", IPN, Katowice 2011.

Gurwin Larry, *The Calvi Affair. Dead of a Banker*, MacMillan, London 1983.

Henze Paul, *The Plot to Kill the Pope*, Charles Scribner's Sons, New York 1983.

Hidalgo Roberta, *L'affaire Emanuela Orlandi*, Edizioni Libreria Croce, Roma 2012.

Imposimato Ferdinando, *Vaticano. Un affare di stato. Le infiltrazioni, l'attentato. Emanuela Orlandi*, Koinè Nuove Edizioni, Roma 2003.

Imposimato Ferdinando, Provvisionato Sandro, *Attentato al Papa*, Chiarelettere, Milano 2011.

Koehler John O., *Il libro che il Vaticano non ti farebbe mai leggere*, Newton Compton editori, Roma 2009.

Kuzichkin Vladimir, *Inside the KGB. My life in Soviet Espionage*, Pantheon Books, New York 1990.

Litka Piotr, *Ksiądz Jerzy Popiełuszko. Dni, które wstrząsnęły Polską: nieznane materiały Stasi* ("Padre Jerzy Popiełuszko. Giorni che sconvolsero la Polonia. I materiali sconosciuti dagli archivi della

Stasi"), Wydawnictwo św. Stanisława BM Archidiecezji Krakowskiej, Kraków 2009.

Litka Piotr, Głuszak Grzegorz, *Skompromitować papieża. Nieznane fakty i dokumenty dotyczące Jana Pawła II* ("Screditare il Papa. Fatti e documenti sconosciuti su Giovanni Paolo II"), Wydawnictwo św. Stanisława BM Archidiecezji Krakowskiej, Kraków 2011.

Lucarelli Carlo, *Misteri d'Italia. I casi di Blu notte*, Einaudi, Torino 2002.

Lupacchini Otello, *Banda della Magliana. Alleanza tra mafiosi, terroristi, spioni, politici, prelati*, Koinè Nuove Edizioni, Roma 2005.

Lupacchini Otello, Parisi Max, *Dodici donne un solo assassino: da Emanuela Orlandi a Simonetta Cesaroni*, Koinè Nuove Edizioni, Roma 2006.

Martella Ilario, *13 maggio'81: tre spari contro il Papa*, Ponte alle Grazie, Milano 2011.

Nicotri Pino, *Emanuela Orlandi: la verità. Dai Lupi Grigi alla banda della Magliana*, Baldini Castoldi Dalai, Milano 2008.

Notariale Raffaella, *Il boss della banda della Magliana. Enrico De Pedis, la mala a Roma e i segreti del Vaticano*, Newton Compton editori, Roma 2012.

Notariale Raffaella, Minardi Sabrina, *Segreto criminale. La vera storia della Banda della Magliana*, Newton Compton editori, Roma 2012.

Ockrent Christine, de Marenches Alexandre, *I segreti dei potenti*, Longanesi, Milano 1987.

Palermo Carlo, *Il Papa nel mirino. Gli attentati al pontefice nel nome di Fatima*, Editori Riuniti, Roma 1998.

Pazienza Francesco, *Il disubbidiente*, Longanesi, Milano 1999.

Peronaci Fabrizio, Orlandi Pietro, *Mia sorella Emanuela*, Edizioni Anordest, Villorba 2011.

Piazzesi Gianfranco, Bonsanti Sandra, *La storia di Roberto Calvi*, Longanesi, Milano 1984.

Pinotti Ferruccio, *Finanza cattolica*, Salani, Milano 2011.

Id., *Poteri forti*, BUR Futuro Passato, Milano 2005.

Priore Rosario, Tribunale di Roma, *Attentato al Papa*, Kaos Edizioni, Milano 2002.

Raw Charles, *La grande truffa: il caso Calvi e il crack del Banco Ambrosiano*, Mondadori, Milano 1993.

Sterling Claire, *Anatomia di un attentato*, SugarCo Edizioni, Milano 1984.

Szulc Tad, *Pope John Paul II. The biography*, Scribner, New York 1995.

Willan Philip, *L'Italia dei poteri occulti. La mafia, la Massoneria, la banda della Magliana e l'oscura morte di Roberto Calvi*, Newton Compton editori, Roma 2008.

Wolf Markus, Anne McElvoy, *L'uomo senza volto*, Rizzoli, Milano 1997.

Yallop David, *In nome di Dio. La morte di Papa Luciani*, Tullio Pironti Editore, Napoli 1997.

Articoli

Ansaldo Marco, *Ali Ağca-Pietro Orlandi: il colloquio segreto. «Questa storia nasce in Vaticano»*, «la Repubblica», 22 giugno 2011.

Id., *Compagni, aiutate la Bulgaria, le carte della Stasi sull'attentato*, «la Repubblica», 2 aprile 2005.

Id., *«Emanuela, fu un ricatto al Vaticano». Priore accusa la Banda della Magliana*, «la Repubblica», 23 novembre 2009.

Id., *Libero Ağca, l'uomo che sparo a Wojtyla*, «la Repubblica», 19 ottobre 2010.

Id., *Wolf: «Nell'attentato al Papa Ali Ağca non era solo»*, «la Repubblica», 11 aprile 2005.

Assolti Carboni, Calò e Diotallevi sentenza confermata in appello, «la Repubblica», 7 maggio 2010.

Bugialli Paolo, *Minacce degli armeni al papa: non vogliamo che vada in Turchia*, «Corriere della Sera», 27 novembre 1979.

Bugliolo Laura, *Caso Orlandi, è del boss De Pedis il corpo nella basilica*, «Il Messaggero», 14 maggio 2012.

Calvi, per la Corte d'appello non si suicidò ma è stato ucciso, «la Repubblica», 15 luglio 2010.

Camuso Angela, *«Questa è la prova che la Banda della Magliana fa ancora affari». Intervista con Antonio Mancini*, «l'Unità», 26 febbraio 2010.

Caso Orlandi, "indagato monsignor Pietro Vergari", «la Repubblica», 18 maggio 2012.

Chiocci Gian Marco, *Quando il KGB si nascose nella camera di Wojtyła*, «Il Giornale», 10 gennaio 2007.

D'Avanzo Giuseppe, *I due banchieri e l'oro dei boss*, «la Repubblica», 10 aprile 1997.

Dopo 26 anni la teste rivela: «Emanuela Orlandi è morta», «Corriere della Sera», 19 novembre 2009.

Estermann spia della Stasi? Il Vaticano: «Tutte bugie», «la Repubblica», 8 maggio 1998.

Ferrari Antonio, *La spia con il saio e gli altri misteri*, «Corriere della Sera», 5 agosto 2010.

Gabanelli Milena, *Io, Gelli e la strage di Bologna: «Ecco le verità della super-spia»*, «la Repubblica», 30 gennaio 2009.

Galeazzi Giacomo, *Padre Amorth: «Orlandi, fu un delitto a sfondo sessuale»*, «La Stampa», 22 maggio 2012.

Gmyz Cezary, *Trojkąt śmierci*, «Wprost», n. 15, 2005.

Il verbale di Raffaella. «Qualcuno mi pedinava», «La Tribuna di Treviso», 27 giugno 2008.

Jakimczyk Jarosław, Indulski Grzegorz, *Moskiewski ślad*, «Wprost», n. 7, 2007.

Kalabiński Jacek, *Fatalne raporty CIA*, «Gazeta Wyborcza», 3 ottobre 1991.

Kęciek Krzysztof, *Zagadki 11 września*, «Przegląd», n. 26, 2002.

Lavinia Gianvito, *IOR, le nuove indagini su "operazioni sospette"*, «Corriere della Sera», 21 ottobre 2010.

Loi Maria, *Tutti i "nemici" del Presidente. L'assassinio di Roberto Calvi: inizia il processo*, «ANTIMAFIADuemila», n. 47, 2005.

Manniróni Piero, *Uno 007 sardo di Gladio rivela: Estermann era "Werder" la spia della Stasi in Vaticano*, «La Nuova Sardegna», 20 novembre 2011.

Nicotri Pino, *Emanuela Orlandi, le orge in Vaticano: mons. Amorth esorcista della verita?*, «Blitz Quotidiano», 6 settembre 2012.

Pałasiński Jacek, *21 zamachow na papieża*, «Wprost» n. 51/52, 2001.

Pasztelański Rafał, *Pod nieformalnym wyrokiem śmierci na Jana Pawła II podpisał się m.in. Gorbaczow*, «Wprost», 26 aprile 2008.

Quando il banchiere di Dio divenne "uomo morto", «la Repubblica», Inchieste/Speciale, 2011.

Quello che telefona a "Chi l'ha visto?" e sbrocca. Giuseppe De Tomasi irrompe dalla Sciarelli che parlava di Emanuela Orlandi, «Giornalettismo», 16 maggio 2012.

Riaperto il caso Calvi: almeno 4 nuovi indagati. La nuova pista guarda al narcotraffico sudamericano – L'inchiesta de "l'Infedele", «Il Giornale d'Italia», 27 novembre 2012.

Riva Gigi, *A Varsavia sapevano di Ağca*, «L'Espresso», 9 febbraio 2009.

Ruotolo Guido, *Caso Finmeccanica, Gotti Tedeschi; "False consulenze alla moglie di Grilli"*, «La Stampa», 5 settembre 2012.

Sterling Claire, *The Plot to Murder the Pope*, «Reader's Digest», n. 9, 1982.

Suor Lucia Giudici: Ecco come ho catturato il killer di Giovanni Paolo II, Rai Vaticano, 13 maggio 2009.

Tonacci Fabio, Viviano Francesco, *Tre rogatorie sul riciclaggio ma la Santa Sede non risponde*, «la Repubblica», 5 gennaio 2012.

Tornielli Andrea, *«Basta bugie», il Vaticano difende Marcinkus*, «Il Giornale», 25 giugno 2008.

Ventitré mine contro il Papa. Attentato sventato a Sarajevo, «l'Unità», 13 aprile 1997.

Vinci Elsa, *Calvi, nessun colpevole: il processo non si riapre*, «la Repubblica», 18 novembre 2011.

Viviano Francesco, *Ecco le prove, Calvi fu suicidato*, «la Repubblica», 25 ottobre 2002.

Id., *Portai a Marcinkus e a Calvi due valigie con 10 miliardi dei clan*, «la Repubblica», 15 ottobre 2002.

Wysocka Sylwia, *Włochy/ Gen.Cucchi o informacjach nt. zamachu na Jana Pawła II*, «PAP/Gazeta Wyborcza», 30 settembre 2007.

Indice dei nomi

Indice

ALLEGATI

Ferdinando Imposimato

L'Italia segreta dei sequestri

Ferdinando Imposimato, avvocato penalista, magistrato, ex senatore, è Presidente onorario aggiunto della Suprema Corte di Cassazione. È stato giudice istruttore in alcuni dei più importanti casi di cronaca degli ultimi anni, tra cui il rapimento di Aldo Moro, l'omicidio di Vittorio Bachelet, l'attentato a Giovanni Paolo II. Grand'ufficiale dell'ordine al merito della Repubblica italiana, ha ricevuto diverse onorificenze in patria e all'estero per il suo impegno civile. È autore di numerosi saggi; con la Newton Compton ha pubblicato *La Repubblica delle stragi impunite* (Premio Roma) e *I 55 giorni che hanno cambiato l'Italia*. Per saperne di più potete visitare la sua pagina Facebook.

Volume rilegato di 320 pagine. € 9,90

La storia d'Italia è stata spesso funestata dalla piaga dei rapimenti, da quelli estorsivi a quelli dell'Anonima sequestri, da quelli di stampo mafioso a quelli politici, fino a quelli simulati a scopo di ricatto, talvolta conclusi anche con la morte della vittima, dopo mesi o anni di prigionia. Molti sono i casi rimasti impressi nella memoria collettiva per la fama dei soggetti implicati: da Paul Getty III al noto gioielliere Gianni Bulgari, dal duca Massimiliano Grazioli (il primo grande colpo della famigerata Banda della Magliana) a Michele Sindona (che arrivò a simulare il proprio sequestro). Altri, invece, hanno tenuto col fiato sospeso l'intera nazione, che seguiva passo dopo passo il destino delle vittime, come nei casi di Mirella Gregori ed Emanuela Orlandi, sulla cui complessa vicenda si continua ancora oggi a indagare. Il giudice Ferdinando Imposimato ci offre una mappatura di questo fenomeno: un crimine che, sebbene non sia soltanto un'anomalia italiana, ha trovato nel nostro Paese un terreno particolarmente fertile nella mafia e nel terrorismo.

NEWTON COMPTON EDITORI